情报与反情报丛书

情报分析

结构化分析方法

（全新中文译本）

[美] 小理查兹 · J. 霍耶尔（Richards J. Heuer Jr.） 伦道夫 · 弗森（Randolph H. Pherson）／著
张　魁　夏儒锋　刘耀军　刘　莉／译

Structured Analytic Techniques for Intelligence Analysis

金城出版社
GOLD WALL PRESS

图书在版编目（CIP）数据

情报分析：结构化分析方法 /（美）小理查兹·J. 霍耶尔，（美）伦道夫·弗森著；张魁等译. —北京：金城出版社，2018.7
（情报与反情报丛书 / 高金虎主编）
书名原文：Structured Analytic Techniques for Intelligence Analysis
ISBN 978–7–5155–1685–1

Ⅰ. ①情… Ⅱ. ①小… ②伦… ③张… Ⅲ. ①军事情报—情报分析 Ⅳ. ① E87

中国版本图书馆 CIP 数据核字（2018）第 092566 号

情报分析：结构化分析方法
QINGBAOFENXI JIEGOUHUA FENXIFANGFA

作　　者	[美] 小理查兹·J. 霍耶尔　伦道夫·弗森
译　　者	张　魁　夏儒锋　刘耀军　刘　莉
策划编辑	朱策英
责任编辑	李晓凌
开　　本	700毫米 × 960毫米　1/16
印　　张	24
字　　数	369千字
版　　次	2018年8月第1版
印　　次	2018年8月第1次印刷
印　　刷	天津旭丰源印刷有限公司
书　　号	ISBN 978–7–5155–1685–1
定　　价	98.00元

出版发行	**金城出版社** 北京市朝阳区利泽东二路3号　邮编：100102
发 行 部	(010) 84254364
编 辑 部	(010) 64271423
交流邮箱	gwpbooks@yahoo.com
总 编 室	(010) 64228516
网　　址	http://www.jccb.com.cn
电子邮箱	jinchengchuban@163.com
法律顾问	北京植德律师事务所　(电话)18911105819

从书总序

以情报工作为研究对象，探索情报工作规律，研究改进情报工作途径的学科，在西方称为情报研究，在中国则称为军事情报学。名称不同，本质一致。

长期以来，由于情报工作本身存在着较强的隐蔽性，各个国家对情报机构的活动秘而不宣，其情报档案也不公开，从而影响了情报工作受关注的程度，情报活动成了历史研究中被遗忘的一角。

西方的情报研究，始于 1949 年美国学者谢尔曼·肯特（Sherman Kent）《战略情报：为美国世界政策服务》一书的出版。肯特是耶鲁大学历史学教授，第二次世界大战期间担任美国战略情报局（Office of Strategic Services）研究分析处欧洲—非洲科的科长，战后一度回到耶鲁重执教鞭，随后担任中央情报局国家评估办公室主任。在该书中，肯特把战略情报定位为战略家制订和执行计划所必需的情报，是身居高位的文武官员保卫国家福祉必须掌握的知识。肯特开启了情报分析专业化的大门，他因而被称为“情报分析之父”。

1962 年，美国兰德公司的罗伯塔·沃尔斯泰特（Roberta Wohlstetter）出版了《珍珠港：预警与决策》（*Pearl Harbor: Warning and Decision*），深刻剖析 1941 年驻珍珠港美军遭日军突然袭击的原因。从珍珠港事件起步，美国人一点一点地厘清了情报失误发生的原因，并有针对性地开出了改进情报工作的“处方”。

20 世纪 70 年代初，国际学术界在德国斯图加特召开第二次世界大战中的信号情报研讨会议。与会者一致认为，由于相关档案的公开，情报在二战中的作用必须重新审视，二战历史有必要重写。此后，情报研究在西方学术界呈现出方兴未艾之势，一批历史学家、政治学家、战略学家、国际关系学者加入了情报研究的阵营，有力地推动了情报研究的发展。在英语世界，情报研究已经成为社会科学研究的一个组成部分。

与美国相比，中国的情报研究起步并不算晚。早在2500年前的春秋时代，中国兵圣孙子就写出了著名的《孙子兵法》，这是世界上最早的军事情报学著作。孙子对战略情报要素认识的完备性、情报评估的重要性、情报谋略的微妙性、情报理论的科学性的分析，即便与2500年后谢尔曼·肯特的著作相比也不逊色。1943年，军统特工郑介民出版《军事情报学》，书中所勾勒的军事情报工作体系与今日西方的情报研究体系并无本质差别。

今天，军事情报学已经列入了我国研究生与学位教育的学科门类，我们已经培养了军事情报学专业的硕士生、博士生甚至博士后。但情报研究在我国远未成长为一门成熟的学科。理论研究的落后，制约了我国情报与安全保密工作的发展。

中国兵圣孙子说过：知彼知己，百战不殆。情报研究的根本目的是为了改进国家安全工作，维护国家安全和利益。要在复杂多变的世界局势中、在尖锐激烈的国际竞争中立于不败之地，我们必须高起点、高标准、高质量地谋划保密工作，全面、深入地了解世界主要大国情报机构进行策反、渗透、心战、窃密的基本手法，掌握其情报活动的基本特点，从而有的放矢，筑起反渗透、防泄密的防火墙，保障改革开放和社会主义建设事业的顺利进行。这是每一个从事国家安全和保密工作的同志的神圣使命。

基于以上认识，我们策划了这套《情报与反情报丛书》。所选作品均为西方名家的情报研究经典，内容涉及情报基础理论、情报体制、情报历史、谍报技术、反间谍、隐蔽行动、情报分析与失误、突然袭击等，涵盖了情报工作的各个领域。我们希望，这套丛书的出版，可以推动我国的情报研究，并对改善我国国家安全工作有所裨益。

高金虎

推荐序

当我听说金城出版社要翻译出版《情报分析：结构化分析方法》（*Structured Analytic Techniques for Intelligence Analysis*）一书时，我兴奋地从椅子上跳起来，走出办公室告诉所有公司同仁：马上又有一本关于情报分析的经典著作要出中文版了！能够为这样一本经典的情报分析著作写序，我颇感荣幸，“固所愿也，不敢请耳”。

如果说要为我们情报分析一线的分析人员推荐教材，那么我想这本由小理查兹·J. 霍耶尔和伦道夫·弗森合作撰写的《情报分析：结构化分析方法》绝对会被我列入推荐书单。书中对结构化分析方法的深入剖析和阐述，可以说为读者开启了系统性和批判性情报分析领域的大门。

回忆我的职业生涯，从 2004 年负责 i2 情报分析产品在中国的技术支持，到 2014 年响应国家安全形势创办智器云，并推出火眼金睛系列情报分析产品。十多年来，我一直致力于推广用最先进的分析方法和分析工具来提高分析研判的效率。这些年以来我有一个很大的感受，那就是国内需要一本专注于情报分析方法的系统性著作，从而帮助大家梳理思路、分类总结、沉淀战法。

而即将出版的这本书，与《战略情报的批判性思维》[1] 和《情报分析：以目标为中心的方法》[2] 被并称为西方世界情报分析的三大黄金标杆教科书；本书作者曾是美国中情局资深情报分析专家，具有多年实战分析经验。这也是我兴奋的原因之一，金城出版社组织翻译出版这批书籍，真是特别及时，善莫大焉！

---

[1] 编注：*Critical Thinking for Strategic Intelligence*，2016 年 4 月由金城出版社引进出版。

[2] 编注：*Intelligence Analysis: A Target-Centric Approach*，2013 年 10 月由金城出版社引进出版。

回顾近年来国内外的安全形势和治安态势，我不止一次地感觉到进一步加强情报主导警务、情报导侦和情报系统建设，快速吸收国外先进经验，构建中国自己的执法情报分析体系已经刻不容缓。

“9·11”事件后，美国政府加强了情报分析系统的建设，构建了完善的情报分析培训体系，并涌现出了以Palantir为代表的情报分析技术企业。而我国这些年也在不断加强对国家安全领域的重视程度，2013年底成立了国家安全委员会，之后又相继颁布了《反间谍法》《国家安全法》《反恐怖主义法》《网络安全法》和《国家情报法》等多项法规。

在这种形势下，建立健全我国自己的执法情报培训体系已是当务之急。

在我看来，情报分析行业一直以来最缺乏的其实还是专业的分析人员。但事实上，国内并不缺少破案专家，也不缺少分析思路，很多案件的破获背后都有十分精彩的破案思路和方法。然而在大数据时代，面对着海量的异源异构数据，以及高度隐蔽、不断变化和高度智能化的违法犯罪行为，情报分析、预警预测与研判决策的方式亟须改变。

和国外相比，我国情报分析教学缺少的恰恰是系统性的思路体系和学习方法。譬如，英国i2情报分析公司的系统性思维，体现在将刑事侦查的思路抽象成对人的三大关系（关联、时间、空间）的分析；美国Palantir情报分析公司的系统性思维体现在，将分析对象总结提炼为8个类别：人、车、位置、案件、逮捕、文档、备注与其他，然后配备一系列针对性的分析模型。当然，我国公安系统也在实战中提炼了“人、事、地、物、组织”5种分析对象，但在后续的分析模型方面还不够系统化，缺乏整套的体系。

说回到本书，它恰恰将大量的笔墨放在了介绍系统性和批判性思维上。本书共介绍了8大类55种结构化的分析方法，不仅阐述了每一种分析方法本身的内容，还指出其来源、适用场景、具体使用步骤、优势劣势、与其他方法的关系等，内容可谓信息量十足。与《情报分析案例：结构化分析方法的应用》(*Cases in Intelligence Analysis*：*Structured Analytic Techniques in Action*)一书配套使用，能够更加快速地帮助学员理解和学会这些分析方法。此外，本书还对思维方式进行了区分和总结，一种System

1 叫作直觉思维（或系统一思维），思考快、效率高，往往以潜意识为主；另一种 System 2 叫作分析思维（或系统二思维），慢但是精细，基于逻辑和推理。这 55 种结构化方法可以有效地帮助分析人员避免认知偏差和直觉陷阱。

对于情报分析人员而言，比聪明更重要的是努力，比努力更重要的是勤奋，比勤奋更重要的是思考问题的能力。人与人之间的差距最终体现在思考层面，也就是在同等条件下，一个人最终的成功与否，始于勤奋努力，终于对事物的认识、看法以及所采取的方式方法。我们通过不断地努力，在实践中学、在书本中学、向国内同行学、向国外同行学，不断提高自身的思维层次，不断提高自身对事物的认知和思考问题的能力，最终养成更加高效率和高层次的思考习惯，在生活和工作中会更加成功。

说起培训其实也不陌生，这十几年我一直活跃在情报分析实战培训的一线。在和一线干警接触的过程中，我发现他们所具备的学习精神远远超出了我的想象，大家对于知识，尤其是情报分析方法的渴求是十分迫切和强烈的。所以《情报分析：结构化分析方法》一书的出版，一定会在国内掀起一波学习的浪潮，而我也非常愿意贡献自己的一份力量去推动这一学习浪潮。

最后，请允许我再次感谢金城出版社，感谢他们在这样一个快速变化的大数据时代及时组织翻译这批西方情报学的经典著作。这对我国情报分析体系的发展具有很高的借鉴价值，对我们这些情报分析行业的从业者也同样意义非凡。衷心希望各位读者一起参与进来学习研究，衷心祝愿中国的执法情报分析体系更加完善！

王海波

智器云南京信息科技有限公司 CEO

本书赞誉

对那些力争让自己每天的分析工作都变得透明、缜密和具有前瞻性，为政策决策提供坚实的论证基础并且避免意外突发的所有分析人员和政策制定者而言，《情报分析 ：结构化分析方法》是一本不能离开左右的书。优秀的分析和前瞻性意味着我们必须要时刻质疑我们自己。本书告诉我们如何以结构化和系统性的方式来这样做。本书易于使用、面向实践，甚至让对运用结构化方法必要性的质疑者也为之信服。本书中所列的 55 种方法无疑将有利于推进德国政治界的前瞻性和批判性思维。弗森在教授结构化分析方法方面的杰出经验，对于我们在德国联邦政府层面增强战略前瞻性的训练已经作出了重大贡献。

——卡特琳·布罗克曼（Kathrin Brockmann），柏林新使命基金会政府前瞻性项目主管，德国武装部队规划办公室前景分析部门分析师

向霍耶尔和弗森的撰写和更新表示由衷感谢，他们的工作对于情报分析人员，以及任何有兴趣运用合理方式来分析复杂、模糊信息的人都具有启示意义。我们在设立情报分析方法课程时，将本书作为唯一考虑的教材，因为它全面、结构完善且实用。第 2 版包含数个有价值的提升之处，将会极大地帮助教员和学员。其中特别值得一提的是两种类型的思维和认知偏见，以及结构化分析方法如何帮助分析人员避免这些偏见。第 2 版给我们的学员提供了一次无与伦比的学习机会，特别是结合萨拉·毕比和弗森的《情报分析案例》一书时更当如此。

——阿兰·摩尔（Alan More），乔治梅森大学情报研究特聘教授

竞争性情报在过去 20 年间一直纠结于“信息周期”。通过本书，霍耶尔和弗森让我们得以从传统的、主要是直觉式的方法中解脱出来。如果我

们取下有色眼镜，探究在其他领域中的新方法，那么它们就为商业情报领域运用新方法提供了基础。这种新方法为在情报活动中形成新的信息共享文化提供了前所未有且又实际的基准。

——帕斯卡尔·福利昂博士（Dr. Pascal Frion），阿克里竞争性情报网络主席，2013 年法国竞争性情报学院奖获得者

霍耶尔和弗森撰写的书为执法情报和犯罪分析人员提供了无数确保国土安全和预防犯罪的方法。对于执法情报界中负责分析情报和犯罪数据的分析人员而言，这是一本必读书。竞争性假设分析法绝对是有助于他们质疑假定、确认调查线索和动向、预期未来发展的创新性工具。

——杰西·麦克雷顿（Jesse McLendon）退役少校，密苏里州北堪萨斯城警官

霍耶尔和弗森的《情报分析：结构化分析方法》已经成为情报理论文献中的经典之作。第 1 版已经是世界范围内无数大学和政府机构的标准教材，第 2 版将继续成为丹麦现在和未来情报分析人员的必读书目。其中的方法已经在哥本哈根大学中教授，在政府资深情报分析人员的监督下，政治科学系的研究生们已经运用本书中核心的模拟分析训练，实践了情报分析的科学与艺术。

——莫腾·汉森（Morten Hansen），哥本哈根大学政治科学系情报研究讲师

霍耶尔和弗森的《情报分析：结构化分析方法》是学习如何开展情报分析的标准教材。这本书为情报分析人员提供了应对各种问题时可以使用的所有批判性思维的方法大全。本书被全世界的政府人士和情报研究学员使用，书中涵盖的方法对批判性思维重新做出了定义。

——梅丽莎·格雷弗斯博士（Dr. Melissa Graves），密西西比大学情报与安全研究中心副主任

霍耶尔和弗森是严谨使用结构化分析方法的实践领导者、创新者和教授者。在解释和评价使用此类方法来提升分析标准方面，无人能出其右。他们呈现出的方法激发了想象力，增强了严密性，适用于解决情报难题和其他需要扎实分析的领域。对于任何严谨认真的分析人员从事的日常工作，以及任何人的专业文献积累而言，这个新的、扩展的版本都是必不可少的。

——罗杰·乔治（Roger Z. George）、詹姆斯·布鲁斯（James B. Bruce），乔治城大学安全研究中心特聘教授，《分析情报：国家安全从业者视角》（*Analyzing Intelligence: National Security Practitioners' Perspectives*）一书两位主编

在过去 40 多年中，科学推理得到了巨大的发展。人类智力有许多令人惊奇的方面，其中一项就是通过创造出分析工具来强化我们的能力。本书中列举的工具适用于那些在工作中经常要在面对不完整和模糊的信息时作出判断的人。本书是有关系统性分析方法和批判性思维的工具箱。你在阅读完本书后就能够进行实际运用，完成某些事情。如同其他好的工具箱一样，本书中有些不证自明的简单工具，一些需要解释和说明的工具，还有一些需要大量实践的工具。本书有助于我们增强自身的专业知识和扩展我们的推理技巧。

——罗伯特·霍夫曼（Robert R. Hoffman），人机认知研究所

目录

图表目录

序　言

对美国情报界的研究和批评甚多，却很少有人专门关注情报分析问题。大多数评价集中在海外秘密行动和隐蔽行动（covert action）上，也许是因为这些问题更符合情报界在公众中的形象。

然而，情报分析或许从未像现在这样成为情报行业中最重要的部分；或者说，是决策者最需要的部分。与冷战时期的两极格局不同，新世界中遍布着的失败国家、扩散威胁、地区性危机、崛起的大国以及危险的非国家行为体，在从人群到技术等多样化领域的迅猛变化下暗流涌动。

诚然，通过情报搜集工作，仍然可以揭露重大秘密，但那是一些可知的、可观察到的事物。与此同时，这个世界还有大量未解之谜，它们大都与事件的未来走向和关键行为体的意图有关。这样的事物不太可能通过一份单独的秘密情报数据阐释清楚，也因此必然成为情报分析的课题。

对于肩负解读世界之责的分析人员而言，汲取小理查兹·J. 霍耶尔和伦道夫·弗森在本书中的思考，以及霍耶尔在早期著作《情报分析心理学》[1] 中的思考，是明智之举。如果能了解情报分析的方式与类似脑力劳动的差别，原因也就不证自明了。

情报分析人员必须跨越潜在错误的雷区。

★ 首先，他们通常必须从他人结束的地方开始自己的课题。多数情况下，他们要回答的，不是已经知道了什么，而是下一步会发生什么。

---

[1] 编注：*Psychology of Intelligence Analysis*，2015 年 4 月由金城出版社引进出版。

★ 其次，他们不能因为缺乏证据而被吓倒。正如霍耶尔在早期著作中指出的，分析人员所面临挑战的实质是：由于信息永远不完整，而且总是姗姗来迟，他们不但要应付含糊不清的情形，还要承受尽快得出结论的持续压力。

★ 再次，分析人员必须经常与对手打交道，对方不但会努力阻止他们获得所需要的信息，还常常会千方百计地实施欺骗。

★ 最后，由于上述所有原因，分析人员不得不时刻与高风险，特别是出现分析错误并导致糟糕决策的风险为伍。

情报分析的固有风险永远不能消除。把这些风险减少到最低程度的办法之一，是用更加结构化和严谨的思维方式进行思考。正是因为这一点，我告诉约翰·霍普金斯大学高级国际研究学院的学生们，不管他们将来进入政府机构还是私营机构，霍耶尔的书是我能够送给他们的最重要的读物。情报分析人员应该经常反复研读这本书。此外，伦道夫·弗森花费 6 年时间开发和提炼的一整套结构化分析方法（structured analytic techniques）[1],能够为情报分析人员提供珍贵的帮助。分析人员可以运用这些具体方法，与思维定式（mindset）、团体迷思[2]，以及在需要得出明确而重要结论的情况下，却不得不面对含糊不清的数据时遭遇的所有其他潜在危险作斗争。

---

[1] 译注：technique 一词指的是“技巧”，而不是严格意义上的“方法”（method）。后者指的是在认识和解决问题时所使用的各种途径、手段和工具的总和；但在一般情况下，前者有时也被称为“方法”，多指的是具体的方法、工具或手段。本书中，作者对两者之间做出了明确的区分，在第一章“一、我们的愿景”（P013）一节中阐明，“结构化分析方法之所以被称为“技巧性方法”（technique），是因为它们通常只指导分析人员如何思考问题，而不是像人们对某种方法（method）所期待的那样，能从中得出一个具体的答案”。然而，作为约定俗成的用法，翻译时仍将 technique 译作“方法”，只不过在文中涉及与 method 的对比时，将前者译为“技巧性方法”，以示区别；在涉及具体的技巧性方法时，翻译时加上了“法”或“方法”的后缀，如“假定清单法”。

[2] 译注：groupthink，也译作“团队迷思”或“小团队思想”。指一个团队在决策过程中，由于成员倾向于使自己的观点与团队保持一致，致使整个团队缺少不同的思考角度，因而不能进行客观分析。

您现在手中拿到的这本书，扩展了霍耶尔的开创性工作。本书以霍耶尔早期研究的与知觉错误（perceptual error）作斗争的策略为基础，提供了一份条理清楚、更加全面的方法清单，所涉方法达50余种。一个忙碌的分析人员单独工作时，可以使用简单的方法，如“关键假定检查法”（Key Assumptions Check）、“指标[1]验证因子法™”（Indictors Validator ™）或者“若则分析法”（What If? Analysis）[2]等；在团体合作的情况下，使用复杂的方法效果更佳，如“结构化头脑风暴”（Structured Brainstorming）[3]、“竞争性假设分析法”（Analysis of Competing Hypotheses，ACH），或者作者所称的“事前分析法”（Premortem Analysis）等。

关键在于，所有分析人员都应该检验自己提出的结论。当然，专家的判断和直觉的确可以发挥作用，并且也往往是可靠分析的基础，但如果分析人员能够按照本书中的方法，清楚地阐明自己分析判断的潜在逻辑，就可以将自己犯错的概率降至最低。

情报分析很少像现在这样重要，以其为信息来源的政策制定过程中的风险也从未像现在这样高。因此，当今的情报分析人员都有一种特别的使命感，他们将这种使命感归结于自身，归结于他们服务的对象，他们认为应该尽一切可能去质疑自己的思考，去严格检验自己的结论。小理查兹·J. 霍耶尔和伦道夫·弗森在本书中提出的策略，正好提供了方法手段。

约翰·麦克劳林（John McLaughlin）
约翰·霍普金斯大学保罗·尼采高级国际研究学院高级研究员
中央情报局前副局长、代理中央情报主任

[1] 编注：Indictor，也译作指征等。本书译作指标。
[2] 译注：这是一种假设分析方法，采用的是“如果……将会怎样”这样的句式。
[3] 译注：Brainstorm 的基本含义是，集体思考和调查以找到问题的答案。目前最流行的译法是“头脑风暴”和“智力激荡”等。“头脑风暴”和“群策群力”等译法，虽较为传统，但更加贴切。

前 言

起源与意图

在2001年恐怖袭击之后成立的多个调查委员会，以及关于伊拉克拥有大规模杀伤性武器的《2002年国家情报评估》的错误百出，都明确证明了在美国情报界开辟情报分析新途径的必要性。大家的注意力最初都集中在“替代分析”[1]上，该方法通过确定和分析其他可能的解释或结果，从而对传统观点提出质疑。后来，在改进情报分析技能的过程中，该方法被归入逐渐为人所知的结构化分析方法之中。结构化分析通过循序渐进的步骤，将单个分析人员的思考过程具体化，使其更易被观察，从而能够被他人共享、改进和评判。这种结构化的、透明的过程与课题专家的直觉判断相结合，能够极大地减少出现分析错误的风险。

在当今高技术水平、全球化的环境下，越来越需要具有不同专业背景、来自不同机构的分析人员开展协作。结构化分析方法是实现这种互动的理想工具。每种方法的每一个步骤都能够推动相关的讨论，因此通常要比非结构化团体流程产生更多不同的信息和新观点。结构化分析方法循序渐进的流程，推动了小型分析团体或团队中分析人员之间的互动交流，有助于避免那些经常降低团体或团队绩效的众多缺陷以及非正常状况的发生。

从2011年本书第1版出版以来，结构化分析方法的开发和使用稳步推进。该书定义了结构化分析方法的适用范围，提供了使用和检验指南，

[1] 译注：alternative analysis，国内有学者将其译为“备选分析”。

阐明了评估和验证程序，为持续改进美国情报界和越来越多的外国情报机构的分析活动奠定了基础，并对学术界和商界产生了重大影响。

本书是第 2 版，新增了 5 种分析方法：第四章“分解与可视化”（Decomposition and Visualization）中的 AIMS（Audience [用户]、Issue [问题]、Message [信息] 和 Storyline [情节]）和“维恩”（Venn）分析方法；第六章“情景 [1] 与指标”（Scenarios and Indicators）中的“论点合理性”(Cone of Plausibility) 分析方法；第十一章“决策支持”（Decision Support）中的“决策树法”（Decision Trees ）和“影响矩阵法”（Impact Matrix）。同时，我们将第五章“观点生成”（Idea Generation）中的“象限处理法™”（Quadrant Crunching ™）分为“经典象限处理法™”（Classic Quadrant Crunching ™）和“远景象限处理法™”（Foresight Quadrant Crunching ™）。我们还对“启动清单法”（Getting Started Checklist）、“用户清单法”（Customer Checklist）、“红帽分析法”（Red Hat Analysis）和“指标验证因子法™”等 4 种方法做了重要修改。

在第一章“导言与概要”中，对结构化分析的系统一（System 1）思维方法和系统二（System 2）思维方法（直觉思维方法和分析思维方法）进行了讨论，修改了有关分析程序的分类法，使得结构化分析方法的运用更加清楚明了。第三章中新增了一节，主要阐述如何养成使用结构化分析方法的习惯。同时对如何使用结构化分析方法，处理情报分析人员经常碰到的认知偏见和直觉陷阱等问题展开了讨论。此外，对第十三、十四章进行了彻底修改，在第十三章中阐述了结构化分析方法的验证策略，在第十四章中展望了结构化分析方法的使用前景。

随着结构化分析方法的使用越来越普及，我们预料这些方法的使用方式将会持续变化。我们的目标是将来再版时能够跟上这些变化。因此，欢迎您随时就第 2 版内容的更新或如何提升其实用性等问题提出建议。为推

[1]　编注：Scenario，也译作场景、想定等，是国家安全、情报学和战略学上的常用术语，通俗讲就是设想、计划或预期可能发生事件的场景、情景、处境或情况。

动本书所述方法的使用，我们还出版了配套用书《情报分析案例：结构化分析方法的应用》（其中文版即将由金城出版社出版），书中有 12 个研究案例、细节练习题，以及学习怎样使用和讲授 24 种结构化分析方法的课程计划。该书第 2 版新增了 5 个研究案例，并新增或更新了练习题和 6 个结构化分析方法的课程计划。

本书的读者群

本书适合情报界、执法界、学术界、商界、医学界、国土安全部门和私营机构中的从业者、管理者、教师和学生阅读。对依靠分析人员帮助自己实现目标的管理者、政策制定者、公司执行官、战略规划人员、行动指挥官和经营者也大有裨益。擅长使用定性方法处理非结构化数据的学术界人士和咨询公司，也会对这本具有开创性意义的论著感兴趣。

本书中所述的许多方法虽然与战略情报有关，但也可供执法、反恐、竞争性情报分析、拥有全球视野的企业顾问和财经计划人员使用。许多从这些相关领域开发而来的方法，经改造后已经运用于情报分析领域；而我们现在发现，它们又反过来被运用于原先的领域中。像“竞争性假设分析法”“关键假定检查法”“象限处理法™”“指标验证因子法™”等专门为情报分析开发的方法，已经转而应用于其他领域。为了填补当前情报分析领域的空白，作者开发了一些具有广阔应用前景的新方法，并在本书中首次公开发表。

内容设计

本书前 3 章对结构化分析方法进行了总体介绍，并阐明了如何将其纳入情报分析人员所使用方法的范畴，阐述了如何选择最适合分析课题的方法等。接下来的 8 章详细论述了何时、为何以及如何使用本书中的每种方法。最后 3 章讨论将这些方法整合进团体协作项目、实施验证策略（validation strategy）等问题，并展望 2020 年时这些方法的使用情况。

讲授方法的每一章（第四至第十一章）开篇均是对方法类别的描述，并对该章中的每种方法进行了概括性介绍。

关于作者

小理查兹·J. 霍耶尔被广为人知，是由于他所著的《情报分析心理学》一书，以及他开发的“竞争性假设分析法”，并指导推出了该方法的自动化软件。整个情报界和越来越多的情报或国家安全的学术项目组都在使用该书和该方法，对情报分析人员进行教育和培训。尽管霍耶尔先生已经从中央情报局退休很长时间了，但他以不同的身份与情报界打交道的时间超过了半个世纪，期间笔耕不辍，广泛涉猎人员安全、反情报、欺骗和情报分析等诸多领域。他曾在威廉姆斯学院（Williams College）获得哲学学士学位，在南加州大学获得国际关系专业硕士学位，并曾攻读加州大学伯克利学院和密歇根大学的其他研究生课程。

伦道夫·弗森是弗森联合有限责任公司（Pherson Associates, LLC）总裁、全球分析有限责任公司（Globalytica, LLC）首席执行官，以及非营利性的卓越分析基金（Forum Foundation for Analytic Excellence）的创始人。他长期从事高级分析方法和批判性思维技巧的教学工作，教学对象是政府和私营机构的分析人员。他与小理查兹·J. 霍耶尔合作，开发并推广了“竞争性假设分析”软件工具，还为中央情报局的谢尔曼·肯特情报分析学校开发了多种分析方法，其中很多方法收录在他的《分析工具与方法手册》（*Handbook of Analytic Tools and Techniques*）一书中。他与凯瑟琳·弗森（Katherine Hibbs Pherson）合著了《战略情报的批判性思维》一书，与萨拉·毕比（Sarah Miller Beebe）合作撰写了《情报分析案例：结构化分析方法的应用》，与路易斯·凯塞尔（Louis M. Kaiser）合著了《分析写作指南》（*Analytic Writing Guide*）。同时，他还开发了一套基于互联网协作的名为“TH!NK Suite®”的分析工具，其中就包括名为“Te@mACH®”的“竞争性假设分析法”网络协作版软件。2000 年，弗森先生结束了长达 28 年的情报界生涯。他最后的职务是负责拉丁美洲事务的国家情报官（National Intelligence Officer）。在中央情报局工作期间，弗森负责情报分析产品的管理工作，涉及的主题从全球不稳定到拉美局势；他还曾供职于总监察长办公室[1]，担任过中央情报局战略规划和管理部门负责人。他在担任国家情报官时，曾获得“杰出情报工作奖章”（Distinguished Intelligence Medal）和“杰出情报生涯奖章”（Distinguished Career Intelligence Medal）。弗森先生曾就读于达特茅斯学院（Dartmouth College）并获学士学位，还拥有耶鲁大学国际关系专业硕士学位。

致 谢

我们衷心感谢玛丽·博德曼（Mary Boardman），德国新使命基金会（Stiftung Neue Verantwortung）的卡特琳·布罗克曼和她的同事，英国内阁办公室的尼克·黑尔（Nick Hare）和他的同事，玛丽·奥沙利文（Mary O’Sullivan），凯茜·弗森（Kathy Pherson），约翰·皮里克（John Pyrik），托德·西尔斯（Todd Sears）和辛西娅·斯托勒（Cynthia Storer），对分析方法章节中内容的拓展和改进，谢谢他们对本书做出的贡献。同时还要感谢为本书提供图表设计和编辑支持服务的阿德里亚娜·冈萨雷斯（Adriana Gonzalez）和理查德·弗森（Richard Pherson）。

两位作者对所有付出时间和精力审阅本书第 1 版全部或部分初稿

[1] 译注：这里应指中央情报局的总监察长办公室（Inspector General’s Staff），该机构是主要承担中央情报局项目效能、审计、调查等职能的独立机构。

的个人表达谢意。这些专家学者包括：斯科特·阿姆斯特朗（J. Scott Armstrong），他是宾西法尼亚大学沃顿商学院教授，及《预测的原理：研究人员和从业人员实用手册》（*Principles of Forecasting: A Handbook for Researchers and Practitioners*）一书主编；萨拉·毕比，她是一名俄罗斯专家，曾是中央情报局分析人员和国家安全委员会工作人员；杰克·戴维斯（Jack Davis），他是情报分析领域的著名教授和作家，前中央情报局高级官员，现在仍是中央情报局的独立承包商；罗伯特·霍夫曼，他是自然决策方面的著名作家，论著颇丰，现供职于人机认知研究所（Institute for Human & Machine Cognition）；玛里琳·彼得森（Marilyn B. Peterson），她是国防情报局的资深教官，曾任国际执法情报分析师协会（International Association of Law Enforcement Intelligence Analysts）会长、情报教育国际协会（International Association for Intelligence Education）会长；辛西娅·斯托勒，她是一名反恐专家，曾是中央情报局的情报分析人员，现为弗森联合有限责任公司成员。上述专家在审阅本书时，提出了颇有见地的、宝贵的批评、建议和修改意见。

在本书第 1 版和第 2 版成稿期间，还得到了许多其他专家的宝贵评论、建议和帮助，他们是：托德·巴卡斯托（Todd Bacastow）、迈克尔·班尼斯特（Michael Bannister）、亚历山大·比埃尔斯卡（Aleksandra Bielska）、阿恩·比埃林（Arne Biering）、吉姆·布鲁斯（Jim Bruce）、里埃尔·卡巴严（Hriar Cabayan）、雷·康沃斯（Ray Converse）、斯蒂夫·库克（Steve Cook）、约翰·唐诺兰（John Donelan）、阿弗里尔·法雷利（Averill Farrelly）、斯坦利·费德尔（Stanley Feder）、迈克尔·弗莱彻（Michael Fletcher）、罗杰·乔治、杰伊·希尔默（Jay Hillmer）、唐纳德·克莱茨（Donald Kretz）、泰里·兰格（Terri Lange）、达尔西·里奥哈特（Darci Leonhart）、马克·洛文塔尔（Mark Lowenthal）、伊丽莎白·马纳克（Elizabeth Manak）、斯蒂芬·马林（Stephen Marrin）、威廉·麦克吉尔（William McGill）、大卫·摩尔（David Moore）、玛丽·奥沙利文、艾米莉·帕特森（Emily Patterson）、阿曼达·弗森（Amanda Pherson）、

凯茜·弗森、斯蒂夫·里博（Steve Rieber）、格雷斯·斯卡伯卢（Grace Scarborough）、阿兰·舒瓦茨（Alan Schwartz）、玛里琳·斯科特（Marilyn Scott）、古德蒙德·汤普森（Gudmund Thompson）、克里斯坦·惠顿（Kristan Wheaton）和阿德里安·“泽克”·沃尔夫伯格（Adrian “Zeke” Wolfberg）。同时，也要感谢内布拉斯加大学奥马哈分校的乔纳森·本杰明–阿尔瓦尔多（Jonathan Benjamin-Alvarado）、美国公立大学系统的劳伦斯·迪亚茨（Lawrence D. Dietz）、西弗吉尼亚大学的鲍勃·杜瓦尔（Bob Duval）、佛罗里达国际大学的查卡·弗格森（Chaka Ferguson）、国家情报大学的约瑟夫·戈登（Joseph Gordon）、加拿大卡尔顿大学的库尔特·延森（Kurt Jensen）和乔治梅森大学的乌昂德·道格·沃森（Uand Doug Watson）。

值此付梓之即，小理查兹·J. 霍耶尔对里斯特·斯奎尔斯（Least Squares）软件公司的威廉·雷诺兹（William Reynolds）表示衷心感谢。感谢他指出有必要采用一种分类法对各种分析方法进行分类，并争取到了国家情报总监办公室（ODNI）/ 高级情报研究计划署（IARPA）PAINT 项目对启动工作的资助，最终才形成了本书第 1 版的第一章和第二章。霍耶尔还对中央情报局谢尔曼·肯特情报分析学校表示谢意，感谢该校为本书第 1 版第三章和第十二章部分内容的成稿提供的部分资助。不过，本书作为一个整体并未获得情报界的资助。

国会季刊出版社的团体，在编辑部主任查理斯·基诺（Charisse Kiino）的领导下，按时制作并出版了本书第 2 版。文字编辑塔莉亚·格林伯格（Talia Greenberg）、助理编辑戴维亚·格兰特（Davia Grant）、制作编辑大卫·菲尔茨（David C. Felts）和设计师格莱恩·沃格尔（Glenn Vogel）的工作质量值得称赞。

最后，对上述所有为本书出版做出贡献的人，再次表示衷心感谢。本书若有任何不足甚至谬误之处，责任由作者本人承担。

免责声明

本书陈述的所有事实、意见或者做出的分析，都属于本书的作者，并不代表国家情报总监办公室、中央情报局或者其他任何美国政府机构的官方立场。本书中的所有内容，不应被解释为美国政府证实的信息或含有美国政府证实的信息，或是有关机构赞同作者的观点。为谨防机密信息泄露，国家情报总监办公室和中央情报局已对书中内容进行了审查。

[第一章]

导言与概要

美国情报界、执法界和商界的分析实践，正在从以单个分析人员为主的智力活动向团队或团体的协作活动稳步转变。[1] 这种转变背后的驱动因素包括以下几点：

- ★ 国际问题的日益复杂化，要求绝大部分分析产品涵盖多学科的知识。[2]
- ★ 打破机构藩篱实现更快共享更多信息的需要。
- ★ 专业知识的扩散，尤其是分析人员、搜集人员、行动人员和政策制定者之间的界限正变得越来越模糊。
- ★ 需要确认并评估替代思维模型（alternative mental model）的有效性。

技术的进步，使这种转变成为可能。这些技术进步包括：新的协作网、利益共同体 (communities of interest)、新一代分析人员之间社交网络活动的迅猛增加。指导分析人员之间交流对话的结构化分析方法的日益广泛使用，使分析人员能够找出和克服大多数的认知偏见和直觉判断导致的其他不足，从而推动上述转变的发生。

---

[1] 原注：*Vision 2015: A Globally Networked and Integrated Intelligence Enterprise* (Washington, DC: Director of National Intelligence, 2008).

[2] 原注：National Intelligence Council, *Global Trends 2025: A Transformed World* (Washington, DC: U.S. Government Printing Office, November 2008).

一、我们的愿景

本书将结构化分析方法作为一种独特的分析方法论，阐释了其作用和适用范围。当分析人员必须面对各种不完整的、含糊不清的，有时甚至是欺骗性的信息时，结构化分析提供了一种循序渐进的过程。结构化分析的原理是以一种系统化、透明化的方式，将内部思考过程外化，以便这一过程能够被他人共享、改进，并易于批判。每种方法在使用后都留有一条线索，其他分析人员和管理人员可以沿这条线索查看分析判断的依据。不仅是单个分析人员在使用这些方法，在协作团队或团体中，这些方法可能得到最佳运用，因为参与者在分析过程的每个步骤都可以接触到分歧或矛盾的观点。这种透明性有助于确保，分析人员的不同意见在分析过程初期就被听取并被认真考虑。分析人员告诉我们，这是所有结构化方法的最具价值方面之一。

结构化分析有助于分析人员确保自己的分析框架，即形成自己的分析判断的基础尽可能可靠。结构化分析方法把要分析的特定问题分解成若干部分，并细化形成循序渐进的过程来处理这些部分，这样有助于分析人员将大量零散数据组织起来。这类方法能使我们的思维更加开放，更易于接受自我和他人的批评。这种透明性促成了对跨部门和机构间的协作至关重要的、工作层面的有效沟通。

结构化分析方法之所以被称为“技巧性方法”（technique），是因为它们通常只指导分析人员如何思考问题，而不是像人们对某种方法（method）所期待的那样，能从中得出一个具体的答案。不过，总体而言，结构化分析方法的确构建了一种方法论，即对分析人员日常必须面对的各种不确定性进行定性分析的一系列原则和程序。

二、两种思维类型

过去 20 年里，对人类思维判断的心理学研究取得了重大进展。已占主导地位的双重加工理论（dual process theory），指出了影响决策的名为“系统一”和“系统二”的两种思维过程。[1] 两者之间的根本区别是，前者是直觉思维，后者是分析思维。

系统一思维具有直觉、迅速、高效但无意识的特点，它以已有知识、既往经验为基础，是一种长期存在的、关于人类或事物在特定环境中如何反应的思维模型。系统一的思维方式具有强大的吸引力，因为这种方式无须人们付出巨大努力，就能快速、高效地做出判断和解决问题。这种思维方式时常是准确的，但是直觉思维容易引起认知偏见（cognitive bias）和其他的直觉错误，从而导致分析失误。认知偏见将在本章的下一小节进行论述。

系统二思维是分析型的，具有缓慢、慎重、有意识推理的特征，它包含了所有类型的分析，例如批判性思维方法、结构化分析方法，以及所有的实证方法和定量方法。本书阐述结构化分析方法的 8 章中的导语部分，都描述了该章所讲述的分析方法是如何处理系统一思维引起的各类认知偏见和其他常见的直觉错误的。

三、克服偏见

偏见类型众多，但所有的偏见都可被认为是认知偏见，因为它们都是通过系统一思维在大脑中的活动才得以形成和表达的。引起偏见的潜在原因包括：专业经验导致的根深蒂固的思维定式、培训或教育经历、个人成长背景、个性、个人的独特经历和特定决策中的个人权益。

可能除了个人利己主义偏见外，所有偏见都起源于快速、无意识的直觉思维（系统一思维），而非缜密推理的系统二思维的结果。系统一思维方

[1] 原注：关于双重加工理论的更多信息，参见 Jonathan Evans and Keith Frankish 的研究，*In Two Minds: Dual Processes and Beyond* (Oxford, UK: Oxford University Press, 2009); Pat Croskerry, “A Universal Model of Diagnostic Reasoning,” *Academic Medicine* 84, no. 8 (August 2009)。

式时常是准确的，但是频繁受到其他各种偏见、认识不足，以及未来发展固有的不可知性的影响。结构化分析方法是系统二思维方式的一种类型，开发它的目的就是为了发现和克服系统一思维方式中固有的分析偏见。

从 20 世纪 70 年代早期阿莫斯·特沃斯基（Amos Tversky）和丹尼尔·卡尼曼（Daniel Kahneman）引入“认知偏见”这个概念起至今，行为科学家已经研究了认知偏见对心理学、政治学、医学、经济学、商界和教育等众多领域中的分析和决策的影响。[1] 小理查兹·J. 霍耶尔于 70 年代末和 80 年代在中情局工作期间，以及随后在 1999 年第一次出版的《情报分析心理学》一书中，都运用了特沃斯基和卡尼曼的见解来应对情报分析人员碰到的各种问题。[2] 从《情报分析心理学》出版开始，包括杰弗里·库珀（Jeffrey Cooper）和罗伯·约翰斯顿（Rob Johnston）在内的美国情报界其他学者，都认同认知偏见是导致中情局情报分析失误的主要原因之一。[3]

本书在逻辑上是《情报分析心理学》一书的延续，后者已经详述了影响情报分析的众多偏见。[4] 此后的学术著作中又以广泛大量的术语描述了数百种认知偏见。正如霍耶尔多年前指出的那样，认知偏见与视错觉（optical illusion）类似，即使认识到了它们的本质也无法完全克服，意识到偏见也无法形成更准确的感知。[5] 这就是认知偏见非常难以克服的原因。例如，艾米莉·普罗林（Emily Pronin）、丹尼尔·林（Daniel Y. Lin）

---

[1] 原注：Amos Tversky and Daniel Kahneman, “Judgment under Uncertainty: Heuristics and Biases,” *Sciences* 185, no. 4157 (1974): 1124–1131.

[2] 原注：*Psychology of Intelligence Analysis* was republished by Pherson Associates, LLC, in 2007, and can be purchased on its website:www.pherson.org.

[3] 原注：Jeffrey R. Cooper, *Curing Analytic Pathologies: Pathways to Improved Intelligence Analysis* (Washington, DC: CIA Center for the Study of Intelligence, 2005); and Rob Johnston, *Analytic Culture in the U.S. Intelligence Community: An Ethnographic Study* (Washington, DC: CIA Center for the Study of Intelligence, 2005).

[4] 原注：Richards J. Heuer Jr., *Psychology of Intelligence Analysis* (Washington, DC: CIA Center for the Study of Intelligence, 1999; reprinted by Pherson Associates, LLC, 2007).

[5] 原注：Richards J. Heuer Jr., *Psychology of Intelligence Analysis* (Washington, DC: CIA Center for the Study of Intelligence, 1999; reprinted by Pherson Associates, LLC, 2007) , 112.

和李·罗斯（Lee Ross）在 3 项不同的研究中发现，人们更容易看到他人而非自己身上反映出来的认知偏见和动机性偏见（motivational bias）的存在和作用。[1] 这就解释了，为什么如此多的分析人员认为自己的直觉思维（系统一思维）足够用了。

大量著作都论述了认知偏见，有时我们可以称这些论述为“探索式的方法”（heuristics），它们解释了这些偏见是如何在众多领域影响一个人的思维的。而本书的独特之处在于对如何克服这些偏见提供了指导。本书列举的 55 种结构化分析方法，为避免陷入一个或多个特定的认知偏见和其他常见的直觉陷阱指明了道路。阐述结构化分析方法的 8 章中，每一章的导语和概述部分，都描述了该章所述的结构化分析方法是设计用于发现和克服系统一思维中的哪种错误的。当然，这些方法虽然有益，但也不能保证百分之百管用。

四、结构化分析方法的作用

结构化分析方法是克服偏见的方法，不能代替直觉判断。这些方法的作用是，让分析人员发现有更多的选择可以考虑，从而质疑直觉判断。例如，“关键假定检查法”需要发现和考虑更多附加的假定。“竞争性假设分析法”需要找出替代的假设，关注证伪而非证实假设，以及对证据进行更系统的分析。本书列举的所有结构化方法都有一个增加的价值（Value Added）部分，用于阐述这些方法如何改进分析，减少情报分析人员常见的、由系统一思维方式引起的认知偏见和直觉陷阱。许多方法的好处是不言而喻的。虽然这些方法没有总是给出正确答案，但提出的替代方案值得认真考虑。

---

[1] 原注：Emily Pronin, Daniel Y. Lin, and Lee L. Ross, “The Bias Blind Spot: Perceptions of Bias in Self versus Others,” *Personality and Social Psychology Bulletin* 28, no. 3 (2002): 369–381.

当然，不存在一个永保正确的公式，但使用结构化方法可以降低错误发生的频率和严重程度。这些方法可以帮助分析人员减少已知的认知局限（cognitive limitation），避免一些已知的分析偏见，直面未被质疑的思维模型或思维定式引起的各种问题。同时，还能帮助分析人员更加严谨地思考所要分析的问题，确保先入之见（preconception）和假定不是想当然的，而是被清晰地考查，并在可能的情况下得到了检验。[1]

关于结构化分析方法，最常见的批评是，"我没有充裕的时间使用它们"。许多分析人员的经验表明，这种批评站不住脚。许多方法使用时所需要的时间都很短。对于任何新事物，总要花些时间去学习，一旦学会使用结构化分析方法，将会节省分析人员的时间。它能够使单个分析人员的工作更有效率，特别是当课题刚刚开始，分析人员还在犹豫如何着手时，更是如此。结构化方法改进了沟通技巧、提升了搜集和解读证据的效率，有助于团体工作。最后，与运用其他方法形成的产品相比，运用结构化方法形成的情报产品的结论，背后的推理过程更加透明，更易于让人接受。这样一来，管理者和编辑的审查速度也会加快，从而缩短了协调进程，更加节省时间。[2]

分析方法固然重要，但仅有方法无法确保分析的准确性和价值。方法必须与扎实的专业知识、一个富有想象力和爱探究的头脑相结合。反过来，这些因素也必须得到分析工作的组织环境的支撑和推动。

五、团队分析的价值

我们对情报分析前景的设想与国家情报总监的《构想 2015》（*Vision*

[1] 原注：这些判断基于我们的个人经验、工作经历以及与其他经验丰富的分析人员的讨论。我们将在第十三章中详述系统性研究使用结构化分析方法带来好处的必要性。

[2] 原注：再次强调，这些论述是基于我们与其他使用结构化分析方法的分析人员研究讨论后做出的专业判断。第十三章中着重介绍了美国情报界对使用结构化分析方法在各方面的得与失的研究。

2015）相吻合，在这份文件中，情报分析愈发成为一项协作事业，重心正在“从针对情报初级产品的协作，向研究初期阶段即对数据和假设进行常态化讨论转变”。[1] 鉴于传统分析观念认为分析在很大程度上是一种个人活动，协作只是这一过程的最后步骤，这种转变意义重大。

结构化分析方法贯穿于这样的协作事业中。正如这些方法构建了我们每个人思考过程的结构一样，它们也能构建出小型团队或团体内部分析人员间的互动。在使用这些方法时，思考的过程是透明的，所以方法中的每一个步骤都会推动团队内部的讨论。此类讨论能够产生和充分评估更多的不同信息和新信息，这是没有使用结构化流程的团体所做不到的。当团队处理复杂问题时，多人同时使用结构化分析方法，往往比单个分析人员独自思考更加高效。结构化分析方法与协作软件的配合使用也能建立一个框架，指导跨部门协作和协调，连接不同办公室、机构、处于交通拥堵的大都市中的各个部分，甚至世界各地的团队成员。

当然，与单个分析人员面对的认知偏见和其他陷阱一样，基于团队的分析也面临一系列的新挑战。不过，通过使用结构化方法引导团队或团体成员之间的交流互动，能将团体在互动过程中产生的那些众所周知的问题减到最少。这样做，有助于防止讨论偏离正题，有助于所有团队成员阐述可供选择的看法。分析人员还发现，使用结构化流程有助于大家在产生意见分歧时进行客观的讨论，这将在第十二章进行深入的探讨。还有一点就是，今天的技术和社交网络项目使得结构化协作比过去任何时候都更加容易。

六、结构化分析方法的历史

美国情报界是在 2005 年首次使用了“结构化分析方法”这个术语。

---

[1] 原注：*Vision 2015: A Globally Networked and Integrated Intelligence Enterprise* (Washington, D.C.: Director of National Intelligence, 2008), p. 13.

不过，这一概念的起源可以追溯到 20 世纪 80 年代，当时杰出的情报分析导师杰克·戴维斯率先开始进行他称之为“替代分析”的教学和写作工作。[1] 该术语的意思是：评估替代的解释或假设，以更好地理解他国的文化，站在他国的角度，而不是靠镜像思维（mirror imaging），来对事件进行分析。20 世纪 80 年代中期，在中央情报局情报分局（Directorate of Intelligence）内，开始了一些使用替代分析方法的尝试。根据时任中央情报局情报分局副局长罗伯特·盖茨（Robert Gates）的指示，分析人员采用了几种新方法以生成政治剧变的情景，追踪政治动荡，并对军事政变做出预测。此后，1993 至 1996 年期间情报分局副局长道格拉斯·麦凯岑（Douglas MacEachin）支持采用系统的、透明的新分析标准，为进一步的变革铺平了道路。[2]

20 世纪 90 年代末，“替代分析”这一术语开始广泛使用。在此之前，海军上将大卫·杰里迈亚（David Jeremiah）针对情报界未能预测 1998 年印度核试验给出了事后分析报告，国会的一个委员会审查了针对情报界 1998 年全球导弹发展形势的预测，而中央情报局总监察长则提交了一份旨在阐明更高层应该关注情报分局分析技能现状的报告。杰里迈亚在报告中尤其鼓励更多地运用所谓的“红队”（red-team）分析法。

> 知识从对术语的定义开始。
> ——苏格拉底，希腊哲学家

2000 年，为提升情报分析效率，中央情报局成立了谢尔曼·肯特情报分析学校。时任情报分局副局长的约翰·麦克劳林给该校下达了任务，要求强化当时正在使用并被称为“替代分析”的各种方法。为落实麦克劳林的指示，肯特情报分析学校做了一个关于情报分析方法的汇编，而中央情报局情报分局也开始在一个培训班中教授这些方法，稍后这门培训课程演变为高级分析工具和方法研修班课程。再后来，这门课程的授课对象

[1] 原注：有关“结构化分析方法”和“替代分析”的历史记载，来源于杰克·戴维斯、伦道夫·弗森和罗杰·乔治。他们三人是中央情报局中开发和教授这些方法的关键人员。

[2] 原注：参见 Heuer, *Psychology of Intelligence Analysis,* xvii–xix。

不断拓展，开始向国防情报局和情报界其他机构的分析人员开放。

2001 年 9 月 11 日令人震惊的恐怖袭击事件发生后，不同的调查委员会纷纷成立；随后，对伊拉克拥有大规模杀伤性武器的分析又出现了错误。所有这一切，都增加了为情报分析工作寻找更多替代途径的压力。例如，《2004 年情报改革法案》（Intelligence Reform Act of 2004），赋予国家情报总监“确保情报界各组成单位对情报分析中的信息和结论进行替代分析（一般指‘红队’分析）的职责”。

不过，此后的时间里，误解或抵触该方法的分析人员，开始片面地将“替代分析”解读为用正常方式进行分析之外的替代品，而其隐含的意思是：这些替代程序，只有在某项分析极为重要的特殊情况下才偶尔需要使用。肯特学校的教员们不得不解释称，这些方法并不是传统分析的替代品，而是对产生好的分析有决定性的作用，应该加以整合，融入到日常工作中，即使得分析人员的日常工作流程严谨和有结构。

2004 年，肯特学校决定对基于前几年的经验教训形成的培训教材进行修订，并出版了《谍报技术入门》（*A Tradecraft Primer*）[1]。伦道夫·弗森和罗杰·乔治是修订工作组的成员。据乔治回忆，“当时有种感觉，‘替代分析’的提法局限性太大，描述不够清楚，因为至少有十几种不同的分析方法都使用一个术语。因此，我们决定寻找一个更具包容性、更适合这些分析方法的名字。”[2] 这要归功于伦道夫·弗森的妻子凯茜·弗森。有一天，在与丈夫伦道夫共进晚餐时，凯茜提出了“结构化分析方法”这个名字。罗杰·乔治将这些方法整理为三类：诊断方法、逆向方法和想象方法。2005 年 6 月，修订后的培训教材获得正式批准，“结构化分析方法”成为官方术语。

中央情报局情报分局的高官们成为“结构化分析方法”的坚定支持者，并采取积极措施推动和促进这种方法的使用。现在，整个美国情报界都

---

[1] 原注：*A Tradecraft Primer: Structured Analytic Techniques for Improving Intelligence Analysis, 2nd ed.* (Washington, DC: Central Intelligence Agency, 2009), https://www.cia.gov/library/publications/publications-rss-updates/tradecraft-primer-may-4-2009.html.

[2] 原注：基于罗杰·乔治在 2007 年 10 月 9 日与霍耶尔的对话。

在使用这一术语，学术界和全球许多情报机构也越来越多地使用这一术语。

然而，没有新的立法，事情不可能有改变。根据《2004年情报改革法案》，国家情报总监仍有确保情报界组成单位进行替代分析的职责，而替代分析现在被描述为分析产品中所包含的替代结果和假设。我们认为，“替代分析”只包含了结构化分析方法中的一部分，为了避免引起任何混淆，建议避免使用“替代分析”这个术语。

七、本书选取的分析方法

本书所述的方法，局限于适合我们所提出的“结构化分析方法”定义的方法，这一点在第二章有详细论述。尽管本书关注的重点是战略情报分析的方法，但许多方法也可用于军事战术分析、执法情报分析、国土安全、商业咨询、财政计划，以及任何领域的复杂决策。书中涉及的方法，是那些单个分析人员独立工作时可以使用，但小型团队或团体分析时使用效果更佳的方法。本书不包括那些需要复杂计算，或者外包给外部专家或公司所使用的分析复杂项目的方法。这也是本书没有收录其他人推荐的许多有趣的分析方法的原因。

在数百种备选的方法中，我们选取了55种对情报工作最有用，同时也适用于学术界、商界、执法界、财政界和医学界分析工作的方法。但是，本书不包括那些专门被类似执法或者商业咨询等领域使用的单一类型的分析方法。这个方法列表是不断变化的，列表中的数量会随着新方法的发现、已有方法在检验中出现的不足而增加或减少。事实上，我们已经删除了本书第1版中的2种方法，并增加了5种新方法。

有些培训项目需要对方法列表进行浓缩，从而形成特定类型分析所需的方法精华。没有一个方法列表能满足所有人的需要。我们希望为规模日益增长的、正在使用结构化分析方法的分析人员群体，提供一个相对全面的方法列表和具有普遍性意义的专业术语，这将有利于推动在跨机构协作项目中使用和讨论这些方法。

这些方法有些来源于我们对美国情报界之前工作的提炼，有一小部分来源于我们英国、加拿大、西班牙和澳大利亚的同行们。为了在本书中收录更多更适合的方法，霍耶尔阅读了大量著作，查阅了大量网站，广泛涉猎了情报分析方法论、一般定性方法、决策制定、问题解决、竞争性情报、执法情报、预测或前景研究以及普通社会科学研究等领域。即使这样，鉴于本书篇幅有限，疏漏之处在所难免。

本书描述的结构化分析方法中，有一半的方法曾在国防情报局、国土安全部情报与分析办公室或其他情报机构的培训教材中使用。我们在本书中对这些方法进行了修订和完善。书中的许多方法是作者之一、伦道夫·弗森在向情报分析人员、学生和在私营机构讲授结构化方法时最先提出或完善的。为了满足需求和填补空白，小理查兹·J. 霍耶尔和弗森根据情报分析人员的需求，对本书中的 25 种分析方法进行了修订。

虽然我们提供了如何使用每种方法的具体指南，但这些指导意见并不是金科玉律。许多方法的运用方式不止一种，有些方法甚至有几种不同的名称。一位经验丰富的政府分析人员告诉作者，他很少会两次都使用完全相同的一种方法，而是让该方法去适应特定问题的需要。他的这种高效运用方法的能力与他拥有的丰富经验有关。

有些方法的名字，其单词的首字母是大写，但很多方法不是。为了保持一致性和突出它们，本书中所有方法的名字的首字母都采用大写。[1]

八、章节概述

第二章“创建一个系统二思维的分类法”，通过描述结构化分析方法

[1] 译注：为了确定和区分特定的方法，针对所有首字母大写的方法，翻译时均为这些方法加注了引号。

与情报分析方法论其他 3 种重要类别的不同之处，定义了前者的适用范围。该章提出了将不同的结构化分析方法划分为 8 种类别的分类法。划分的依据是每组方法如何更有利于情报分析。

第三章“选择正确的分析方法”介绍了本书选录方法的标准，讨论了哪些方法可以先学，哪些方法最常用，并提供了如何寻找满足分析人员所需方法的指南。分析人员可以使用这个指南，回答他想要做什么或需要怎么做的 12 个简短问题，再根据问题的答案找到相应的章节，并找到最适合的方法。

从第四章到第十一章，每章都描述了结构化分析方法的一种类别，这些不同的方法加在一起共有 55 种。每章的开篇都描述了特定类别的方法，并阐明了这些方法是如何帮助人们克服可能导致分析错误的认知偏见或直觉陷阱的。接下来是对该章所描述方法的简要概述。其后，才是对每种方法的讨论，包括何时使用、增加的价值、方法描述、需要引起注意的潜在缺陷、与其他方法的关系以及起源等。

从头到尾读完这 8 章的读者，可能会感觉内容上有些重叠。其实，这种重叠是为了方便读者在将本书作为参考书时，能尽快找到特定章节。如果读者只想对这些方法有个大体的了解，可以只看每章的导语以节省时间；但每种方法的简要概述以及对那些特定方法的详细描述，也必定会引起读者的兴趣。

这 8 章的主要内容如下：

★ 第四章“分解与可视化”涵盖了一些基本的概念，如清单、分类整理、排序、分级、几种类型的图示、矩阵和网络。同时，该章新增了“维恩分析法”（Venn Analysis）和“AIMS 法”两种方法。

★ 第五章“观点生成”提出了多种类型的“头脑风暴”。其中，“名义团体法”（Nominal Group Technique）就是“头脑风暴”的一种形式，虽然情报界一直以来很少使用，但如果担心“头脑风暴”可能会受咄咄逼人的分析人士意见的左右，或与会者可能会因高官出席而感到拘束时，就应该使用该方法。“交叉影响矩阵法”（Cross-

Impact Matrix）则支持就复杂系统中的关系问题进行团体学习练习。

★ 第六章“情景与指标”涵盖 4 种情景生成的方法，以及用于监控事情会朝哪个情景发展的指标。本章还涉及伦道夫 · 弗森开发的一种名为“指标验证因子法™”的新方法，该方法主要用于评判指标的诊断价值。该章增加了一种名为“论点合理性”的新方法。

★ 第七章“假设生成与检验”包括以下假设生成的方法，即“诊断推理法”（Diagnostic Reasoning）、“竞争性假设分析法”、“论证图示法”（Argument Mapping）和“欺骗识别法”（Deception Detection）。

★ 第八章“因果评估”包括了被广泛使用的“关键假定检查法”，以及来自预测未来的文学作品中的“结构化类比法”（Structured Analogies）。其他方法包括“角色扮演法”（Role Playing）、“红帽分析法”以及“由表及里思考法”（Outside-In Thinking）。

★ 第九章“质疑分析”帮助分析人员摆脱既定的思维模型，从不同的视角去设想情况或问题。作者开发的两个重要的新方法，即“事前分析法”和“结构化自我批判法”（Structured Self-Critique），为分析团队提供了设想自己的分析可能有误的可行办法。“若则分析法”和“高影响 / 低概率分析法”（High Impact/Low Probability Analysis）是显示传统观点也可能有错的适宜办法。管理层可以使用“魔鬼代言人”（Devil's Advocacy）、“红队分析法”（Red Team Analysis）和“德尔菲法”（Delphi Method）来积极地寻找替代答案。

★ 第十章“冲突管理”指出，应该鼓励相互冲突的矛盾意见之间的对抗，但必须进行管理，以使其成为一种学习经历，而不是一场感情用事的论战。本章还描述了“对抗性协作法”（Adversarial Collaboration）之下的一系列方法，以及“结构化辩论法”（Structured Debate）的原始脉络，即辩论双方只驳倒对方的论据，而不是支持自己的论据。

★ 第十一章“决策支持”包含数种方法，其中有“决策矩阵法”

(Decision Matrix)。它是一种帮助管理人员、指挥人员、计划人员和决策者在竞争性目标、价值观或偏好之间做出选择或权衡的方法。本章还包括小理查兹·J. 霍耶尔开发的“复杂性管理程序法”(Complexity Manager),以及“决策树法”和“影响矩阵法”两种新方法。

正如前文提到的,全球情报界的情报分析工作正处于,从主要以单个分析人员为主的智力活动向协作团队或团体的智力活动过渡的阶段。第十二章“专业人员协作指南”中,讨论了如何将快速成长的社交网络领域和在地理位置上分散的实用型专家纳入分析过程的问题。该章提出,绝大多数分析过程可以分为两个阶段:首先是某个使用维基网站的社交网络广泛参与的发散分析(divergent analysis)或创造性阶段;其次是趋同分析(convergent analysis)阶段,最终由一个小型分析团队完成报告。

我们怎样才能确定使用结构化分析方法确实能够提高分析产品的整体质量呢?正如我们在第十三章“结构化分析方法的验证”中讨论的,有两种方法可以回答这个问题,即逻辑推理(logical reasoning)和实证研究(empirical research)。逻辑推理的途径是,从大量心理学研究的有关人类思考过程中的记忆、知觉、缺陷等方面着手。如果某种结构化分析方法的特定意图是减少或避免犯下某种已知的思考过程中的错误,而且看来似乎成功做到了这一点,我们就可以说该方法具有“表面效度”(face validity)。许多结构化方法越来越普及,这意味着分析人员和他们的用户,都认为这些方法的确以多样的方式提供了不同的增加的价值。

对这些方法进行评估的另一种途径,是进行实证检验(empirical testing)。通常的做法是设计实验,把使用了某种特定方法的分析与某个未使用该方法但具有可比性的分析活动进行比较。我们的研究发现,在情报界之外进行的此类实验往往价值有限,因为实验条件与绝大部分情报分析人员使用同样方法的条件大不相同。第十三章提出了对结构化分析方法进行验证的更广泛的途径,除了严密模拟情报分析人员如何使用这些方法的条件的实验外,还提倡进行结构化面谈(structured interviews)、观察和调查。此外，第十三章建议设立一个独立机构来进行此类研究，并完成支持整个情报界使用结构化分析方法的其他任务。

本书的最后一章是“结构化分析方法的未来”。该章首先利用“复杂性管理程序法”这一新的结构化方法，评估了对结构化分析方法的使用将会持续增长的前景。要求读者想象 2020 年时的情况，分析这一时间段内支持或阻碍结构化分析方法更多使用的 10 个变量，并在此基础上回答下述问题：情报机构、执法界和商界是否会推动和更频繁地使用结构化分析方法？哪些力量能刺激结构化分析方法得以更多地使用？哪些障碍将阻碍结构化分析方法的更多使用？

[第二章]

创建一个系统二思维的分类法

分类法指的是对信息或知识域（domain）的所有组成部分进行分类。它通过对所包含的不同对象进行识别、命名和分类来定义一个域。这些对象根据相互之间是否具有某些共同要素而被编入相关的组中。前一章中已经阐明了系统一思维和系统二思维的差异。

★ 系统一思维具有直觉、迅速、高效但无意识的特征。这样的直觉思维时常是准确的，但是容易引起认知偏见和其他的直觉错误，从而造成错误分析。

★ 系统二思维是分析型的，具有缓慢、慎重、有意识推理的特征。它不仅包括结构化分析方法，而且包括批判性思维、所有的实证分析（empirical analysis）和定量分析。

情报分析人员大多依赖直觉判断，即系统一思维过程来组织分析脉络。直觉判断通常被认为是一种传统分析方法，如果做得好，它可以把课题专业知识与基本思考技巧结合起来。证据推理法、历史方法、案例研究法，以及类比推理法均属于这一类别。[1] 直觉判断区别于结构化分析的主要特征是，它通常是一种个人的努力，推理过程在被写进报告初稿前，很大程度上只存在于该分析人员的脑海里。这种分析类型的培训一般通过研究生教育进行，在社会科学和

[1] 原注：类比推理法也是一种结构化分析方法，被称为结构化类比法，在第八章有详述。

人文科学领域尤其如此，而且往往要学习一些国家或语种的专门知识。

本章提出的这种分类法定义了系统二思维的域。图 2.0 将系统一思维或直觉思维与系统二思维中常用的 4 大类分析方法进行了区分。图中描述了这 4 大类别的性质，其中 1 个就是结构化分析，其他 3 个是批判性思维、实证分析和准定量分析（quasi-quantitative analysis）。“二、结构化分析方法的分类法”（P033）一节论述了结构化分析包括 8 种不同类别的结构化分析方法。本章描述了 4 大类分析方法的基本原理，并确认了结构化分析方法的 8 个类别。

“分类法”（taxonomy）一词源于希腊语，其中前缀（*taxis*）的意思是“排列”“区分”或“次序”，而后缀（*nomos*）则有“规律法则”的意思。分类法的经典范例是，瑞典植物学家卡尔·林奈（Carolus Linnaeus）的生物谱系分类法。他使用界、门、纲、目、科、属、种，对所有的有机生物进行分类，这种分类法目前在生物学中仍被广泛采用。另一个经典的例子是，化学家们使用的元素周期表。图书馆目录也被认为是一种分类法，它首先列出相关类别的清单，然后对每个类别做进一步细分。

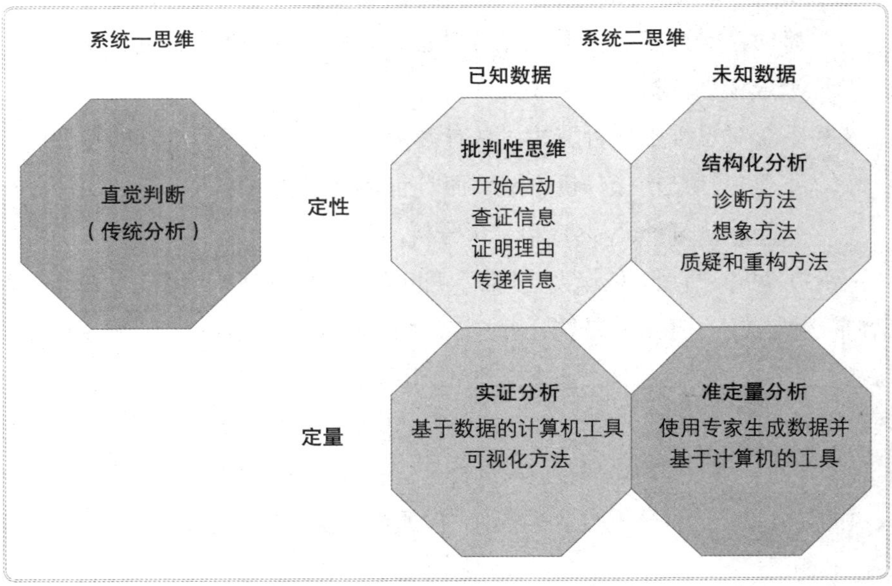

图 2.0 系统一思维和系统二思维

分类法的提出是对知识进行组织并进一步推动特定学科发展的重要步骤。罗伯·约翰斯顿提出了对情报分析产生影响的变量分类法，但未能进一步将其深入推进到分析技巧或方法的程度。他指出："分类法可以明确调查范围、编制命名规则、确定关注领域、帮助确定研究重点，经常导致新理论出现，从而也就区分了各个域。分类法是路标，指明了哪些已经知道，而哪些尚待发现。"[1]

罗伯特·克拉克描述了一种情报来源分类法。[2] 他还对情报分析中经常使用的一些分析方法进行过分类，但未达到创建分类法的程度。据我们所知，尽管已经有人提出了对预测[3]、运筹学[4]、信息系统[5]、可视化工具[6]、电子商务[7]、知识启发[8]和认知任务分析[9]等领域运用的研究方法的分类

[1] 原注：Rob Johnston, *Analytic Culture in the U.S. Intelligence Community* (Washington, DC: CIA Center for the Study of Intelligence, 2005), 34.

[2] 原注：Robert M. Clark, *Intelligence Analysis: A Target-Centric Approach,* 2nd ed. (Washington, DC: CQ Press, 2007), 84.

[3] 原注：预测原则网址为 www.forecastingprinciples.com/files/pdf/methodsselectionchart.pdf。

[4] 原注：Russell W. Frenske, "A Taxonomy for Operations Research," *Operations Research* 19, no. 1 (January–February 1971).

[5] 原注：Kai R. T. Larson, "A Taxonomy of Antecedents of Information Systems Success: Variable Analysis Studies," *Journal of Management Information Systems* 20, no. 2 (Fall 2003).

[6] 原注：Ralph Lengler and Martin J. Epler, "A Periodic Table of Visualization Methods," undated, www.visual-literacy.org/periodic_table/ periodic_table.html.

[7] 原注：Roger Clarke, *Appropriate Research Methods for Electronic Commerce* (Canberra, Australia: Xanax Consultancy Pty Ltd., 2000), http://anu.edu.au/people/Roger.Clarke/EC/ResMeth.html.

[8] 原注：Robert R. Hoffman, Nigel R. Shadbolt, A. Mike Burton, and Gary Klein, "Eliciting Knowledge from Experts," *Organizational Behavior and Human Decision Processes* 62 (May 1995): 129–158.

[9] 原注：Robert R. Hoffman and Laura G. Militello, *Perspectives on Cognitive Task Analysis: Historical Origins and Modern Communities of Practice* (Boca Raton, FL: CRC Press/Taylor and Francis, 2008); and Beth Crandall, Gary Klein, and Robert R. Hoffman, *Working Minds: A Practitioner's Guide to Cognitive Task Analysis* (Cambridge, MA: MIT Press, 2006).

法，但尚未有人提出一种对情报分析方法的分类法。

通过考查其他领域使用的分类法后，我们发现在组织形成一种分类法时，并不存在唯一正确的方式，而只存在在实现具体目标的过程中能或多或少发挥作用的不同方式。在这种情况下，我们的目的是更好地理解结构化分析方法的域，研究清楚这些方法如何提供更好的分析产品，并思考如何把它们与分析人员的需求联系起来。我们的目标是确定现在可用的各种方法，确定或提出其他潜在的有用方法，帮助分析人员比较并选择出用以解决特定分析问题的最佳方法。统一结构化分析方法的术语标准，有助于在使用这些方法时进行跨机构、跨国界的协作。

一、系统二思维方法的分类法

> 科学的第一步是对物种进行区分。这种知识存在于它们的具体特征中，为了让这种知识固定下来并永久化，必须给予不同的物种截然不同的名称；而且，这些名称必须记录在案并被人们牢记。
>
> ——卡尔·林奈，《自然系统》，1738 年

情报分析人员需要运用广泛的方法来应对更加广泛的课题。尽管本书专注于正在发展的结构化分析领域，但有必要明确指出所有方法的最初分类，以确定结构化分析可以归属的类别。就分析而言，许多研究人员一般只提及两种普遍的分析方法范畴：定性对定量，直觉对实证或直觉对科学。其他人也许会认为有 3 种不同的方法范畴，即直觉的、结构化的和科学的。在我们的分类法中，我们是通过描述两种思维类型（系统一和系统二）以及定义系统二思维的 4 大类分析方法，来解释这个困惑的。

有关情报分析的文献中，情报分析到底是，或者应该是一门艺术还是一门科学，一直是长期争论不休的话题。在我们看来，情报分析兼有艺术和科学两个范畴的特点。可以归入情报分析范围的一系列活动，遍及人类

认知能力的整个范围，不可能将情报分析简单地划分为艺术和科学这两个类别，或者将它归结为其中一类。说情报分析的某一部分在何种程度上更像是一门艺术或是一门科学，完全取决于人们怎样对“艺术”和“科学”进行定义。

本书描述的分类法提出了进行情报分析的 4 种功能不同的方法论途径，它们以其使用的分析方法的性质、可能的定量的类型、可用的数据的类型，以及预期要或需要接受的培训类型而相互区别。尽管每种方法都截然不同，但它们之间的界限却可能是模糊的。

- **批判性思维**：杰克·戴维斯是长期从事情报方法研究与实践的专家，他对批判性思维进行了定义，认为它是科学探索的过程和价值在战略情报特定环境中的应用。[1] 善于运用批判性思维的人会停下来反思：谁是关键用户，问题是什么，哪里能找到最佳信息，如何提出一个令人信服的理由，以及如何才能高效地传递信息。他们认识到，这个过程需要检查关键假定，寻找否证的数据，还有尽可能长时间地主动对待多种解释。虽然大多数学生在从小学到大学的过程中，在某个时间段内接触过批判性思维方法，但是，只有少数学院或大学开设了提高批判性思维和写作技能的具体课程。
- **结构化分析**：结构化分析方法是一种循序渐进的过程，以易于被他人彻底观察的方式，将分析人员的思考过程外化并被逐条逐步地审查、讨论和批判。正是由于这个原因，结构化分析通常是一种协作性的工作，而分析过程的透明化，可以让参与其中的分析人员接触发散性的或冲突的观点。人们相信，这种类型的分析有助于减少因单个分析人员的认知局限、根深蒂固的思维定式，以及整个认知范围和其他的分析偏见而产生的负面影响。经常使用的方法包括“结构化头脑风暴”“情景分析法”“指标法”“竞争性假设分析法”以

[1] 原注：参见 Katherine Hibbs Pherson and Randolph H. Pherson, *Critical Thinking for Strategic Intelligence* (Washington, DC: CQ Press, 2013), xxii。

及“关键假定检查法”等。大学和研究生院都在教授结构化方法。那些未曾学过统计学、高等数学及硬科学的分析人员，也可使用结构化方法。

★ **准定量分析**：准定量分析使用的是专家生成的数据，这是因为分析人员在分析情报问题时往往缺乏实证数据。在缺少实证数据的情况下，许多方法被设计成通过使用专家意见来填补数据空白，如依靠专家对关键变量进行“高”“中”“低”或“不存在”的分级，或者依靠他们给出的主观概率判断。为得出这些判断，要采用一些特别的程序。专家对关键变量的分级评估将融入到一个描述特定现象的更大的模型中，如非军方领导人面对军事政变的脆弱性，政治动荡的程度，或者一次关于立法辩论结果的预测。该类别包括的方法有贝叶斯推理（Bayesian Inference）、动态建模和仿真等。这些方法的培训一般通过数学、信息科学、运筹学、商业或科学等领域的研究生教育进行。

★ **实证分析**：实证分析使用的是定量数据。可以计量的实证数据与专家生成的数据差异很大，因此，使用这些数据进行分析的方法和使用时所针对的问题类型也大不一样。计量经济学建模是这种类别的一个常用方法。实证数据由不同类型的传感器搜集并运用在诸如武器系统分析等对象上。此类培训一般通过统计学、经济学或硬科学等领域的研究生教育进行。

这 4 类方法并无好坏或高效与否之分。在不同的情形下，为提高找到正确答案的概率，需要使用所有的方法。在开展某个特定分析项目时，使用多种方法应该成为常态而不是特例。例如，即使是高度定量的技术分析，也必须伴随对动机、意图或能力的假定，而这些假定最好由批判性思维、结构化分析来处理或共同处理。在使用专家生成数据对变量进行量化的动态模型中，用于观点生成的一种结构化方法也可被用于确定动态模型中所使用的变量。

这 4 类方法中，结构化分析是后起之秀。因此，考虑该方法怎样与其他方法，特别是如何与系统一思维结合，无疑是有益的。系统一思维是一种将所研究课题的专业知识和直觉判断结合起来的思维活动，而该思维活动很大程度上存在于分析人员的脑海中。尽管分析人员可能得益于他人提供的信息，但产品却通常被认为归该分析人员独有，而他也倾向于认为自己拥有该分析产品的“所有权”。单个分析人员的工作尤其可能受到《情报分析心理学》以及本书中所描述的大量认知陷阱的影响。[1]

结构化分析是一种循序渐进的过程，单个分析人员可以使用，但通常团体合作中使用更多并且能发挥最大价值。正如我们在前一章所阐述的，在循序渐进地分析某个问题时，结构化方法可以引导有共同利益的分析人员开展对话。最关键的是，这种方式可以让拥有不同专业背景的参与者在分析过程早期就接触到替代的观点、证据或思维模型，还能够帮助专家们避开一些常见的认知陷阱。结构化团体分析过程能够确认并评估替代观点，这也有助于避免小型团体分析过程中最常见的“团体迷思”问题。

结构化方法为一个团体或团队使用时，会成为一种信息共享和团体学习的机制，有助于弥补课题专业知识的空白或不足。对于需要结合使用多种类型专业知识的复杂项目而言，这种机制特别有用。

二、结构化分析方法的分类法

美国情报界的方法论专家和一些经过选择的有特殊专长的分析人员已经使用结构化方法多年，但对于普通分析人员而言，广泛而普遍地使用这些方法进行情报分析却还是一件新鲜事。在情报领域提出和推动使用这些方法背后的因素包括：一是更好地认识到造成情报分析困难的认知局限和偏见；二是重大情报失误的不断出现推动了对情报分析生成的复查；三是

[1] 原注：Richards J. Heuer Jr., *Psychology of Intelligence Analysis* (Washington, DC: CIA Center for the Study of Intelligence, 1999; reprinted by Pherson Associates, LLC, 2007).

对跨部门和跨机构间协作的政策和技术支持；四是作为分析用户的决策者迫切希望分析结论产生的过程更加透明。

鉴于美国情报界是出于提高情报分析质量的目的才开始关注结构化方法的，将这些方法进行分类有助于实现上述目标（见图 2.2）。结构化分析方法能够减少人类的某些认知局限，避开一些众所周知的分析陷阱，正视那些与未被质疑过的假定和思维模型相关的问题。这些方法能够确保人们不去理所当然地认为假定、先入为主和思维模型都是对的，而是要对它们进行明确的考查和检验。这些结构化分析方法不仅可以支持决策流程，而且通过对这些方法的使用和记录，也可以促进信息的共享和协作。

进行分类的第二个目标是，将结构化方法的类别与不同类型的常见

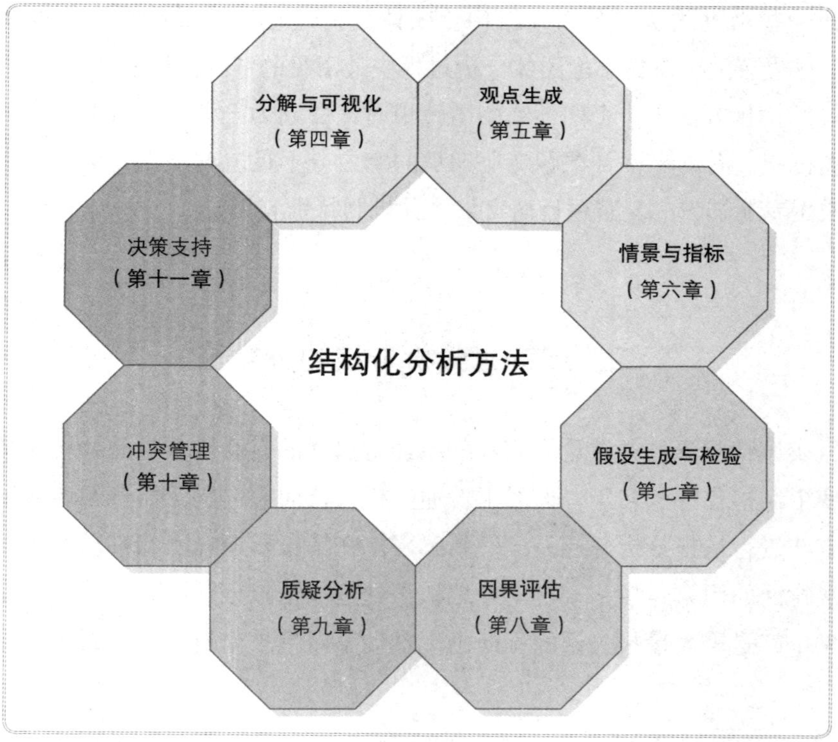

图 2.2　结构化分析方法的 8 种类型

分析任务联系起来。只有这样，才能将特定的方法与单个分析人员的需求相匹配。第三章将对此进行具体讨论。不过，少数方法具有多种分析功能，因此能够划入多个类别。

第四章至第十一章将对结构化分析方法的 8 种类型进行详述，每章的导语将介绍该章中的方法如何帮助提高分析质量。

[第三章]

选择正确的分析方法

本章为分析人员提供了找到最有可能满足其需求的各种方法的实用指南。同时：

- ✶ 找出了最常或应该最常使用的，且应该装在每名情报分析人员工具箱中的一组核心方法。教员在决定教授哪些方法时，也可能需要参考这一核心方法清单。
- ✶ 描述了在时间极度紧迫的情况下、需要提供分析产品时，分析人员可能有的 5 种思维习惯。
- ✶ 探讨了在一个课题项目中使用多种分析方法的价值。
- ✶ 针对情报工作中常见的认知偏见和直觉陷阱，强调了确定哪些结构化分析方法有助于分析人员最有效地克服或至少减少这些根深蒂固的偏见和陷阱的影响力。
- ✶ 列出了分析人员在决定使用哪种（些）方法展开特定课题项目研究时常犯的错误。

在考虑使用哪种结构化分析方法解决某个特定问题时，一个关键步骤是提出这个问题：在分析问题的过程中，我最需要避免，或者至少可以减少的，是哪些错误或陷阱？图 3.0 根据分析人员在工作中最可能遭遇的情况，列出了 15 种最常见的直觉陷阱。如图所示，情报分析人员特别容易受到以下 5 种陷阱的影响：一是未能考虑多个假设或解释；二是忽略了不

使用结构化方法完成关键任务（行中内容）来减少直觉错误（列中内容）：	忽略信息的缺失	偏好第一手信息	利用学到的经验教训	缺乏足够的思维“箱子”	期待最低限度的变化	引入以往经验	假设模式	依赖于第一印象	拒绝证据	过度解读小样本	忽略不一致的证据	假定某种唯一的解决方案
定义项目	✙		✙	✚		✚						
开始启动		✙			✙		✚	✚	✙	✙		
检查并确定数据资料的意义	✙	✙					✙		✚	✙	✚	
对最近某事件进行解释并评估结果			✙		✚		✚				✙	✚
监控某情势以形成预警	✚		✚	✚					✙		✙	✚
生成并检验假设				✙					✚		✚	✚
评估欺骗的可能性		✚		✙		✚	✙					
预测未来			✙	✙	✚	✙						✙
质疑你自己的思维模型	✚	✙	✙	✚	✙	✙	✙	✙	✚	✙	✚	✚
从对手的视角来看待事件				✚		✙	✙	✙		✙	✚	✚
管理冲突的思维模型								✙	✙		✙	
支持某决策者		✚	✚			✚						✙

✚ = 在减少错误方面产生了主要影响　✙ = 在减少错误方面产生了一些影响　▭ = 最具有普遍性的思维错误

图 3.0　使用结构化方法完成关键任务的价值

一致的证据；三是拒绝使用不支持首要假设的证据；四是缺乏能抓住关键证据的、足够的思维“箱子”或替代假设[1]；五是不当运用了既往经验。学习和养成5种思维习惯可以减少落入上述大多数陷阱，这在“二、养成使用结构化分析方法的习惯”（P040）一节中有详细论述。

一、核心分析方法

普通的分析人员并不需要了解如何使用本书中的每一种方法，但所有分析人员都应该了解各种不同类型的方法所具备的功能，认识到在什么样的分析环境下适合使用它们。分析人员通过阅读之后8章的导语以及每种方法的概述，就能对此有所把握。在真正需要使用其中某些方法的时候，应该需要拥有分析技能或方法论方面的专家来提供必要的协助。在美国情报界，如在中央情报局和国土安全部中就设立了分析技能支持单位，从而在推动使用这些方法方面取得了良好的进展。其他情报分析机构也建立了类似的部门，并且证明很有成效。

所有的分析人员都应该学会使用核心方法，因为这些方法使用频繁，而且广泛适用于战略和战术、情报和执法、网络或商业领域等各种类型的情报分析。以下是这些核心方法的简要介绍。

结构化头脑风暴（第五章）：“结构化头脑风暴”或许是最常使用且使用起来很简单的方法，通常在课题分析的早期阶段使用，主要是由一小群博学多识的分析人员来阐述相关信息或见解。这个团体的目标可能是确定一份清单，其中包括相关变量、驱动力、全面的假设、关键参与者或利益方、可用证据或信息来源、问题的可能解决方案、可能的结果或情景、敌手或竞争对手针对某些行动或情形的可能反应等；对于执法领域而言，这

[1] 译注：原文是“缺乏不足够的箱子”（lacking insufficient bins），应当是笔误，正确的英文是 lacking sufficient bins。

份清单还包括可能的嫌疑人或调查的途径等。分析人员应该注意，一旦担心普通的头脑风暴会议会受某资深官员左右，或者资历尚浅的团体成员可能不太愿意发言，就可以使用“名义团体法”代替“结构化头脑风暴”。

交叉影响矩阵法（第五章）：如果说“头脑风暴”是为了确定相关变量、驱动力或关键参与者的清单，那么下一步应该制作一个交叉影响矩阵。通过这个矩阵，团体可以直观地看到每对变量、驱动力或者参与者之间的关系，并据此展开讨论。这种学习实践可以让团队或团体形成一个共同的知识基础，例如了解所有的变量以及它们如何与其他变量发生联系。这是简单却有效的学习实践，对于大多数情报分析人员而言都是一种新体验。

关键假定检查法（第八章）：“关键假定检查法”是最常用的方法之一，要求分析人员明确列出和质疑其分析开展所依据的最重要的假定。任何对当前事件的解释或对未来发展的预测，都需对不完整的、含糊不清的，以及可能具有欺骗性的证据进行解读。为了填补信息空白，分析人员通常要对下列事项做出假定：各派政治力量的相对实力、另一国的意图或能力、政府处理问题的惯用方式、关键消息源的可信度、以前分析的同一课题的正确性、在行为正在发生的背景下相应变化的存在或缺失等。对这些假定进行明确的识别和质疑很重要。

指标法（第六章）：指标是指可观察到的或可能观察到的行为或事件，通过监控指标，可以发现或评估随时间推进而发生的变化。例如，指标可用于判断那些向着不希望出现的情形发展的变化，如政治动荡、金融危机或迫在眉睫的攻击等。指标还可用于判断那些向着希望出现的情形发展的变化，如经济或民主改革等。指标的特殊价值在于，它们能引起分析人员的注意，使其做好识别重大变化的最初迹象的思想准备，而不至于忽视这些迹象。提出一组有效的指标看似容易，但操作起来却相当困难。而“指标验证因子法™”可以帮助分析人员对指标的诊断力进行评估。

竞争性假设分析法（第七章）：该方法要求分析人员开始时提出一系列看似合理的假设，而不仅仅是提出最具可能性的某种假设。然后，分析人员每次拿出一则相关信息，并判断其与每种假设的一致性或不一致性。这一方法的理念是证伪而非证实假设。最具可能性的假设是证伪证据最少，而非证实证据最多的那个。这个过程将科学方法的一个关键要素应用到了情报分析中。运用该方法的软件将在第七章中进行介绍。

事前分析法与结构化自我批判法（第九章）：这是两种易于操作的方法，任何一直进行未来导向型分析的小型团队都能用以有效地质疑自己得出结论的准确性。“事前分析法”使用了一种重构形式，即从另外的视角对问题或难点进行重新表述，从而变换自己观察的角度，并得出不同的答案。先设想你已身处几年后的某个时刻，你突然从不容置疑的来源处得知自己原先的判断是错误的，然后想象一下可能发生了什么导致你的判断出错。回过头去解释已经发生的事情，比展望未来、预测将要发生什么容易得多。

运用“结构化自我批判法”，分析人员可以回答与各种要素相关的一系列问题，这些要素包括不确定的来源、使用的分析流程、关键的假定、证据的诊断力、信息的空白、欺骗的可能性等。严谨运用上述两种方法，有助于避免事后分析。

若则分析法（第九章）：分析人员在运用“若则分析法”时，先想象一件未曾预料到的事已经发生，然后借助“后见之明”来分析事件是怎样发生的，并考虑潜在的后果。该方法能够创建一种意识，使分析人员做好识别重大变化的初期迹象的思想准备，同时能够让决策者对可能发生的事提前筹划。“若则分析法”是向决策者警示他们有可能出错的适宜方式。

二、养成使用结构化分析方法的习惯

分析人员时常担心他们没有足够的时间使用结构化分析方法。但是大多数分析人员，特别是分析管理人员的经验表明，这种担忧没有道理。事实上，如果分析人员停下来，去考虑研究一个问题，起草一份报告，协调分析、编辑和审批过程要耗费多少时间，通常就会发现使用结构化方法能加速处理过程、节省时间。

- ★ 许多方法只需花少量时间却能大幅提高分析的严谨性，例如“关键假定检查法”“指标验证因子法™”或者“维恩分析法”。
- ★ 有些方法需要多花点时间学习，但是一旦学会了，从长远看却能节省分析人员大量的时间，“竞争性假设分析法”和“红帽分析法”都是很好的例子。
- ★ 像“启动清单法”“AIMS 法”或者”问题再定义法”(Issue Redefinition) 等，能迫使分析人员停下来，反思随着时间推移如何更高效地使用这些方法。
- ★ “事前分析法”和“结构化自我批判法”耗时较多，但一旦发现原始分析中的错误并及时补救，就具有重大价值。

在处理一份动态情况报告，或当天必须就此形成一份情报评估等时间紧迫的项目时，可以得出这样一个可信的论证，即无法在有限的时间内正确使用某种结构化分析方法。时间紧迫时，将合适的人员组织起来形成一个小型团体并使用一种结构化方法，也是不太可能的。

基于上述这一结果，解决这些问题的最好办法是，在时间压力相对较小时，反复练习使用结构化分析的核心方法。这样的话，分析人员的头脑中将形成批判性思维的新习惯。如果分析人员及其同事有时间反复练习结构化方法的使用技巧，就能在压力状况下更好地运用批判性思维。图 3.2 描述了思维大师（Master Thinker）的 5 种思维习惯。[1] 每一种思维习惯都与一种或多种结构化分析方法相关联。

[1] 原注：对于这一主题的更全面的探讨，参见 Randolph H. Pherson, “Five Habits of the Master Thinker,” *Journal of Strategic Security* 6, no. 3 (Fall 2013), http://scholarcommons.usf.edu/jss。

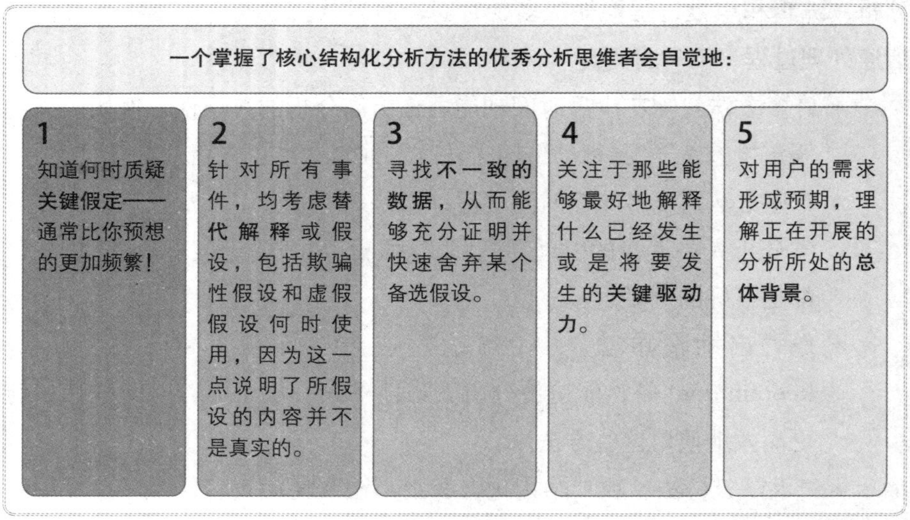

图 3.2　思维大师的 5 种思维习惯

来源：弗森联合有限责任公司，2013 年。

关键假定：在一个氛围健康的工作环境中，具有挑战性的假定会经常出现，问题可以从“你为什么认为我们都想要意大利辣香肠披萨”到“油价不升会迫使他们重新考虑出口策略吗”。如果你知道同事会经常质疑你的关键假定，就会对自己的假定更谨慎，而且会更多地问自己是否有充分的理由。

替代解释：面对一种新情况，一个优秀分析人员的第一直觉是，在现有证据和逻辑的基础上提出一个假设，来解释发生了什么。思维大师则会更进一步，并立即考虑是否有其他替代解释。如果难以阐述一个或多个替代解释，思维大师则可简单地认为最初假设或首要假设是不正确的。虽然这些替代解释乍一看可能性很低，但是随着新证据的出现，它们也许会成为首要假设。如果分析人员一开始不提出一套替代解释，而只是局限于一个偏好的解释，往往会落入证实偏见（Confirmation Bias）的陷阱中，即关注那些与偏好的解释相一致的数据，而忽略或拒绝其他不一致的数据。

不一致的数据：虽然寻找不一致的数据是5种思维习惯中最难的一种，但它也是调查或研究某个问题时最节约时间的一种习惯。训练大脑寻找不一致数据的最好办法，是进行一系列竞争性假设分析练习。这种训练有助于分析人员学习，如何鉴别具有说服力的相反证据这一简单的方法。如果一个分析人员遇到一条与假设不一致的数据，而且这一数据特别有说服力时（例如一个坚实的、不在犯罪现场的证据），就会排除这个假设，从而节省分析时间，将分析人员的注意力引到思考可能性更大的解决方案上来。

关键驱动力（Key Drivers）：思维大师的一个特性是，从一开始就提出哪些关键驱动力能最好地解释已经发生或未来将要发生的事情。如果能很快识别关键驱动力，就会减少发生突然事件的概率。一位经验丰富的分析人员应该知道如何改变这些关键驱动力所占的比重，如通过直觉，或使用诸如"多种情景生成法"（Multiple Scenarios Generation）或"象限处理法™"等方法，生成一套囊括了所有可能结果的替代情景。思维大师会进一步列出一个指标清单，用于确定哪些情景正在形成。

背景分析（Context）：分析人员专注于搜集和整理数据，往往会使他们"只见树木不见森林"。分析人员需要学习掌握一种重要的习惯，那就是学会停下来反思总体背景。大多数分析都是在巨大的时间压力下进行的，因此一旦分配任务，分析人员习惯于迅速投入进去。但如果分析人员不花点时间去思考什么是用户需要的，结果就会导致分析不充分并且浪费时间。问一问自己："他们想从我这里得到什么"，"怎么帮助他们设定问题"，以及"需要将他们的问题放到一个更广泛的背景下去思考吗"。如果分析人员一开始不能做到这点，就很容易进入死胡同，或者要把已经起草好的报告推翻重来。用于背景分析的主要结构化方法有"星爆法"（Starbursting）、"思维图示法"（Mind Mapping）和"结构化头脑风暴"。

将上述5种思维习惯内化于自己的思考中，需要付出巨大努力。如果运用每种核心方法处理3—5个实际问题，就能把这些基本概念根植在分析人员的头脑中。每一次重复使用都能促进习惯的形成，并随着时间的推移转变为本能。能做到这样，对分析人员而言足矣。如果他们养成了这些习惯，不仅能增强自己的影响力，而且能节省时间。

三、一个课题，多种分析方法

许多课题研究需要使用多种方法，这也是本书收录多达 55 种不同方法的原因。每种方法或许只能解决某个复杂难题的一部分，了解如何把这些部分组合起来解决这个特定课题，是结构化分析的要义所在。要生成观点、评估观点、确定假定、得出结论、质疑以前得出的结论，可能需要用到不同的方法。第十二章“专业人员协作指南”讨论了协作过程的各个阶段，以及适用于每个阶段的各种方法。

还有许多方法可用于核查某个分析结论的准确性，增强对分析结论的信心。研究表明，“利用大相径庭的方法做出的预测与根据不同信息来源得出的预测”相结合，可以提高预测的准确性。[1] 这正是“德尔菲法”（第九章）可以发挥的独特作用。该方法是一种从外部专家组中获取判断意见的结构化过程。如果一个“德尔菲法”专家组得出的结论与自己的内部分析相似，分析人员对这些结果的信心就会更强。如果结果不同，也许有必要做进一步研究，以了解为什么会出现不同，并对不同之处做出评估。从从事结构化方法指导工作的分析人员那里获知的一个关键经验是：如果使用两种方法（例如“结构化头脑风暴”和“诊断推理法”）处理同一个问题，或者两组人员分别处理同一个问题，然后比较结论，那么可以避免发生重大错误，获得益处。

本书书末的那张图（P360）描述了结构化分析方法的 8 个类别及其相互关系，以及每个类别中各种方法之间的关系。这 8 类方法是：分解与可

[1] 原注：J. Scott Armstrong, “Combining Forecasts,” in *Principles of Forecasting,* ed. J. Scott Armstrong (New York: Springer Science+Business Media, 2001), 418–439.

视化、观点生成、情景和指标、假设生成与检验、因果评估、质疑分析、冲突管理，以及决策支持。

四、选用分析方法时的常见错误

情报分析产品的价值和准确性，部分取决于分析时是否选用了最合适的方法或方法的组合。不幸的是，在选择最佳方法时，分析人员很容易误入歧途。在缺少有效指导的情况下，分析人员很容易受以下因素的影响：[1]

- ★ **学院派处方**：分析人员倾向于使用他们在大学或研究生院获得的工具，而不管这些工具对于背景不同的情报分析来说是不是最适用的。
- ★ **惯用工具**：分析人员倾向于使用他们了解的或现成的工具。心理学家亚伯拉罕·马斯洛（Abraham Maslow）曾说过："如果你唯一的工具是榔头，你易于把所有的问题都看成是钉子。"[2]
- ★ **贪图方便**：在可用证据的指引下，分析人员通常会使用适合证据的方法，而不是找出处理那个情报问题所真正需要的证据。换言之，有时证据可能会左右分析人员对分析方法的选择，而非从分析的需要出发去搜集相关的证据。
- ★ **时间限制**：分析人员很容易被他们收件箱中分配的任务和除自己的分析工作之外的大量工作所制约。避免使用"耗时太多"的方法就成了一种诱惑。事实上，许多有用的方法使用起来所需时间非常少，甚至只需要一两个小时。分析人员开始时多花点时间，会避免

---

[1] 原注：前 3 种因素，摘自 Craig S. Fleisher and Babette E. Bensoussan, *Strategic and Competitive Analysis: Methods and Techniques for Analyzing Business Competition* (Upper Saddle River, NJ: Prentice Hall, 2003), 22–23。

[2] 原注：Abraham Maslow, *Psychology of Science* (New York: Harper and Row, 1966). 亚伯拉罕·卡普兰（Abraham Kaplan）也讲过类似的话："给孩子一把榔头，他会突然发现他遇到的一切都需要敲打敲打。"

走弯路，或者能大量减少编辑或协调工作所需的时间，最终会节省大量时间。同时，这样做还有助于他们拿出比使用其他方法质量更高、更令人信服的分析成果。

五、结构化分析方法选择指南

分析人员必须做到在不费多少精力的情况下，就确定并学会使用最能够满足他们需求、适合他们风格的方法。下文（P047—049）的指导列表列举了 12 个简短的问题，界定了分析人员可能想做或者需要做的事，以及可以帮助分析人员更好地完成任务的方法。（注意：如果只给出章序号和章标题，则与该章列出的所有或者几乎所有的方法都可能有关；如果在列出章序号和章标题之后，还用括号列出了一种或几种方法，则只与已经列出的方法有关。）

为了找到最适合某一任务的结构化方法，分析人员首先要选择最能够表达自己想要做什么的语句，然后再查寻相关的章节。每一章的开篇是对该分析方法类别的简要论述，接下来是对该章每种方法的简要描述。分析人员应该先读开篇的导语和描述每种方法的段落，找到最适合特定问题的方法，然后再详细阅读。对每种方法的描述，内容包括何时、为何以及如何使用这一方法。就许多方法而言，指导列表中所提供的信息已经足够分析人员运用这些方法。不过，对于更为复杂的方法来说，强烈建议分析人员在使用之前先接受培训，或者是由使用过该方法的经验丰富的人员提供帮助。

每个问题中提到的结构化分析方法，不仅能帮助分析人员完成特定的分析任务，而且能帮助他们克服、避免或者至少减少情报分析人员时常遭遇的许多直觉陷阱或者由系统一思维引起的各种错误的影响。大多数陷阱都是更为本质的认知偏见的表现。

选择正确的分析方法

选择你想做什么

❶ 要定义该研究课题吗?

第四章：分解与可视化（“启动清单法”“用户清单法”“问题再定义法”“维恩分析法”）

第五章：观点生成

❷ 要开始吗？要生成一份诸如驱动力、需要考虑的变量、指标、重要参与者、历史先例、信息来源或问题的清单吗？要对清单中的项进行组织、排序、评分或区分优先次序吗?

第四章：分解与可视化

第五章：观点生成

❸ 要审查并理解数据吗？要判断正在发生什么吗?

第四章：分解与可视化（“大事记表与时间表法”[Chronologies and Timelines，也译作“年表法与时间轴线法”]、“分类整理法”[Sorting]、“网络分析法”[Network Analysis]、思维图和概念图[Mind Maps and Concept Maps，也译作思维导图和概念导图]）

第五章：观点生成（“交叉影响矩阵法”）

❹ 要解释最近发生的一个事件吗？要评估变化中的形势最有可能出现的结果吗?

第七章：假设生成与检验

第八章：因果评估

第九章：质疑分析

❺ 要监控形势，以获得对可能影响关键利益的事件或变化的预警吗？要避免出现意外吗？

第六章：情景与指标

第九章：质疑分析

❻ 要生成并检验假设吗？

第七章：假设生成与测试

第八章：因果评估（“关键假定检查法”）

❼ 要评估存在欺骗的可能性吗？

第七章：假设生成与检验（“竞争性假设分析法”“欺骗识别法”）

第八章：因果评估（“关键假定检查法”“角色扮演法”“红帽分析法”）

❽ 要预测未来吗？

第六章：情景与指标

第七章：假设生成与检验（“竞争性假设分析法”）

第八章：因果评估（“关键假定检查法”“结构化类比法”）

第九章：质疑分析

第十一章：决策支持（“复杂性管理程序法”）

❾ 要质疑你自己的思维模型吗？

第九章：质疑分析

第五章：观点生成

第七章：假设生成与检验（“诊断推理法”“竞争性假设分析法”）

第八章：因果评估（“关键假定检查法”）

❿ 要从敌手或其他参与者的角度观察事件吗？

第八章：因果评估（“关键假定检查法”“角色扮演法”“红帽分析法”）

第九章：质疑分析（“红队分析法”“德尔菲法”）

第十章：冲突管理

第十一章：决策支持（“影响矩阵法”）

⓫ 要管理相互冲突的思维模型或意见吗？

第十章：冲突管理

第七章：假设生成与检验（“竞争性假设分析法”“论证图示法”）

第八章：因果评估（“关键假定检查法”）

⓬ 要为管理、指挥、执行、计划或决策人员在替代行动方案中做出的决定提供支持吗？要得出可付诸行动的结论吗？

第十一章：决策支持

第十章：冲突管理

第七章：假设生成与检验（“竞争性假设分析法”）

[第四章]

分解与可视化

分析人员在工作中面对的最明显的局限之一就是，大多数人的脑子里能够随时使用并同时思考的信息量是有限的。想象一下，你要做出一个艰难的决定，于是列出了一个利弊清单，但到了该做出决定的时候，你才发现这个清单太长了，以至于权衡利弊时无法同时考虑清单中的各项内容。这往往意味着，你做决定时会犹豫不决，先是聚焦于有利的方面，接着又去思考不利的方面，先是倾向于这样决定，然后又倾向于另一种决定。现在想象一下，你要思考的是一个其中包含着诸多相互影响的变量的情报问题，又会有多么困难？由于人类思维的局限性，如果不能将所思考问题的各个部分以外在形式表现出来，就很难做出没有任何错误的分析。

克服工作记忆局限性的常见方法有两种：一是“分解”，即将问题或难题分解成多个组成部分，以便分别考虑；二是“可视化”，设计出某种方式，以便理解各个部分之间如何相互联系，再用这种方式将各个部分写在纸上或呈现在计算机屏幕上。事实上，所有的结构化分析都运用了这些方法，因为将人的思考过程外化正是结构化分析定义所涵盖的。不过，有一些基本方法通过将某一问题进行分解，以有序的方式呈现出了其中的数据信息，这是对更高效分析的主要贡献。本章将讨论这些基本方法。

任何把分析人员脑海中复杂的思考过程外化出来、呈现到纸上或电脑屏幕上的方法都是有用的，甚至像列出清单这样的简单方法也极有价值。

例如，彼得·普罗诺沃斯特（Peter Pronovost）博士之所以闻名，就是因为他设计的一份简单的预防感染清单，减少了医院重症监护室的感染率、死亡率和成本。普罗诺沃斯特博士设计的清单由 5 项标准预防措施组成，旨在防止医务人员在插入导管连接机器和病人时导致病人感染。在美国医院的重症监护室，每年会有 500 万根这样的导管插入病人身体，全美统计数据显示，10 天后，这些导管中 4% 具有感染性。每年有 8 万名病人被感染，其中有 5%—28% 感染后死亡，死亡率取决于病人入院时病情的严重程度。一个月的观察表明，医生们在超过三分之一的病人身上遗漏了至少一项预防措施。

> 分析就是把信息分解成各个组成部分。任何有组成部分的事物，都有把每个部分联系起来的结构。分析工作首先要做的就是确定待分析问题的适当结构，以便随后能够确定该问题的不同部分，并开始收集相关信息。因为要分析的问题的类型各不相同，所以构建分析的方式也大不一样。
>
> ——小理查兹·J. 霍耶尔，《情报分析心理学》，1999 年

2003 年，密歇根州保健与医院协会做出决定，要求协会所属医院都要使用普罗诺沃斯特博士为重症监护室特别设计的 3 份不同的清单，并要求护士们负责记录清单遵守情况。护士们得到指示，如果医生没有遵守清单上的每一个步骤，就要进行干预。很显然，有些医生会认为受到了冒犯，因为他们不但需要按清单操作，还要受护士的监督，而且没有人喜欢这种额外的文书工作。但是，在这一决定实施的头 18 个月里，这个清单项目拯救了超过 1500 人的生命，节省了大约 7500 万美元的费用。截至 2007 年底相关参考文章发表时，这样的做法持续了大约 4 年。[1] 这些结果不禁使人联

[1] 原注：Atul Gawande, "The Checklist," *New Yorker,* December 10, 2007, www.newyorker.com/reporting/2007/12/10/071210fa_fact_gawande. Also see Marshall Goldsmith, "Preparing Your Professional Checklist," *Business Week,* January 15, 2008, www.businessweek.com/managing/content/jan2008/ca20080115_768325.htm?campaign_id=rss_topStories.

想到清单对于情报分析人员的潜在价值。

方法概述

“启动清单法”“AIMS 法”“用户清单法”和**“问题再定义法”**是 4 种可以结合在一起，帮助分析人员对新课题形成概念并启动分析的方法。如果分析人员一开始找对方向，避免之后改弦更张，就能节省大量时间。不过，如果他们的研究受到指令的左右，分析人员仍需要做好改变分析方向的准备。正如阿尔伯特·爱因斯坦所说：“如果我们知道自己正在做什么，就不能称之为研究。”

“大事记表与时间表法”用于组织事件或活动的数据材料。只要你觉得有必要理解相关事件发生的时间和顺序，或确定关键事件和空白，就可以使用这些方法。

“分类整理法”是组织数据材料的一种基本方法，使用该方法经常会有一些新的收获。当信息要素能够被分成若干大类或若干子类，并可以使用诸如电子数据表等计算机程序进行比较时，使用该方法是有效的。这种方法在数据资料收集和假设生成的初期特别有效。

“排序、评分和区分优先次序法”提供了如何操作 3 种不同排序方法的指南，这些方法包括“排序式投票法”（Ranked Voting）、“成对比较法”（Paired Comparison）和“加权排序法”（Weighted Ranking）。把像“结构化头脑风暴”这样的观点生成方法与某种排序方法相结合，是为分析人员启动新课题，或是为跨部门或跨机构协作奠定基础的有效方法。观点生成方法可用于设计相关的清单，包括驱动力、需要考虑的变量、指标、可能的情景、重要参与者、历史先例、信息来源、需要回答的问题等。一旦清单中的各项已经进行了排序、评分或区分了优先次序，确定了哪些项最重要、最有用、最有可能，或是应该排在优先列表的首位，那么这些清单将变得更加有用。

矩阵是对数据材料进行分类和组织的一种通用分析工具，方便进行比较和分析。它们常被用于分析任意两组变量之间的关系，或者同一组变量间的相互影响。一个矩阵由一个拥有许多单元格的栅格组成，单元格的多少取决于待分析问题的需要。由于一些分析课题或问题使用矩阵的频率很高，因而本书将它们作为一种单独的方法进行介绍。

“维恩分析法”是一种可视化方法，主要用于探究论证的逻辑。维恩图通常用于表示数学中的集合，同时也适用于阐述分析论证中的简单集合关系、揭示推理中的缺陷、识别丢失的数据资料。

“网络分析法”被反恐、缉毒、防扩散、执法和军事分析人员广泛应用，以识别和监控可能参与了违法活动的个人。“社交网络分析法”（Social Network Analysis）可用于绘制和分析人员、团体、组织、计算机、网站以及其他任何信息处理实体之间的关系。“网络分析”、“关联分析”（Association Analysis）、“链接分析”（Link Analysis）和“社交网络分析”等术语经常可以交替使用。

思维图和**概念图**可以直观地呈现个人或团体是如何思考某个受关注话题的。此类图示有两个基本要素：一是被认为与某人正在思考的任何话题有关的观点，二是显示并简要描述这些观点之间关系的连线。个人或团体使用思维图和概念图可用来理清自己的思考，或是方便将一组复杂的关系解释给他人，就像在简报或情报报告中经常做的那样。同时，还可以使用思维图发现某个主题的空白或产生新的思考。

流程图（Process Map）和**甘特图**（Gantt Chart）原本是为商界和军队开发的，但它们对于情报分析人员也很有用。“流程图示法”（Process Mapping）是确定某个复杂过程的每个步骤并进行图解的方法，该方法包括事件流程图（Event Flow Chart）、活动流程图（Activity Flow Chart）和商品生产流程图（Commodity Flow Chart）等。甘特图是一种特殊类型的流程图，它使用矩阵来表现一个多层面的流程在某个具体时间段内的连续进展。流程图和甘特图都可用于跟踪外国政府、罪犯或恐怖组织，以及其他非国家行为体实施的、具有情报价值的计划或项目的进展情况；例如，跟踪武器系统的发展情况，或是军队、恐怖分子或罪犯准备发动袭击的情况等。

其他类似可用于组织和呈现数据资料的方法工具还包括曲线图、图表和树状图等。由于这些方法已在其他论著中做过深入的探讨，而且考虑到本书对收录方法数量的限制，不再赘述。

一、启动清单法

“启动清单法”是帮助分析人员开始新课题的一种简单工具。[1] 既往经验表明，如果一名分析人员在全身心投入前，先花些时间思考一下手头的任务，往往会节省大量的时间。大量的分析是在有时间压力的情况下进行的，而这往往会损害情报最终产品的质量，以及研究和起草过程的效率。

何时使用

分析人员应该像飞行员及其副驾驶在飞行前仔细检查清单那样重视启动清单。它应该是准备进行某项分析前的第一步工作，也是防止未来出现意外的关键。即使是准备一份简报或快速起草一份文件这样的任务，花一小会儿时间来审查清单，也可以节省宝贵的时间。例如，它可以提醒分析人员关注关键来源，帮他（她）识别关键用户，或者要求分析人员在分析过程结束前考虑替代解释。

增加的价值

若在课题开始时把基础打好，分析人员就能避免以后改弦更张。这种

[1] 原注：谈论如何最好地开始写作，可参见“How Should I Conceptualize My Product?” in Katherine Hibbs Pherson and Randolph H. Pherson, *Critical Thinking for Strategic Intelligence* (Washington, DC: CQ Press, 2013), 35–41。

基础性工作能够节省分析人员和审阅人员的大量时间，极大地提高最终产品的质量。经验丰富的分析人员会根据工作环境和特定用户的需求不断调整清单。

方法步骤

在一个新课题开始时，分析人员应该先回答几个问题。以下是我们提出的开始工作时的问题清单，但是以哪种方式开始才算最好，并无定论。其他问题清单可能同样有效。

- ★ 推动进行分析的动因是什么？例如，是因为一则新闻报道、一份新的情报报告、一项新的进展、一种可感知的变化，抑或只是由于用户提出了要求？
- ★ 有哪些关键情报、政策或者商业问题需要解答？
- ★ 该问题为什么重要？怎样分析才能做出独特而有意义的贡献？
- ★ 你或者其他人以前曾经解答过这个问题或者类似问题吗？如果是，分析报告中都说了些什么？该分析报告呈送的对象是谁？从那时候起发生了哪些变化？
- ★ 谁是主要用户？对这些用户的需求有充分的了解吗？如果答案是否定的，试着去更好地了解他们的需求和他们喜欢的报告风格。
- ★ 其他利益方会对该问题的答案感兴趣吗？他们当中是否有谁可能希望得到对另一个不同问题的解答？考虑去见一下那些从不同角度看待这个问题的人。
- ★ 该问题有哪些可能的答案？例如，在对该问题做出分析判断之前，应该考虑哪些替代的解释或者结果？
- ★ 使用结构化分析方法能够令分析工作获益吗？
- ★ 哪些潜在来源和信息流对深入理解这个主题或问题更有用和更有效率？
- ★ 我们应在哪些地方寻求专业知识和信息，以及接受组织内部或外单位的帮助？

★ 我们是否应该召开一次初期的头脑风暴会议，确认并质疑关键假定，检查关键信息，确定关键驱动力和重要参与者，提出替代解释，以及生成替代假设？

★ 表达我的观点和分析的最好方式是什么？我的观点中哪些部分应该被做成图形、表格或矩阵？

与其他方法的关系

在你开始着手一个课题时，对你有帮助的其他方法包括："用户清单法""问题再定义法""结构化头脑风暴""星爆法""思维图示法""维恩分析法""关键假定检查法"和"多种假设生成法"（Multiple Hypothesis Generation）。

本方法的起源

这是伦道夫·弗森制作的开始做课题时的问题清单，该方法在对国土安全部分析人员进行的多项培训中得到了改进。

二、AIMS法

在开始撰写一份文件之前，分析人员不应当立刻动手起草，而是应当花一点时间思考产品的 AIMS。[1]AIMS 代表的是用户、问题或情报问题、

---

[1] 原注：关于文件构思和 AIMS 流程的更详细讨论，可参见 Katherine Hibbs Pherson and Randolph H. Pherson, *Critical Thinking for Strategic Intelligence* (Washington, DC.: CQ Press, 2013), 35–41。

信息和情节。该方法促使分析人员提前考虑以下问题：文件为谁而写？需要解决哪个或哪些关键问题？读者应该掌握哪些关键信息？如何最好地以有说服力的方式提交分析产品？如果能清楚、直接地回答上述 4 个问题，起草文件的过程将变得容易许多。

何时使用

一位经验丰富的分析人员知道，如果分析人员花上 1 个多小时先确定文件的 AIMS，从长远来看可以节省大量的时间。这个工作可以单独做，但最好是小型团队来做。如果能将分析工作的上级吸纳到这一过程中，也是有帮助的，他们可以参加一次简短的头脑风暴会议，或是要求他们审查随后形成的计划。如果是主要的文件，就应当考虑在一个更为正式的概念文件或职权范围（Terms of Reference，TOR）中处理 AIMS。

增加的价值

在起草文件之前，先构思一个产品，通常是其最终成品能否满足关键用户需要的决定性因素。关注用户、问题或情报问题、信息和情节这 4 个要素，将确保用户能够迅速理解并从分析中受益。如果在起草或评估前没有考虑 AIMS，文件就会缺乏重点，让读者失望。此外，编辑和协调过程将要耗费更多的时间，这将降低报告的时效性及与用户的相关性。

方法步骤

★ **用户**：第一步是确定产品的主要用户。你是在为高级用户撰写一篇简短、精炼的文章，还是为低一级的用户撰写一篇包含更多细节、篇幅更长的文章？如果使用产品的关键用户不止一个，我们建议根据不同的关键用户量身定制不同的版本。通常最好的解决办法是，在研究和撰写这些文件前就拟定两份提纲。这样你在起草第一份文件时，已经知道哪些被省略的信息应该被保留下来并充实到第二份文件中。

★ **问题或情报问题**：自问一下，你的目标受众一直困惑或即将面对的关键问题是什么？他们当前最关注和最需要的是什么？要确保关键问题被密切关注、具有可操作性，并且有多种回答方式。

★ **信息**：你想向关键用户或用户们传递的基本信息是什么？如果你有 1 分钟的时间和用户在电梯里交谈，你想表达出来的“电梯演讲”[1] 或关键点是什么？在起草文章前，应做到像一份简短、清晰、直接的声明一样，对信息进行综合。如果你与一位同事或上司讨论你的文章，并将讨论的关键主题或结论记录下来，往往很容易就能分辨出信息。

★ **情节**：你能向用户清晰、直接、有说服力地阐述你头脑中的基本信息吗？你的文章中是否有一个简单清晰的论证思路，能够流畅和有逻辑性地讲述一个令人信服的故事？你能通过图片、视频或其他图形来描述故事情节吗？

与其他方法的关系

在你第一次开展一个项目并构思文章时，对你有帮助的其他方法包括：“启动清单法”“用户清单法”“问题再定义法”“维恩分析法”和“结构化头脑风暴”。

本方法的起源

本方法来自几个美国政府机构的培训材料，在对国土安全部分析人员的多项培训中得到了改进。

[1] 译注：“电梯演讲”（elevator speech），是指在很短的时间内快速阐明主题。

三、用户清单法

“用户清单法”可以帮助分析人员根据主要用户的情报需求量身定制产品。[1] 如果运用得当，该方法能够确保分析产品对该用户具有最大价值。如果该情报最终产品——无论是文本文件、简报或是网络发布稿——意在服务众多不同类型的用户，那么专注于该情报成品的用户或主要受众并满足他们的特殊关切或需求十分重要。

何时使用

“用户清单法”通过提出 12 个问题，帮助分析人员在开始启动一个课题时，就关注到分析产品所针对的用户。理想情况下，一个分析产品应该满足主要用户的需求，如果一开始就能识别主要用户，将最有效率。在起草过程中回顾用户清单，有助于确保产品始终着眼于满足主要用户的需求。

如果确定有一个以上的关键用户，就应该针对每个关键用户量身定制以形成不同的初稿。通常在起草文件前列出每个关键用户所需的提纲会更有效。这样做，可以完成两个任务：一方面向分析人员提供撰写每份文件所需的各类有用信息；另一方面，在分析人员开始撰写每份文件时，能快速提供一个参考。

增加的价值

如果在起草过程的每一个步骤中，都把主要用户的需求和偏好放在心中，那么分析工作将会更加令人信服。使用清单，还有助于你把注意力集中在最要紧的事情上，并对手头的任务做出最严谨的答复。

[1] 原注：关于用户需求的更详细讨论，可参见 Katherine Hibbs Pherson and Randolph H. Pherson, *Critical Thinking for Strategic Intelligence* (Washington, DC: CQ Press, 2013), 3–12。

方法步骤

在准备拟定提纲或起草文件前，请先回答以下问题：

- ★ 谁是正在研发的产品的关键用户？
- ★ 该产品可以解答用户提出的问题吗？
- ★ 用户提出了正确的问题吗？如果没有，在回答之前，你是否应该在更广泛的背景下思考，以形成关于问题的更好的框架，再来解决用户的特别关注点？
- ★ 要传达给这个用户的最重要信息是什么？
- ★ 你的回答有哪些增加价值？
- ★ 预计用户会怎样使用这一信息？
- ★ 用户有多少时间来消化你的产品？
- ★ 用什么形式才能最为高效地传递这个信息？
- ★ 有可能通过一个或几个关键图表来抓住问题的实质吗？
- ★ 该产品的分发需要控制范围吗？最适合划定什么密级？你是否要准备不同密级的版本？
- ★ 用户对技术性语言和细节的兴趣或容忍度有多高？可以用附件或者备用材料、图表或附录的形式提供细节吗？
- ★ 用户希望你在起草本文件时接触其他专家并听取他们的意见吗？如果答案是肯定的，你怎样在产品中标明其他专家的贡献？
- ★ 用户可能就这个话题征询其他哪些人的不同看法？其他人可能会提供什么样的数据资料或分析，从而影响到用户对你将要准备的产品的反应？
- ★ 其他对这个问题感兴趣的各方有什么看法？其他各方的责任是什么？

与其他方法的关系

在首次开展课题项目研究时，可以帮助分析人员渡过难关的其他方法包括：“启动清单法”“问题再定义法”“结构化头脑风暴”“星爆法”和

“多种假设生成法”。

本方法的起源

本清单由伦道夫·弗森制作，在对国土安全部分析人员进行的培训中得到了改进。

四、问题再定义法

许多分析项目都从问题说明开始：问题是什么？为什么它会成为一个问题？如何处理这个问题？“问题再定义法”尝试用不同的方式去定义某个问题。这很重要，因为一个问题怎样解释，表面看差别很小，但却能对研究的方向产生重大影响。

何时使用

在课题开始时使用“问题再定义法”，有助于顺利地迈出第一步。在分析过程中的任何时间节点，当新的假设或关键的新证据出现时，也可以使用。“问题再定义法”对于防止“任务蠕变”（mission creep）特别有帮助。经常是由于问题过于复杂或分析人员对信息的理解不充分，导致分析人员选取的分析方向无意中偏离了核心情报问题，“任务蠕变”的情况就会发生。当分析人员的思考停滞不前，需要获得帮助才能走出困境时，就会发现使用“问题再定义法”很有用。

当问题的重新阐释过程使用了像维基网站这样公开、共享的方式协作完成时，该方法最为高效。维基网站这种动态形式所包含的查看编辑内容、汇聚信息以及链接其他信息来源等功能，可以让分析人员理解和明确地分享核心问题及新增问题的成因背后的推理过程。

增加的价值

准确阐述问题，可以防止对阐述不清的问题进行不必要的研究和分析，从而节省大量的时间和精力。以下几种提出问题的方式不利于准确阐述问题：

- 从解答角度切入（例如，伊拉克的大规模杀伤性武器在哪儿？）
- 从假定角度切入（例如，中国向台湾地区发射导弹时，台湾当局会垮台吗？）
- 过于宽泛或模糊（叙利亚政治反对势力的情况如何？）
- 过于狭隘或误导（大学生将购买这种产品吗？）

方法步骤

以下策略可激励分析人员采用新的或不同的思考方式去阐明问题或难点（参见图 4.4 的例子）。顺序不分先后。

- **改述**：在不丧失原意的情况下，对该问题进行重新定义。观察改述的结果，看是否为进行研究和评估以得到最佳答案打下了更好的基础。例如，原问题是："昂山素季在当前的缅甸动荡中发挥了多大的作用？"可以改述为："昂山素季领导的国家民主联盟在缅甸反政府骚乱中有多活跃？"
- **问为什么**：针对问题定义，提出一系列"为什么"或"怎么样"的问题。在得到第一次回答后，再问"为什么"要那么做或"怎样"去做。持续提出此类问题，直到真正的问题显现出来，让你感到满意了为止。这个过程在形成可能的替代答案方面非常高效。
- **扩大焦点**：不纠缠于问题的某一点，而是后退一步，综合考虑多个方面。与这个问题相关的有什么？例如，原问题是："巴基斯坦总统有多腐败？"可以扩展为："整个巴基斯坦政府有多腐败？"
- **缩小焦点**：你能把问题进一步细分吗？对构成问题难点的各个部分

进行提问。例如，原问题是："欧盟会继续支持欧元吗？"可以细分为："欧盟的各个成员国是怎么看待欧元的？"

★ **转移焦点**：影响这个问题的外界因素是什么？与欺骗有关吗？例如，原问题是："由基地组织引起的恐怖威胁已经急剧减少了吗？"可修改为："基地组织分支现在对美国国家安全造成的最大威胁是什么？"

★ **反转角度**：从相反的方向考虑问题。区分这是想问的问题，还是与想问的正好相反？例如，原问题是："在对台湾地区发动的首轮攻击中，中国人民解放军参战的地面部队有多少？"可以改述为："在对台湾地区发动的首轮攻击中，中国人民解放军不参战的地面部队有多少？"

最初的问题：	中国正向伊朗出售弹道导弹吗？
改述：	伊朗正从中国购买弹道导弹吗？
问"为什么"：	为什么中国会向伊朗出售弹道导弹？ 因为中国想对伊朗产生影响力。 为什么中国想对伊朗产生影响力？ 因为中国想削弱美国在波斯湾地区的影响力。 为什么中国想削弱美国在波斯湾地区的影响力？ 因为中国想削弱美国在全球的影响力。 最终的问题：中国向中东地区出售军事装备是其削弱美国影响力的全球战略的一部分吗？
扩大焦点：	中国和伊朗之间存在合作关系吗？
缩小焦点：	中国会出售什么型号的弹道导弹给伊朗？
转移焦点：	为什么伊朗想买中国的导弹？伊朗打算如何支付购买导弹的费用？
反转角度：	中国正从伊朗购入弹道导弹吗？

图 4.4 "问题再定义法"的范例

与其他方法的关系

“问题再定义法”经常与“启动清单法”和“用户清单法”同时使用。该方法还被称作“问题发展”（Issue Development）、“问题重述”（Problem Restatement）和“重构问题”（Reframing the Question）。

本方法的起源

本方法是国防情报局培训教材的修订版本。本方法还借鉴了摩根·琼斯（Morgan D. Jones）所写的《思考者的工具包：14 种解决问题的有效方法》（*The Thinker's Toolkit: Fourteen Powerful Techniques for Problem Solving* [New York: Three Rivers Press, 1998]）第三章“问题重述”中的内容。

五、大事记表与时间表法

“大事记表”是一张把事件或活动按发生先后顺序排列的表；“时间表”是对这些事件的图解描述，加入了事件发生的时间和各事件之间的时间间隔等要素。两种方法都用于确定各事件或活动之间的趋势或联系。此外，就时间表而言，除了各事件或活动之外，还含有在整个情报问题背景下的其他进展。

何时使用

“大事记表与时间表法”有助于对事件或活动进行组织。无论何时，掌握相关事件发生的时间和顺序，或者确定关键事件及其时间间隔都是很重要的，使用这些方法可以起到帮助作用。这些事件之间也许有因果关系，也许没有因果关系。

增加的价值

“大事记表与时间表法”能够帮助识别各事件间的联系和方式。使用这些方法，你可以把看上去互不相关的事件与大背景联系在一起，或者突出或确定重大变化，或者有助于发现发展趋势、正在发展的问题或异常情况。在还没有弄清楚数据资料的含义之前，还可以将大事记表与时间表作为各种原始数据的存放地。多层级时间表（Multiple-level Timelines）有助于分析人员跟踪同时发生并可能互相影响的事件。大事记表与时间表不仅可以在分析开始的时候制作，以搞清楚将要分析的活动的背景，而且可用于事后分析，以分解报告阐述的各个部分，找出分析失误的原因，并在情报或商业领域突发了未预计到的意外情况后，显示出导致意外发生的重要事件。

时间表上的活动能够引导分析人员去假设以前尚未知晓的事件的存在。换言之，一系列的已知事件在分析中的意义，在于了解其他尚未知晓的事件确实发生过。然后，该分析人员可以寻找这些被遗漏的事件的其他指标。

大事记表与时间表以一种让人易于理解的形式组织信息，因而在做简报时非常有用。

方法步骤

查阅每日报送的材料时，“大事记表与时间表法”是整理已收到信息的简单有效方式。一个 Excel 表格，甚至是一个 Word 文档，都可用于记录研究结果，汇总证据。你可以使用诸如 Excel 的制图功能或分析人员的 Notebook 等工具来绘制时间表。可遵循以下步骤：

★ 在研究问题时，确保相关信息按日期或发生的先后顺序列出来。要确保引用的数据资料都恰当。

★ 通过提出下列问题，对大事记表或时间表进行审查：
  · 关键事件之间的时间间隔有多长？如果“很漫长”，导致延迟的原因是什么？有本来可以搜集到并能填补这些时间空白，但却被遗漏掉了的数据资料吗？
  · 分析人员忽视了原本可能影响这些事件或与之相关的信息吗？
  · 相反，如果事件发生的速度比预想的快，或所有事件看上去并不相互关联，有可能是分析人员手上拥有与多份时间表相关的信息吗？
  · 时间表中是否列出了导致结果发生的所有关键事件？
  · 分析人员或一名关键参与者是何时知道该信息的？
  · 信息空白或情报空白是什么？
  · 沿着时间表查看，有无什么时间点是目标对象的情报或信息特别容易被搜集到，或是受到应对措施影响的？
  · 在时间表之外有什么事件可能已经影响了该活动？

★ 准备时间表时，通常采用横向或纵向的方式，沿线按顺序列出数据资料的大意。要充分利用这条线两侧的空白，标注出重要的分析点。例如，在线的上侧描述事实，线的下侧进行分析或评论。还可以对比不同团体、组织的活动，或者在线的上侧或下侧安排不同的信息。如果涉及的行为体较多，还可以使用多条线，以显示它们是如何并在何处汇聚的。

★ 从数据材料中寻找人员、地点、组织或其他活动的联系或方式。确定空白或不清楚的时间段，并考虑证据缺失的潜在影响。准备一份总结性图表，按时间顺序详细标注关键事件和关键分析点。

潜在缺陷

在使用时间表时，分析人员可能会错误地假定后面的事件是稍前所发生事件的结果。此外，如果分析人员缺乏识别大事记表或时间表中前后联系的事件的想象力，这一方法的价值也会大打折扣。

范例

一个分析战略导弹部队的研究团队知道一枚核导弹准备与发射的必要步骤（见图 4.5）。分析人员一直监控着某个他们确信即将试射新型中程地对地弹道导弹的国家。2 月中旬，分析人员注意到该国有试射的初步行动，随即开始密切监控该国主要和次要的发射设施。分析人员将观察到的和预判的活动列入一份时间表，以评估可能的试射日期。通过上述努力，分析人员能够预测出导弹可能在何时发射，并让决策者了解到可能发生的行动的指标。

本方法的起源

“大事记表与时间表法”是很成熟的方法，已在多个领域使用。本书信息来自国防情报局的培训教材，以及摩根·琼斯的著作《思考者的工具包》第六章“分类整理、大事记表与时间表法”中的内容。

六、分类整理法

“分类整理法”是对大量数据材料进行组织的一种基本方法，在使用该方法时，经常会有一些新的收获。

何时使用

当信息要素能够被分成若干大类或者若干子类，并经常使用像电子数据表等计算机程序进行互相比较时，使用“分类整理法”就是有效的。这种方法在材料收集初期和分析的假设生成阶段特别有效，当然，在其他时

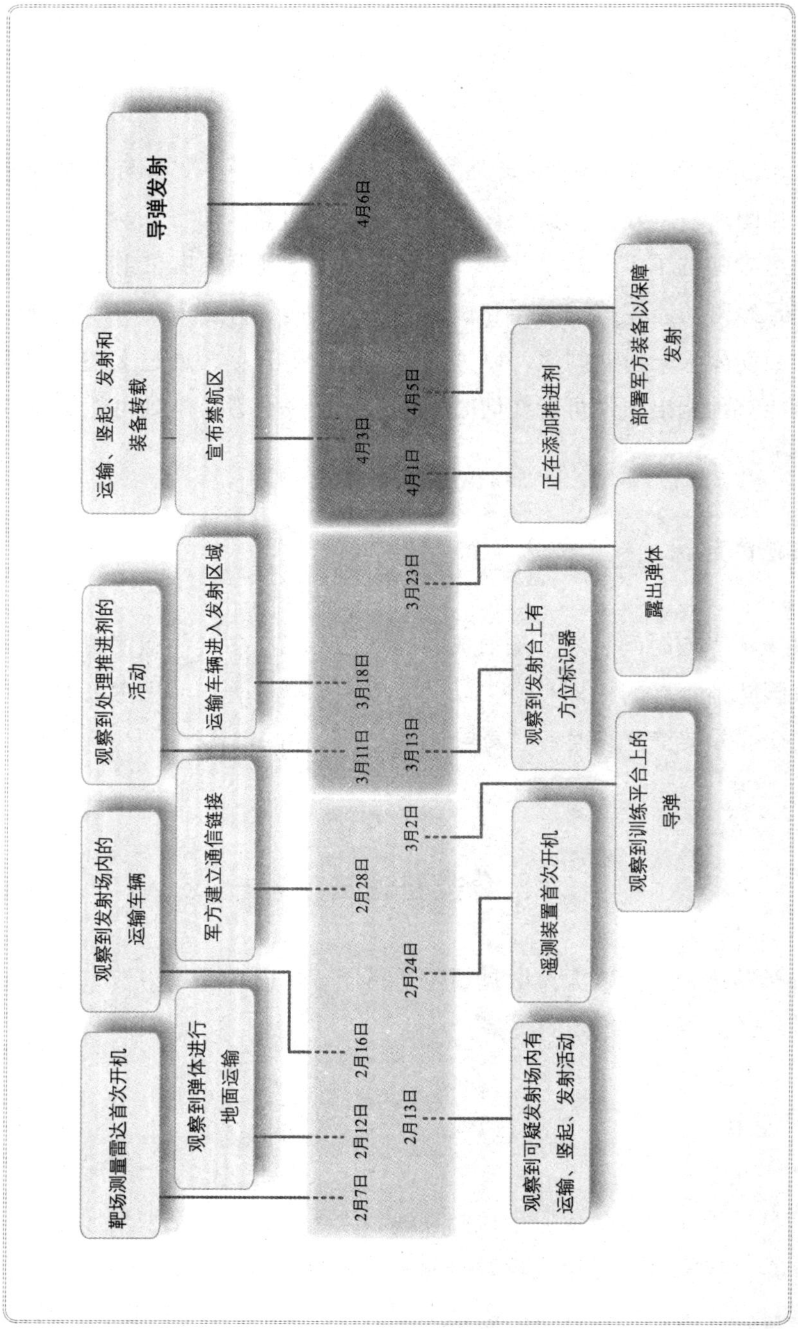

图 4.5 预测导弹发射日期的时间表

候也很有用。

增加的价值

把大量材料分类整理到可相互比较的相关类别中，可以让分析人员了解趋势、相似点、差异或者异常，否则这些具有情报价值的信息有可能被忽视掉。特别是当你与各种往来数据（如通信拦截、商品或资金转移等）打交道时，首先对材料进行分类会非常有帮助。

方法步骤

请遵循以下步骤：

- ★ 对信息的类别进行审查，确定何种类别或类别的组合可以揭示趋势或反常，从而使你深入了解正在研究的问题。将数据资料输入电子数据表或数据库中，需要用多少列来区分数据资料的类型（如日期、时间、地点、人物、活动、数量等），就用多少。列出与你分类整理计划有关的每一个事实、每一条信息，或所有假设。（可以使用纸张、白板、即时贴，或者其他工具来做。）
- ★ 对数据库或电子数据表中列出的事实、信息和假设进行审查，找出可以让你发现可能模式或分组的关键领域。之后，这些模式或分组就成了纲目类别，而且可以被列为标题类别。例如，如果查询恐怖分子活动情况后发现，大部分袭击发生在酒店和饭店，但袭击时间不固定，那么“地点”就是主要类别，而“日期”和“时间”则是次要类别。
- ★ 根据分类整理纲目，把上述内容归入到第一步提及的类别中。
- ★ 选择一个类别并对该类别中的材料进行分类。寻找规律、趋势或异常。优秀分析人员会注意到趋势，而分析大师会注意到异常。
- ★ 自己或让其他人审查经过分类整理的事实、信息或假设，看有无其他替代的分类方式。为你要分析的问题列出替代的分类纲目。这一方法最有用的是，根据多个分类纲目对数据资料进行分类，并检查数据资料与类别之间的相关关系。但是要记住，相关关系并不等同于因果关系。

范例

范例 1：就美国在中东地区政策的态度来说，某敌对国家的军事领导们是亲美、反美还是中立呢？要回答这个问题，分析人员需要通过各种既定的要素来整理这些领导人的材料，以获得对问题的认识；这些要素包括出生地、母语、宗教信仰、职业教育水平、在外国军事学府或普通大学交流培训的经历（地点或时间）、从上级机关派到作战部队或司令部机关的任职经历、先前受到的政治影响以及做过的政治决策等。然后，分析人员对这些信息进行审查，看看这些类别中有无相似之处。

范例 2：分析人员审查了来自 5 名同谋者之间的手机通信内容，以确定通话频率、谁是主叫的规律、实施计划好的活动前通话频率的变化、通话的日期和时间、讨论的话题等等。

范例 3：分析人员正在审查与某敌国的大规模杀伤性武器计划相关的所有信息。电子情报报告显示，仅过去一年搜集到超过 30 万个发射源。分析人员按照发射源的类型、发射信号的日期和地点，对相关数据进行了分类，结果显示，从发射源活动增减变化的情况中，只能发现微小的趋势。此后，分析人员对搜集到的数据进行了过滤，只保留了与防空系统相关的数据。保留下来的信息，则按照防空系统的类型、地点、活动日期进行分类。分析人员发现，有那么一段时间，防空监视与预警系统的活动出人意料地大幅增加。于是，分析人员审查了相关的外部事件，并且发现该国境外的一个主要反对派组织召开过一次新闻发布会，详细披露了该国的大规模杀伤性武器活动，包括活动的地点等。在新闻发布会召开后的 4 小时之内，所有大规模杀伤性武器的可疑活动地点的防空系统发射源，包括新闻发布会中并未披露的几个地点的防空系统发射源，它们的监视级别均被提升至战争级。分析人员对所有被认为与新闻发布会和大规模杀伤性武器计划相关的防空系统活动地点进行了再审查，并发现了两个此前并未被列为与大规模杀伤性武器有关的地点出现活动增加的情况。于是，上述两个新地点被列入了搜集计划，以确定它们与大规模杀伤性武器计划到底有无关系。

潜在缺陷

正如合理的分类整理可以阐明见解一样，分类整理不合理，很容易隐藏有价值的见解。因此，使数据资料分类标准化非常必要。与一名有过分类整理经验的分析人员共事，在大多数情况下可以避免分类不合理情况的出现。

本方法的起源

“分类整理法”是一种经过长期实践检验的、组织数据资料的流程。本书中的相关内容来自国防情报局的培训教材。

七、排序、评分、区分优先次序法

在本节，我们将讨论 3 种方法，即按照课题的重要性、需求度、优先权、价值、概率或其他评判标准对清单上的项目进行排序、评分或区分优先次序。

何时使用

通常，在使用了观点生成方法——如“结构化头脑风暴”“虚拟头脑风暴”或“名义团体法”（见第五章）之后，下一步就是使用一种排序方法对其进行排序。排序方法适用于以下情况：清单上项目太多，不容易排列时；排序的结果事关重大，必须尽可能精确时；整合分析团体意见很有用时。

增加的价值

把一种观点生成方法与一种排序方法结合起来，是分析人员着手一个新课题或者为跨部门、跨机构协作打下基础时的一种绝佳方式。观点生成方法通常用于设计诸如驱动力、需要考虑的变量或重要参与者等的清单。此类清单一旦进行了排序、评分或者区分了优先次序，将会更加有用。例如，你可以确定哪些信息最重要、哪些最有用、哪些最具可能性，或者哪些需要优先处理。

方法步骤

在本节讨论的 3 种方法中，“排序式投票法”是最容易、最快捷的一种，而且通常使用这种方法就足够了。不过，若你投的项不在前 2 名或前 3 名之列，它就不那么精确了，因为团体通常不会过多地考虑（也许不会过多地关心）排名较低的项。“排序式投票法”提供的信息比“成对比较法”和“加权排序法”都要少。使用“排序式投票法”只能显示一个项比其他项的排名高或低，但并不能显示高多少或者低多少。“成对比较法”则提供了这一信息；而“加权排序法”提供的信息更多，它明确了进行排序时使用的标准，并为清单中的所有项分配了权重。

排序式投票法

在使用“排序式投票法”时，团体中的每名成员可以根据其偏好或者自己对每个项的重要性的认识，对其进行排序。根据项的数量或分析的具体需要，该团体可决定对所有项进行排序，或者是只排出前 3 名或前 5 名。团体负责人或主持人先把列有全部待投票项的简单选票发下去，由每个成员根据自己的偏好对项进行排序并投票。如果有人认为两个项排序应该一样，可以把票数均分给这两个项。例如，如果两个项均排名第 2 位，那么这两个项的排序就是第 2.5 位。所有未得到票的项都是最后 1 名。在团体所有成员都投票以后，对票数进行累加，得分最低的项就是排名第 1 的项。

成对比较法

“成对比较法”是将每个项与其他所有项进行比较。分析人员可以为每个项分配一个分值，以显示该项相比其他项在重要性、优选度和概率上究竟高出多少。这个方法能够提供比简单排序更多的信息，能够显示出每个项的重要性或优选度。然后，就可以按照某个标准，例如重要性或优选度，来对所有项做出安排。

运用这个方法时应遵循以下步骤：

- 列出所有待比较的项，为每个项分配一个字母。
- 制作一个表格，在最上面的一行和最左边的一列均标上字母（见图 4.7a）。每两项的比较结果均在该表格的单元格中做出标记。注意：图中颜色较深的单元格（从左至右可连成一条斜线）是不使用的，因为每个项永远不会与自己比较；斜线下方的单元格也是不用的，因其只会重复斜线上方的单元格已经完成的比较。如果你现在是在一个团体中，可以给团体中每位成员发一份空白表格。
- 观察颜色较深单元格上方的单元格，将行中的项与列中的项进行一对一的比较，决定两个项中哪一个更重要（更可取或更有可能），然后在单元格中写下获胜项的字母，并对两个项的差异程度进行打分（见图 4.7a）。分值等级为 0（没有不同）至 3（有重大不同）。
- 将每一项的所有得分加在一起，对结果进行汇总，得出的数字写在“得分”栏。例如，在图 4.7a 中，B 项在第一行得了一个 3 分，在第二行得了一个 2 分，还有两个 1 分，加在一起就是 7 分。

★ 最后，把这些数值转化为总得分的百分比。用每一项的得分除以所有项的总得分（上例中总得分是 20）即可。如，B 项的得分是 7，被列为最重要、最可取的项，其得分率为 35%（7 除以 20）；相比之下，D 项得分率为 25%，C 项和 E 项只有 5%，均只得到了一票。这个例子显示了“成对比较法”是如何得出每个排序之间的差异程度的。

★ 整合一个分析团体的排序非常简单，只要把每位分析人员给出的分值加在一起即可。

	A	B	C	D	E	F	得分	%
A		**B, 3**	C,1	A, 1	A, 1	F, 2	2	10
B			**B, 1**	D, 1	**B, 2**	**B, 1**	**7**	35
C				D, 1	E, 1	F, 1	1	5
D					D, 2	D, 1	5	25
E						F, 1	1	5
F							4	20

图 4.7a　成对比较矩阵

加权排序法

“加权排序法”是用指定的一组标准来排列项。分析人员制作出一张表格，在表格的顶行写出等待排序的项，在最左侧的一列写出排序的标准（见图 4.7b）。在进行这种排序时有多种有效的方式，这里选取了一种简单的加权排序方式，因为情报分析人员通常会做出主观判断，而不是处理冷冰冰的数据。在阅读以下步骤时，请参考图 4.7b。

★ 制作一张表格，每个项一列。在每列的顶部，列出这个项的名称，或者为了节省空间，也可以用一个字母代替。

★ 在这张表的左侧增加两个空白列。统计选择标准的数量，然后调整表格，使行数比标准的数量多出 3 行。其中，顶行用于列出项名称，底部两行用于显示每个项的初始得分和得分百分比。表格左侧第一列中，从第二行开始，从上到下写下所有选择标准。大体上根据每个标准的重要性来排列上下次序，但这并不重要。左侧两列最底部的两行分别写下得分和百分比。

★ 现在，要沿着最左侧的列，根据选择标准对评估项排序的相对重要性来为这些标准分配权重。可根据标准的多少，取总分 10 分或者 100 分，然后分配给选择标准。分配的根据是分析人员认为该标准相对于项的排序的重要性。换言之，你应当决定，在决策过程中，这些标准中每个标准的权重占多少。要确保划分给所有选择标准的权重加在一起是 10 分或 100 分，还应确保表述所有标准时的措辞让人觉得有必要分配给它更大的权重值。

★ 在左侧的单元格中按行依次写下每个标准的权重值。

★ 下一步，就要沿着矩阵，一行接一行（即按照选择标准）顺次评价每一项满足该标准的相对能力了。采用 10 分制，1 是最低分，10 是最高分（注意，不要像赋予标准权重值时那样把 10 分按比例分给所有项）。在每一项的单元格中，在标准权重值后写下分值。

★ 接着，在每一项的单元格中，在标准的权重值 × 该项所得分值的等号后计算出评级分。

★ 然后，把每列中的所有评级分相加，得出每项的得分，直至全部完成。由此得出的结果，就是这些项从高到低的排序。如果想更好地了解每个项与其他项相比的排名情况，就把这些初始的得分换算成百分比。做法是：先把“得分”行中所有项的得分加在一起，然后用每项的得分除以总分，就是该项排序的百分比。所以，各个项排序的百分比加在一起，总数必须是 100%。在图 4.7b 中，显然 B 项排名第一（20.3%），而 E 项排名最低（13.2%）。

		项					
标准	权重	A	B	C	D	E	F
1	3	3 × 7 = 21	3 × 8 = 24	3 × 8 = 24	3 × 5 = 15	3 × 6 = 18	3 × 7 = 21
2	3	3 × 5 = 15	3 × 8 = 24	3 × 9 = 27	3 × 7 = 21	3 × 4 = 12	3 × 5 = 15
3	2	2 × 8 = 16	2 × 9 = 18	2 × 3 = 6	2 × 2 = 4	2 × 3 = 6	2 × 7 = 14
4	1	1 × 6 = 6	1 × 3 = 3	1 × 8 = 8	1 × 6 = 6	1 × 9 = 9	1 × 7 = 7
5	1	1 × 7 = 7	1 × 9 = 9	1 × 7 = 7	1 × 8 = 8	1 × 6 = 6	1 × 8 = 8
得分	10	65	78	72	54	51	65
%	100	16.9%	20.3%	18.7%	14%	13.2%	16.9%

图 4.7b 加权排序矩阵

潜在缺陷

使用这些方法整合团队分析人员的意见时，团队中的每个成员提供的排序都被加在一起并求出平均值。这意味着，尽管那些异常值所反映的观点与其他值所反映的观点大相径庭，但却都被淹没在平均值中。其结果是，这一排序不能反映团队中不同意见的广度。在一些案例中，识别出异常值所反映的少数意见是非常有价值的。进一步的研究可能会证明，这些异常值所反映的意见是正确的。

与其他方法的关系

排序、评分和区分优先次序的某些形式，往往会与“结构化头脑风暴”“虚拟头脑风暴”“名义团体法”以及“决策矩阵法”一起使用，因为用上述方法生成的观点都应该进行评估或者区分优先次序。在运用“德尔菲法”时，也有可能从外界专家那里得到一些观点，对这些观点也要进行认真的评估或区分优先次序。

本方法的起源

“排序、评分和区分优先次序法”在许多领域都是常用的分析方法。本书对 3 种排序方式的讨论，主要信息均来自互联网。其中，“排序式投票法”的参考网址为：http://en.wikipedia.org/wiki/Voting-system；“成对比较法”的参考网址为：www.mindtools.com；“加权排序法”的参考网址为：www.ifm.eng.cam.ac.uk/dstools/choosing/criter.html。我们还参考了摩根·琼斯在《思考者的工具包》一书中对“加权排序法”的描述。这种方法在一些政府机构中有过讲授，但我们发现它的复杂程度超出了情报分析的必要性，因为情报分析通常会使用专家生成的不明确的数据，而不是使用确定的数字。

八、矩阵法

矩阵是对数据材料进行整理和组织的分析工具，能帮助分析人员进行比较和分析。它由一个简单的、带有许多单元格的栅格组成，单元格的数量根据待分析问题的需要来确定。

由于一些分析主题或问题频繁使用矩阵，因此本书将其作为一种单独的方法对待。例如：

- ★“竞争性假设分析法”（第七章）使用矩阵来分析相关信息和假设之间的关系。
- ★“交叉影响矩阵法”（第五章）使用矩阵来分析变量间或驱动力间的相互影响。此类交叉影响矩阵是“复杂性管理程序法”（第十一章）的一部分。

★“甘特图”（本章）使用矩阵来分析需完成的任务与这些任务的完成时间之间的关系。

★“决策矩阵法”（第十一章）使用矩阵来分析目的或偏好与决策选项之间的关系。

★“影响矩阵法”（第十一章）使用矩阵来表现一项新政策或决策对关键参与者的影响，以及如何实现对这种影响的最佳控制。

★“排序、评分和区分优先次序法”（本章）使用矩阵来记录成对项之间的关系，其中的“加权排序法”则使用矩阵来分析各个项与评判这些项的标准之间的关系。

何时使用

“矩阵法”用于分析任意两组变量之间的关系，或者同一组变量之间的相互影响。除此之外，分析人员使用矩阵还能：

★ 对不同类型的信息进行比较。

★ 对相同类型的不同信息进行比较。

★ 按类型对信息进行分类。

★ 确认信息中蕴含的模式。

★ 将一个问题的各要素分开。

矩阵是一种简单、灵活的分析工具，分析人员处理大量数据材料时应该首先考虑使用它。矩阵的使用有一个限制因素，即信息必须只能分为两个维度来组织。

增加的价值

通过矩阵，可以直观地呈现一组复杂的数据资料。与在脑海中手忙脚乱地处理各种信息相比，通过矩阵将信息呈现出来，分析人员就能够高效地处理更多的数据资料。要分析的问题被分解成若干个组成部分，以便每个部分（即矩阵中的每个单元格）都可以单独被分析；与此同时，该问题的背景仍然保持了一个整体。

矩阵还可用于构建理解某个问题的分析框架，提出解释某种现象的更严谨的框架，或者用于生成一组更全面的可供选择的办法。

方法步骤

矩阵作为一种工具，可以有多种不同的使用方式，服务于多个不同的目的。不过，所有矩阵都有一个共同点：它们都有足够多的行和列组成栅格，供你在其中输入希望进行比较的两组数据资料。首先按一定的逻辑顺序组织并在顶行输入每组数据资料的类别标题，接着在最左侧的列中输入另一组数据资料的标题。最后在每个单元格中加入数据资料。

图 4.8“对国家安全观的反思：一种新的生态”是复杂矩阵的一个例子。该矩阵在组织数据的同时还讲述了自身的分析情节。[1] 它显示了最近几十年来国家安全观的演变情况，并且提出未来几年我们对国家安全的定义将不断扩展。在这个矩阵中，对国家安全的威胁沿着竖轴排列：最顶端的是最传统的行为体，即民族国家；最底部则是系统性威胁，例如传染性疾病或“无形的”威胁。该矩阵的顶行是应对威胁的 3 种主要机制：军事力量、治安与监管、协作。该矩阵的单元格提供了上述 3 种不同的应对机制，处理 5 种不同威胁的历史实例。其中，左上角单元格（深色）是运用武力解决民族国家之间分歧的经典案例。与之形成对照的是，在右下角单元格中，各行为体均积极推动，通过协作处理诸如流行性疾病大暴发这样的系统性威胁。

经典的国家安全定义关注民族国家冲突的潜在可能。左上角单元格（深色）中列出的 3 次军事行动就是此种定义下的行动。最近几十年，国家安全威胁已经扩展到次国家行为体、恐怖分子以及其他犯罪组织造成的

[1] 原注：关于矩阵的更全面探讨，可参见 Randolph H. Pherson, “Rethinking National Security in a Globalizing World: A New Ecology,” *Revista Română De Studii De Intelligence (Romanian Journal of Intelligence Studies)* 1–2 (December 2009)。

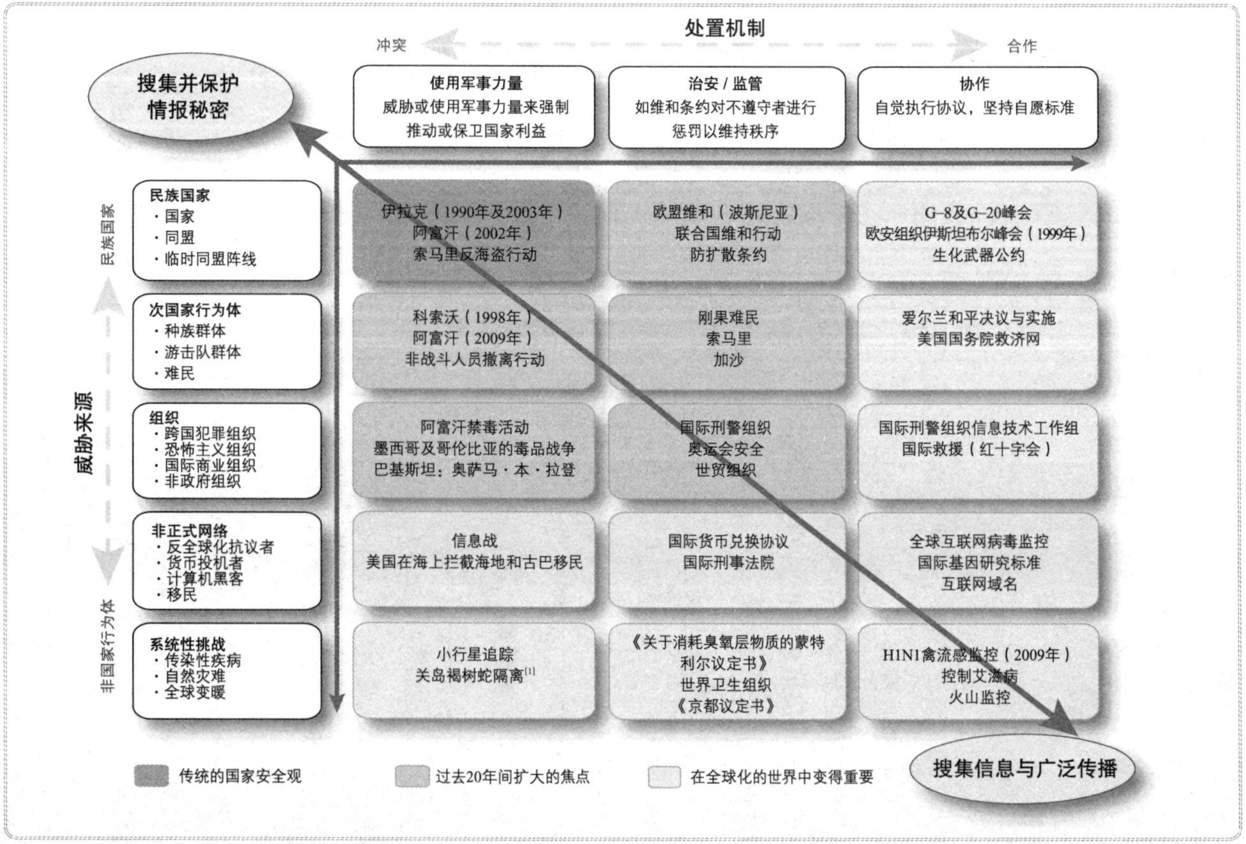

图 4.8　对国家安全观的反思：一种新的生态

来源：弗森联合有限责任公司，2009 年。

[1]　译注：褐树蛇是关岛外来物种，由于没有天敌，在关岛泛滥成灾，必须加以隔离。2013 年起，美国农业部和军方等联合开展了控制褐树蛇的行动。

威胁。同样，使用维和部队与国际警务也变得比之前更普遍。矩阵中靠左上侧的 5 个单元格（次深色），对“国家安全”这一术语使用范围的宽泛性做了描述。矩阵中靠右侧和下侧剩下的单元格（浅色），描述了国家安全观伴随着世界全球化趋势的发展而扩展的情况。

通过矩阵来表现国家安全观的变化，人们可以观察到关键参与者搜集情报和共享信息的模式沿着两个维度的变化情况。在图 4.8 的左上角，各国的常见做法是搜集对手的情报，为情报设定密级并将其保护起来。但是，沿着跨矩阵的对角线直至右下角，这种做法却在向相反的方向发展。在该图的右下角，信息通常可以从非保密来源获取，此时的要求是尽可能快地将信息分发给每个人。这种动态变化在对角线的中点处会产生强烈的张力。例如，在国土安全部门工作的人员，必须找到与州和地方执法官员共享敏感的国家安全信息的方式。

本方法的起源

本书中对这种应用广泛的基础性方法的描述，来自弗森联合有限责任公司的培训教材。国家安全矩阵由伦道夫·弗森制作。

九、维恩分析法

“维恩分析法”是一种可视化分析方法，能够帮助分析人员探寻论据之间的逻辑关系。维恩图由多个互相交叠的圆组成，通常是用来讲授数学中的集合理论。每个圆中都包含了一系列我们要研究的对象，落在两个圆重叠部分的对象就是交集。最简单的维恩图由两个有交集但不相同的集合组成。维恩图中一个圆也可以完全包含在另一个之中，在层次关系上这表示一个集合是另一个的子集。图 4.9a 给出了维恩图的一个示例。它向我们展示了批判性思维的各组成部分，以及它们如何结合以生成综合与分析。

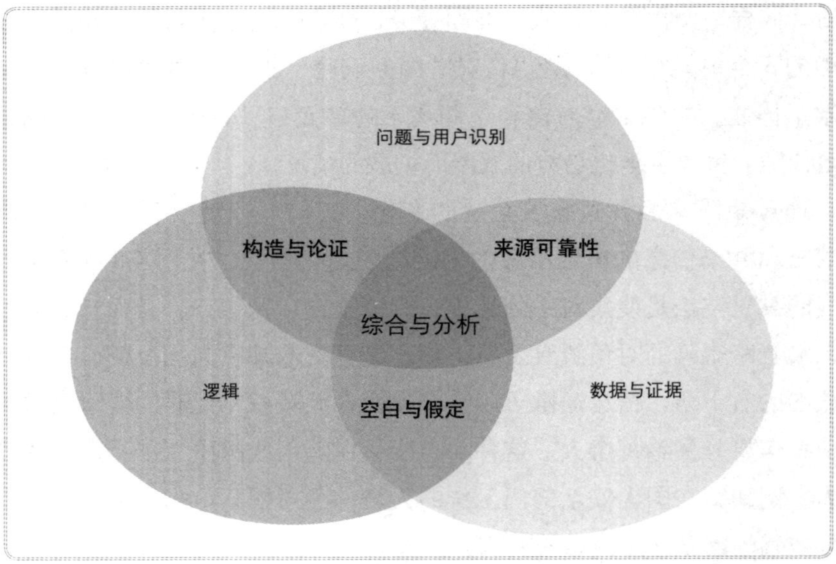

图 4.9a　批判性思维组成部分的维恩图

维恩图可阐释各分析论据之间的简单关系，这一分析过程称为“维恩分析法”。该方法用于论证过程时，即可揭示出无效的推理。如图 4.9b 中的左图显示了如下错误的推论：猫科动物是哺乳动物，犬科动物是哺乳动物；因此，犬科动物就是猫科动物。事实上，依图中所示，猫科动物和犬科动物都是哺乳动物的子集，而且这两个子集之间完全没有交集。

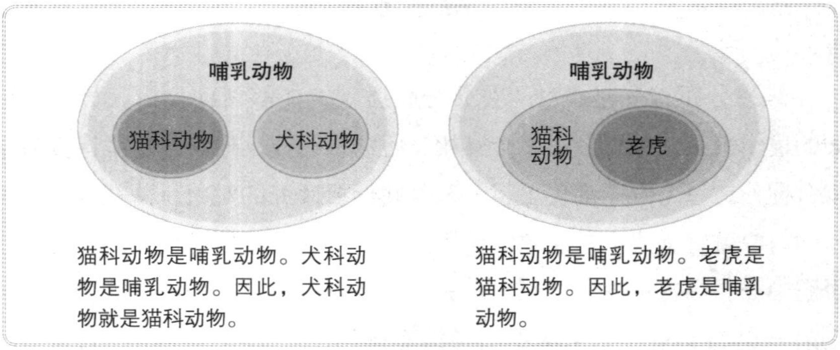

图 4.9b　无效论据和有效论据的维恩图

"维恩分析法"也可用来验证一个论据的正确性。右图中的推理过程是：猫科动物是哺乳动物，老虎是猫科动物；因此，老虎是哺乳动物，这是确定无疑的。

何时使用

情报分析人员一直以来都使用"维恩分析法"组织思维，寻找逻辑关系或数据资料中的空白，并检验论证过程。当有多个变量需要考虑时，分析人员可以利用维恩分析法来确定如何满足范围更小的特定条件要求，如用来确定卫星发射的最佳时间。当论据涉及同一事物中的一个部分与其他部分之间（或一个子集与其他子集之间）的相对关系时，也可用"维恩分析法"进行分析。

"维恩分析法"还可以作为头脑风暴的工具，考查是否有必要用新概念或新想法来填满图中的每个子集。"维恩分析法"可以由单个人员使用，但团体使用时可以发挥更大的效益。

增加的价值

"维恩分析法"帮助分析人员将同类型对象进行了准确分组，并能正确甄别它们分别属于哪一个子集。这一方法能够更容易地将论据可视化，不仅常常能够揭示推理过程中的谬误，而且在构建图示的过程中，还能通过将论据清晰地外化，促使分析人员对提出的假定进行验证。考查维恩图中图形之间重叠部分的相互关系，有助于正确看待事物，并经常引发新的研究或更深层次的探究。然而，需要注意的是，不要向图示中添加未经证实的细化分类，以免使图示过于复杂。

方法步骤

"维恩分析法"是一个灵活的分析工具，可以有多种应用方式。它的分析过程很简单，但却会引发较为持久的争论。下面的分析步骤显示了“维恩分析法”如何验证论据的有效性：

- 将一个主张或论据的要素描述为多个圆，用较大的圆表示更宽泛的概念或更大的数量。
- 认真考查每个圆的边界。其所含元素的定义是明确的还是模糊的？它们如何被确定、测量或计算？
- 将时间的影响考虑在内，这些圆是在逐渐扩大还是缩小？当我们考查事物的发展变化趋势时，这一点尤为重要。
- 根据每个圆的相对大小和相互关系，能够从中推理出什么假定？
- 考虑是否还能向各个圆中添加要素，或是需要覆盖范围更大的圆。
- 检查并对比图中的几个重叠区域，每个区域中我们能发现什么呢？每个重叠区域的大小受什么因素的影响最大，会随着时间的变化而变化吗？

范例

考虑这样一个分析判断：“来自一个虚构的国家——赞姆比亚的国有企业投向美国主要港口基础设施建设项目的大笔资金，对美国国家安全构成了威胁。”

使用“维恩分析法”分析这一判断时，分析人员须首先画一个大圆代表独裁国家赞姆比亚，其中画一个小点的圆代表其国有产业，小圆中再画若干更小的圆代表单个的国有企业。一份完整的赞姆比亚企业构成图中还应包括更多的圆，代表私营企业和少量公私合营企业（如图 4.9c 所示）。初步构建起这样的图形后，我们可以提出一些问题，比如：在赞姆比亚，国有企业、公私合营企业以及私营企业分别占多大比重？这对每个圆的大小有什么影响？“国有”的定义是什么？在类似赞姆比亚这样的独裁国家中，“国有”这个词在政治和经济领域分别代表什么样的意义呢？上述各类企业有区别吗？

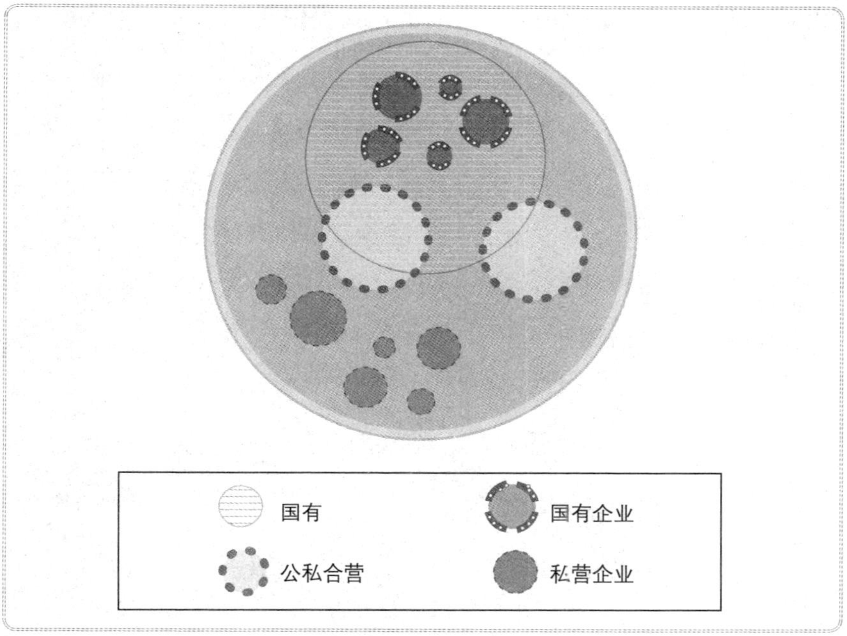

图 4.9c 赞姆比亚企业的维恩图

图示还应指导分析人员进一步发掘这些问题中可能隐含的假定：

★ 在赞姆比亚，"国有"等同于"国家控制"吗？
★ 我们是否可以假定，赞姆比亚的国有产业会采取对美国利益不利的行动？
★ 相比之下，赞姆比亚的私营企业是否更不敌视，甚至是支持自由企业机制和美国利益？

接下来，我们要对维恩图中清晰展示的这些假定进行质疑。比如，我们最初的阐述有可能过于简化问题。也许威胁不仅仅来自赞姆比亚的国有产业。赞姆比亚是否也通过其私营企业和公私合营企业对外施加影响呢？

最初的阐述中还提及了外国对美国港口基础设施建设项目的投资。如果也画一个圆来代表它，那么它的全集应包含美国在外国参与的港口基础建设发展项目。重叠的圆圈部分可以显示出赞姆比亚针对美国本土和其他外国港口的基础设施建设项目所开展的商业投资活动，如图 4.9d 所示。

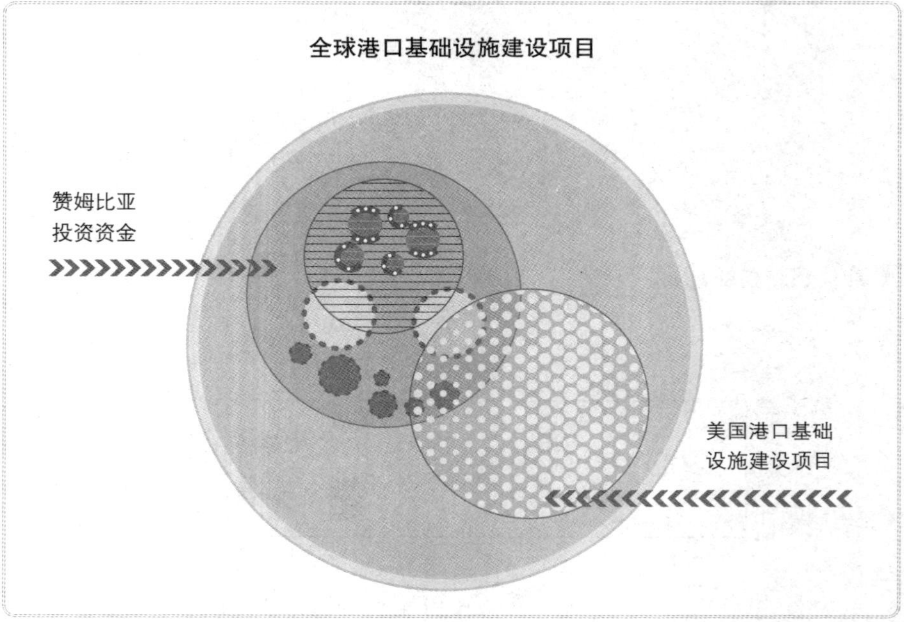

图 4.9d 赞姆比亚在全球港口基础设施建设项目中的投资

然而，图 4.9d 也引出了一些额外的问题：

- ★ 首先，我们是否清楚，当前投向美国港口基础设施建设项目的资金，在全球范围内的投资项中占了多大份额？作为全球企业且主要在海外经营的美国公司，以及那些只在本土经营的美国公司，各占多大比例？
- ★ 其次，我们能否估算出赞姆比亚的对外投资总额以及它们投向哪里？如果说赞姆比亚的国有企业正在向美国公司投入资金，那么这些资金是仅仅投向美国国内，还是兼顾了美国的海外公司？
- ★ 再次，就全球范围内的港口基础设施建设项目来说，维恩图中各个圆的相对比重大小怎样？能否假定美国港口基础设施建设项目中最大的投资方正是来自赞姆比亚呢？他们投入的资金是最多的吗？谁会是他们最强有力的竞争者？他们的投资比重会给他们带来多大影响？

大量的分析论据揭示出区别和发展趋势，但在我们陷入这些论据的强大说服力之前，考虑到这些差异是很重要的。使用“维恩分析法”审视图中互相重叠的圆之间的相互关系，能够使分析人员严谨地组织和发展分析论据。在上述案例中，如果图中各部分的相对关系准确无误，“维恩分析法”就会向我们揭示一个更重要的国家安全问题：赞姆比亚在美国（遍及全球）的港口基础设施建设项目中都是主要投资者，这不仅将使其获得巨大的经济利益，同时还有明显的军事优势。

与其他方法的关系

“维恩分析法”与本章讨论的分解和可视化方法类似。它还能通过图解的方式进行关键假定检查，或是评估替代假设之间是否互不相容。

本方法的起源

约翰·皮里克为加拿大政府开发了这种作为情报分析工具的维恩图方法，这些材料的使用得到了加拿大政府的批准。要进一步讨论这一概念，可以参考厄勒姆学院（Earlham College）彼得·苏贝尔（Peter Suber）所著的《符号逻辑》（“Symbolic Logic”），参见 http://legacy.earlham.edu/~peters/courses/log/loghome.htm；以及兰德大学（Lander University）李·阿尔奇（Lee Archie）所撰写的《逻辑学导论》（“Introduction to Logic”），参见 http://philosophy.lander.edu/logic。

十、网络分析法

“网络分析法”可以对数据资料进行审查、汇总和解读，以确定个人、团体、公司或其他实体之间是否存在关联；这些关联对于牵涉其中的人的内在含义；加强或削弱这些关联的方式和可以达到的程度。[1] 如果分析人员面对的是背景信息稀少的一组行动者，要想理解和确定影响他们行为的时机，这是目前最好的方法。在执法和国家安全领域，“网络分析法”中使用的信息通常来自线人，或者是来自物理或技术监控。由于这些网络绝大多数都是秘密的，搜集人员无法通过公开来源发现它们。尽管一些已有的软件可以帮助进行数据资料搜集、分类和制图，但对于许多分析任务而言，软件并非绝对必要。不过，对关联关系进行测量的“社交网络分析法”确实需要用到软件。

“网络分析法”可以分为 3 个阶段，分析人员无论在哪个阶段得到了问题的答案，分析工作即可告一段落。这 3 个阶段分别是：

- ★ **绘制网络图**（Network Charting）是识别人、团体、物、地点以及关注的事件（节点），并根据它们之间不同的关联关系类型画出连接线（链接）的过程和相关方法。这一过程形成的产品通常称为“链接图”（Link Chart）。
- ★ **网络分析**通过对关联关系进行分组（分类），确认各组内部和各组之间的关联类型，制作一份网络图，并对其进行研究，努力了解图中数据所表达的意思。
- ★ **社交网络分析**对与节点间的距离和关联关系类型有关的变量进行精确测量，以便从图中推导出更多的有价值的内容，特别是一个节点对另一个节点的影响程度和影响类型的内容。

何时使用

“网络分析法”广泛应用于执法和反恐分析，以及反毒品和武器扩散

---

[1] 原注：摘自国防情报局玛里琳·彼得森提供的《关联分析》（*Association Analysis*），未注明日期。

等跨国问题的分析，以确定可能参与了非法活动的人员并对其实施监控。“绘制网络图”（或称“链接图”）用于把人、团体、其他情报或刑事利益实体的“点”逐一链接在一起。通过“网络分析法”，可把这些“点”放进事件背景中进行分析，而“社交网络分析法”则帮助识别隐藏的关联关系以及各“点”之间影响的程度。

增加的价值

在帮助分析人员识别和理解组织、当局、通信、旅行、金融交易，或者人或团体之间的其他相互影响（从几条孤立的信息看并不明显）的模式方面，“网络分析法”已经被证明非常有效。它经常可以识别出关键负责人、信息中间人或者资金的来源。它还能确认出需要调查的其他个人或团体。如果持续运用，这样的分析可以帮助发现网络内部的变化。对相关指标进行一段时间的监控后，有可能显示出该网络准备发起的攻击性行动，或者是瓦解该网络的时机。

社交网络分析软件可以帮助分析人员轻松地检索、绘图和存储大量信息。就本方法针对的任务而言，软件并非绝对必需，但却能提供巨大的帮助。包含在许多网络分析程序包中的社交网络分析软件，对于测量关联关系至关重要。

方法步骤

网络分析试图回答的问题是：“谁与谁有关系？他们关系的实质和在网络中扮演的角色是什么？”基本的网络分析软件可以确定主要节点并显示它们之间的链接。社交网络分析软件可测量各链接间交流的频率，探究各节点在链接交流中的关键属性。我们知道，尽管存在相应的算法，而且个别的分析人员也在使用，但确实没有哪一种软件能够将节点编入有意义的组群。不过，在任何情况下，你都必须解释这些节点代表什么，要对图示进行认真的研究，搞清楚它如何反映出组织结构、运作方式以及行为模式。

绘制网络图：做好网络分析的关键是绘制出一张令人满意的图。图 4.10a 就是这样的例子，它显示的是 2011 年 9 月 11 日袭击背后的恐怖分子网络。该图是网络研究员弗拉迪斯 · E. 克雷布斯（Valdis E. Krebs）在 2002 年初使用互联网上的新闻素材编辑绘制而成。

有一些经过验证的、行之有效的好的图示方法，可以帮助分析人员节省时间、避免不必要的混淆、更快地洞察情况。绘制网络图通常包括以下步骤：

- ★ 确定至少一个可靠信息源或数据流作为起点。
- ★ 识别、合并或者分隔该报告中的各节点。
- ★ 在一个数据库、关联矩阵或软件程序中列出每一个节点。
- ★ 确定个人或团体间的相互作用。
- ★ 在数据库、矩阵或软件程序中列出相互作用类型。
- ★ 用对你的分析有意义的若干标准，确定每个节点和节点间的相互影响。这些标准通常包括联络频率、联络类型、活动类型，以及信息来源等。
- ★ 用手工、计算机上的画图工具或网络分析软件在一张图上画出各节点间的联系，把各点连接起来。如果你没有使用软件绘制，就从情报问题的中心节点开始画起。可以使用不同的颜色或风格，或者是使用图标或图片来代表每个标准，这样可以让你所画的图承载更大的信息量。一张非常复杂的图，可能会在一个相同的链接或节点上使用所有这些元素。在以下情况中往往需要使用更多的元素：当情报问题模糊不清时（如“我知道有不好的事情正在发生，但我不知道是什么”时）；当要用所画的图来解答多个问题时；或者当某张图可能需要保存很长的时间时。
- ★ 从中心节点开始画起，不断地加上链接和节点，直到你把从最佳来源得到的信息用尽为止。
- ★ 加入从其他情报来源得来的节点和链接，不断与已有信息进行印证对比。紧追所有的线索，不管他们是人、团体、物或者是事件，也

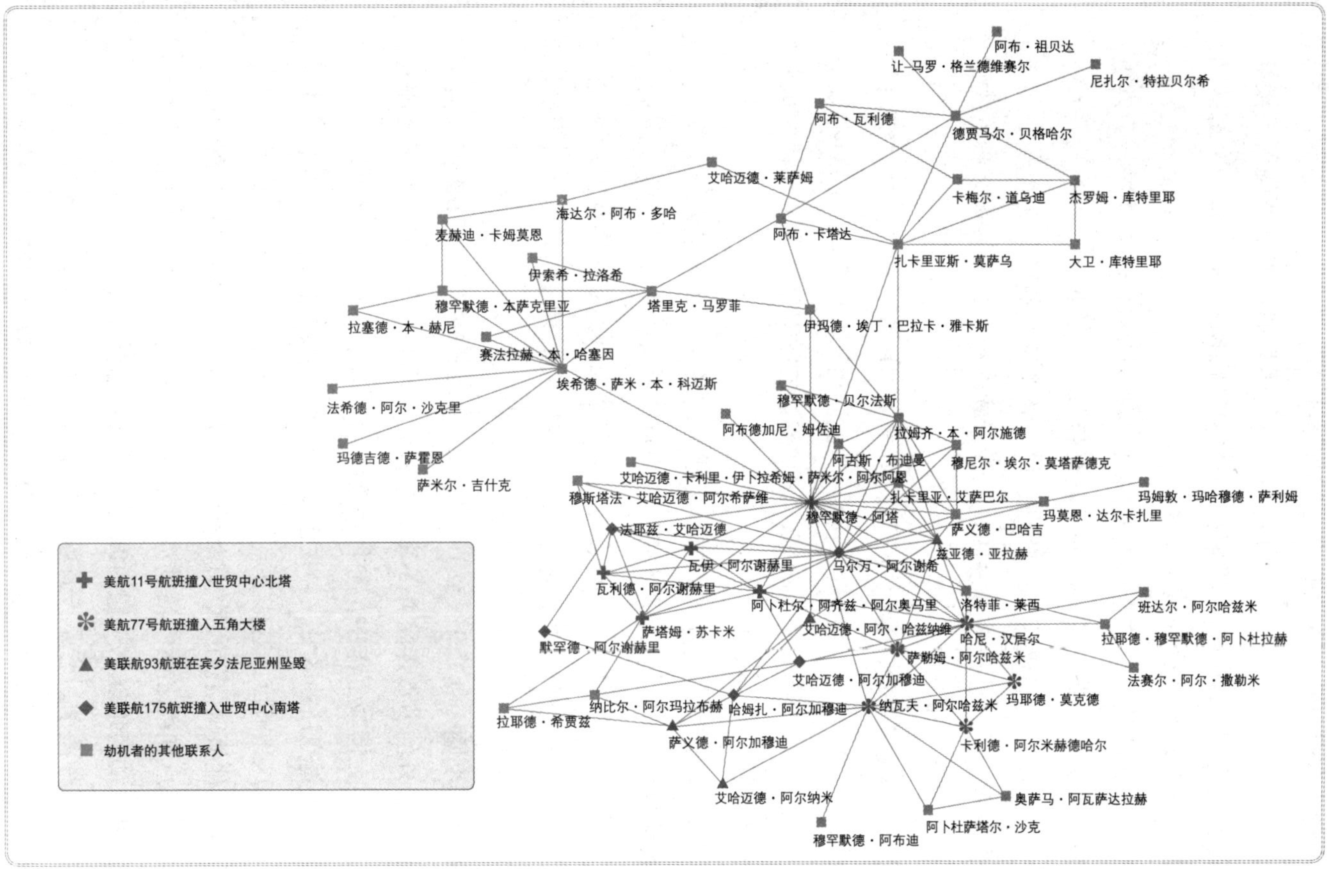

图 4.10a 社交网络分析："9・11 事件"劫机者

来源：Valdis Krebs, Figure 3, "Connecting the Dots: Tracking Two Identified Terrorists," Orgnet.com; www.orgnet.com/tnet.html. 经原作者同意复制。

不论来源是什么。对信息来源进行标注。

★ 以下情况可以停下来：当你用尽所有的信息时；当所有的新链接都画到终点时；当所有的新链接都开始相互连在一起，像一个蜘蛛网时；当你已经没时间再画下去时。
★ 当出现新的信息，或者你有时间时，对该图和佐证文件进行经常更新。每天只需花几分钟时间，就会带来巨大的收获。
★ 对各节点和链接进行重新整理，使互相交叉的链接尽可能少。如果你使用软件，这比较容易实现。许多软件程序包能够以多种方式重新整理节点和链接。
★ 把节点聚集成群。做法是寻找图中的"密集"区和相对"空白"区。围绕密集区画出形状，画的时候使用不同的形状、颜色和线条类型，来表示不同的群类型、你对该群的相对信任度或你认为重要的其他标准。
★ 如果可能，使用同样的方式，把已有的各小群聚集成大群。
★ 根据这些节点中包含的共同特征为每个群做出标记。这样做以后，你就可以确定团体、事件、行为和关键地点。如果你脑中对这些团体或活动有一个模型，通过观察与这个模型有关的东西是否已经呈现，你也许就能识别出这张图中的空白。
★ 寻找"小圈子"，即一个节点组，其中每个节点都相互连接，但与该组之外的节点连接并不多。这些分组从外形上看通常像星形或五边形。在情报工作中，往往最终证明它们是秘密的基层组织。
★ 然后查看空白的区域，寻找连接两个群的节点或链接。利用形状或颜色标亮这些节点。这些节点是中间人、协调人、领导人、顾问、媒介或者其他值得留意的关键联络者。他们也是该网络中易被瓦解的点。
★ 画出节点和群之间的活动流。你可以使用箭头或时间标签。有些软件可以动态地显示一段时间内这张图是怎样变化的。
★ 分析这种流动。它是一直朝一个方向流动，还是朝多个方向流动？是一些相同的节点还是不同的节点参与其中？有多少不同的流动？

它们流动的路径是什么？通过回答这些问题，你常常能够确定活动，包括准备攻击性行动的迹象和指挥链路。你还能使用这些信息来评估该网络的恢复力。例如，如果一个节点或一条路径被清除了，还有已经准备好的备用节点或路径吗？

★ 随着节点或链接的变化，继续对该图进行更新或修订。

图 4.10b 对图 4.10a 中描述的“9·11 事件”中劫机者构成的网络进行了修订。该图根据“**网络分析法**”中讨论的方法进行了标注，以确定群和节点的不同类型。星形或五边形被视为基层组织，可能的基层组织用圆圈圈了起来，大的菱形框定的是基层组织的群。中间人则是被小五边形包围的那些节点。注意在该图中心位置的中间人，该节点与其他所有中间人都有连接。此人是一名高级领导人：基地组织前欧洲行动头目伊玛德·埃丁·巴拉卡·雅卡斯（Imad Eddin Barakat Yarkas）。

“**社交网络分析法**”需要一种专门的软件应用程序。不过，对于分析人员而言，重要的是要熟悉基本的流程、对策，以及用于描述某人某事在网络中的位置或作用的专业词汇。以下 3 种类型的中心性在图 4.10c 中有说明：

★ **程度中心性**（degree centrality）：可以通过一个节点与其他节点的直接连接数量进行测量。在图 4.10c 的网络中，Deborah 的直接连接数最多，她是该网络的“接连器”或“中心”。

★ **中间中心性**（betweenness centrality）：Helen 的直接连接数少于 Deborah，但她是这个网络的“中间人”，扮演了极为重要的角色。没有她，Ira 和 Janice 与网络其他节点的联系将被切断。中间中心性高的节点对整个网络的连通影响极大。

★ **接近中心性**（closeness centrality）：Frank 和 Gary 的连接数均少于 Deborah，然而通过直接和间接连接，他们可以比其他人更快地与网络中的所有节点进行接触。他们处于对所有流经网络的信息实施监控的最佳位置。

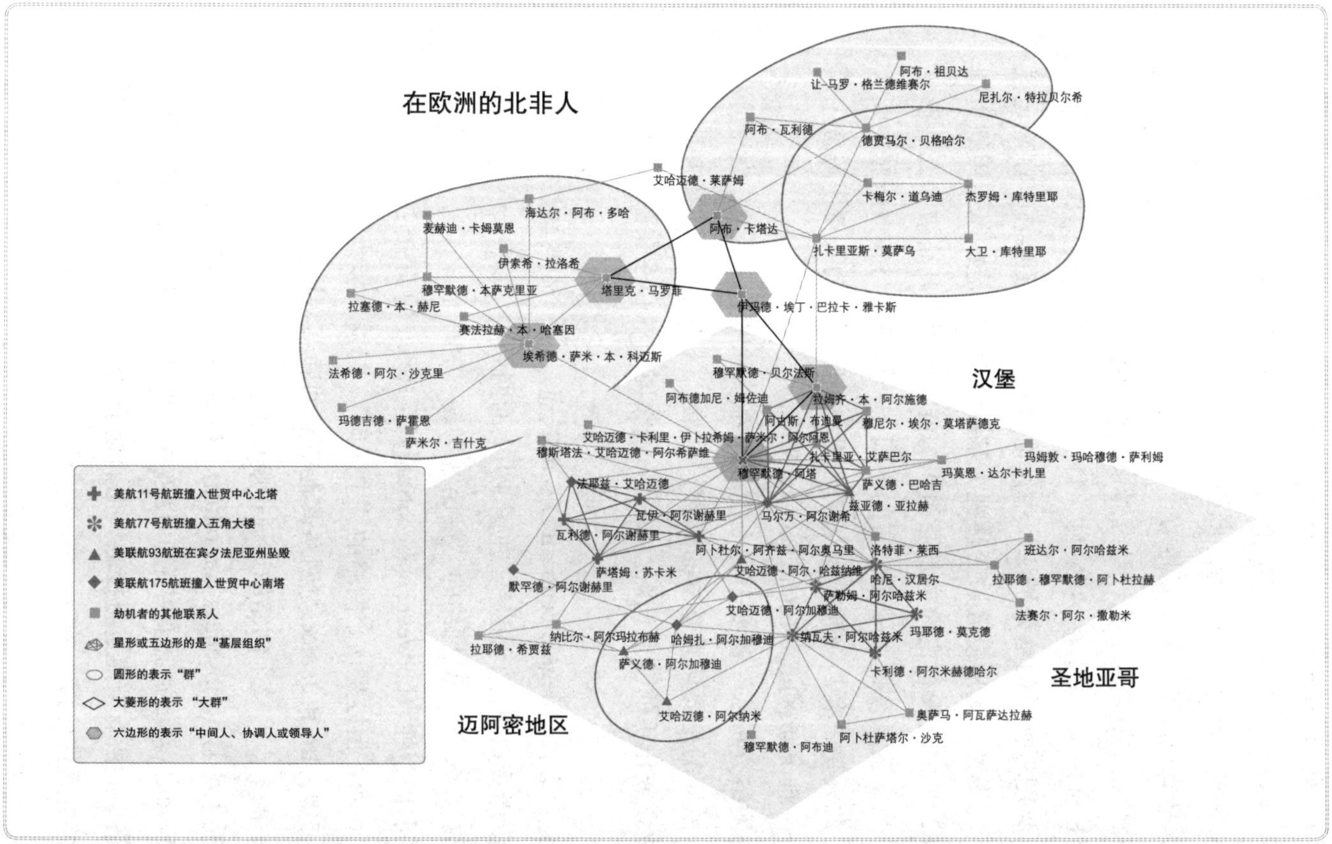

图 4.10b 社交网络分析：“9·11 事件”劫机者关键节点

来源：基于 Valdis Krebs, Figure 3, “Connecting the Dots: Tracking Two Identified Terrorists,” Orgnet.com; www.orgnet.com/tnet.html。经原作者同意复制。辛西娅·斯托勒修订。

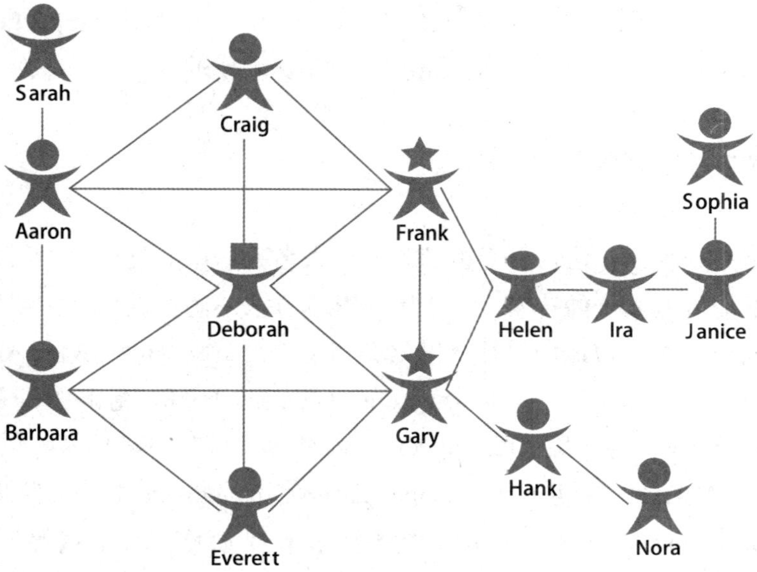

中心性类型	范例
程度中心性	Deborah
中间中心性	Helen
接近中心性	Frank and Gary

图 4.10c　社交网络分析

来源：弗森联合有限责任公司，2009 年。

潜在缺陷

这种方法极度依赖信息来源，即至少要拥有一个良好的信息来源。你很难把握什么时候信息就断掉了，而且网络的边界可能是模糊且不断变化的，在这种情况下，很难确定谁涉及其中。网络不断变化的特性会导致信息过时。如果不能经常对接收到的数据材料进行检查，对图表进行更新，寻找有无空白并考虑它们的潜在影响，你就可能被误导。

你决不能盲目依赖社交网络分析软件，而应该努力了解正在使用的这款应用程序是怎样工作的。像其他任何软件一样，不同的应用程序采用不同的方式判断不同的事情，而通常是“细节决定成败”。

本方法的起源

这是一种旧方法。用于组织和分析大型数据库的复杂软件程序的发展，推动了该方法的转变。以下资料对本方法的阐述做出了重要贡献：弗拉迪斯·克雷布斯的《社交网络分析简介》（“Social Network Analysis, A Brief Introduction”），参见 www.orgnet.com/sna.html；克雷布斯的《揭开恐怖分子网络》（“Uncloaking Terrorist Networks,” *First Monday*, 7, no. 4 [April 1, 2002]），参见 http://firstmonday.org/htbin/cgiwrap/bin/ojs/index.php/fm/article/view/941/863；加州大学社会学系罗伯特·A. 哈内曼（Robert A. Hanneman）的《社交网络方法入门》（“Introduction to Social Network Methods”），参见 http://faculty.ucr.edu/~hanneman/nettext/C1_Social_Network_Data.html#Populations；国防情报局玛里琳·彼得森的《关联分析》，未注明日期，经原作者许可使用；辛西娅·斯托勒和阿弗里尔·法雷利为弗森联合有限责任公司编写的培训教材等。

十一、思维图和概念图法

思维图和概念图是对一个人或团体怎样思考某个受到关注话题的直观呈现。此类图有两个基本要素：一是经判断认为与某人正在思考的任何话题有关的观点；二是显示并简要描述这些观点之间关系的连线。绘制这样的图，两种主要方法是“思维图示法”和“概念图示法”（见图 4.11a 和图 4.11b）。其他的方法包括认知图示、因果图示、影响图示以及观点图示等。有许多商业或免费的软件产品支持这种图示功能，但它们有许多不同的名称。[1] 在情报界内，不同团体会使用不同的方法来绘制有针对性的图。

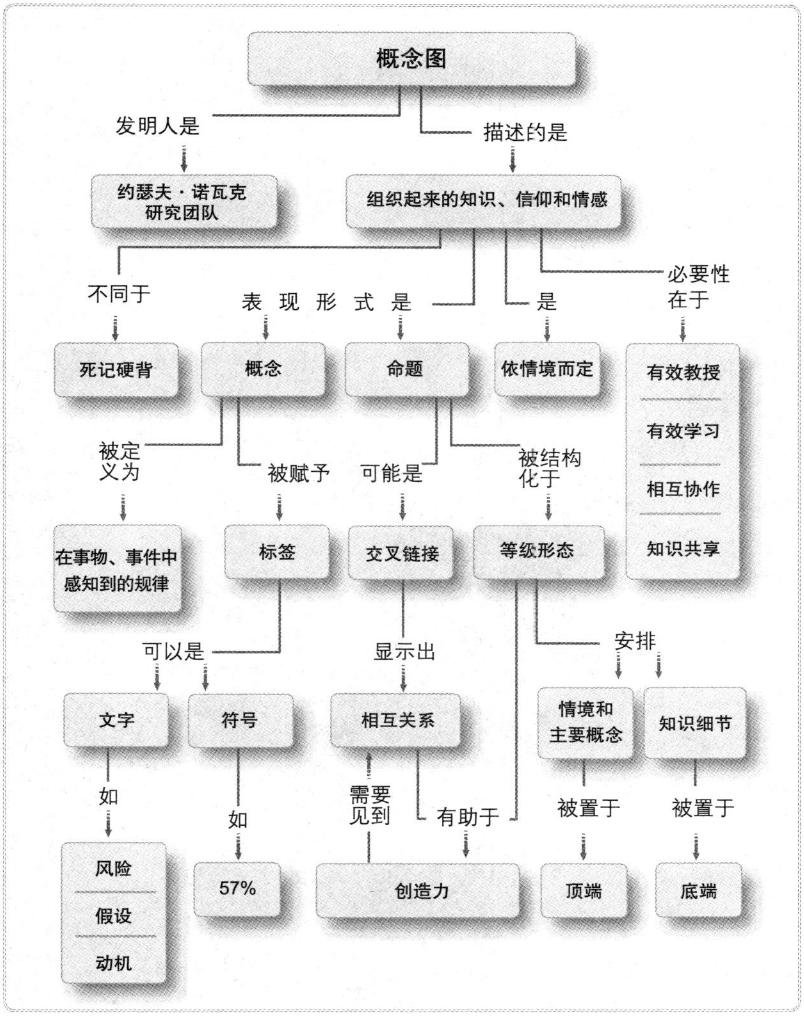

图 4.11a 概念图示的概念图

来源：霍夫曼（H. R. Hoffman）和诺瓦克（J. D. Novak），佛罗里达州彭萨科拉人机认知研究所，2009 年。经作者同意复制。

[1] 原注：参见 www.mind-mapping.org 网站，能够全面地浏览所有支持图解形式的知识管理和信息机构的软件信息，许多软件产品可以免费下载使用。

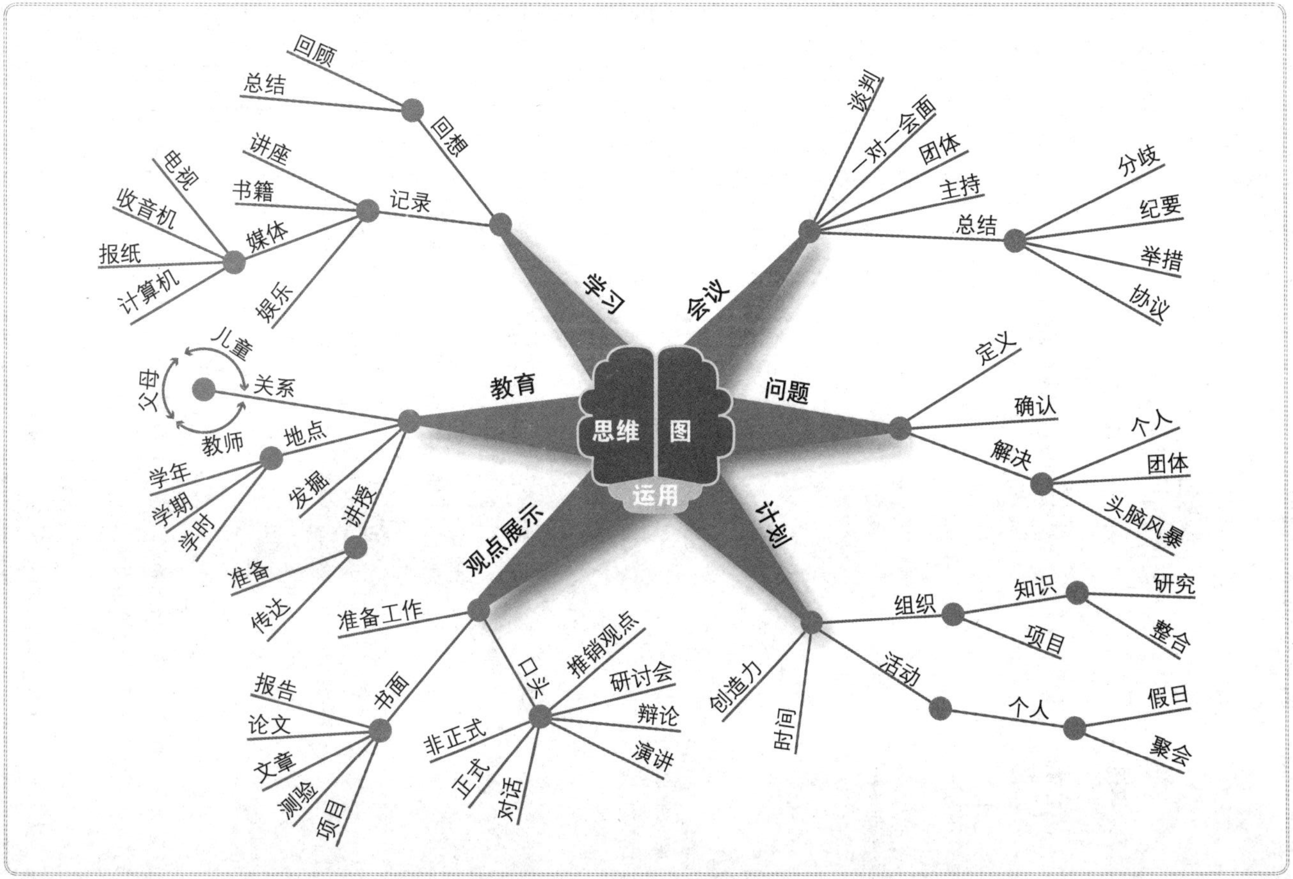

图 4.11b　思维图示的思维图

来源：启发培训（Illumine Training），“Mind Map,” www.mind-mapping.co.uk。经同意复制。伦道夫·弗森修订。

何时使用

当思考某个问题、制订某个计划，甚至是做一个非常简单的决定时，你其实是在整合一系列的思考。这一系列的思考可以用文字或图片直观地表现出来，做法是将这些文字和图片用线条连接在一起，以表现它们之间的关系。出于任何目的的思考——不管是个人决定或是对某个情报问题的分析，都可以用这种图示方式来展现。绘制这样的图通常出于以下两种目的：

★ 个人或团体用来理清自己的思维，达成对关键概念的共同理解。通过把他们脑海中的观点提取出来，展示到纸上或电脑屏幕上，个人或团体就能更好地记住、评判和完善这些观点。

★ 方便把一组复杂的关系阐述给他人。如情报报告、简报、课堂上的课件，或者是由分析人员准备、供起诉方在陪审团审判时使用的图示等。

思维图也可以帮助分析人员进行头脑风暴，去思考一个问题中包含的各种要素或者关键参与者，以及它们是如何联系起来的。该方法鼓励分析人员提出以下问题：还有我们没有考虑到的其他类别或者“主干上的其他分支”吗？还有我们遗漏的流程要素或该方法的应用吗？思维图是否提供了一个不同的背景去理解这个问题？

增加的价值

绘图有助于介绍或讨论复杂大量的信息。它很实用，因为只要大致看上一遍，就能够了解到相当多的信息。绘制一幅关于复杂问题的基本结构的可视化图，有助于分析人员清楚准确地阐述自己想要表达的意思。用图解法阐释问题，能够增强分析人员的分析能力。

思维图和概念图由于在使用的原因和方法上存在差异，因此在规模大小和复杂性方面也大不相同。在进行结构化分析时，思维图和概念图的大小通常会比本章中举出的例子大，有时要大得多。但多数时候，图的大小和复杂性都是适中的。像任何一种模式一样，这样的一张图是对事实的简化。没有必要用它把一个复杂关系的所有细微差别都表现出来。相反，它只要能提供一张简略图，说明某个变量体系的总体结构，显示出哪种变量与既定的问题或难题有关，它们是怎样联系在一起的即可。一旦你掌握了这些信息，距离搞清楚下一步需要研究什么，甚至该如何组织书面报告就不远了。对于一些课题而言，图示本身就是分析产品或者是其关键组成部分。

当团体的课题就是绘制思维图和概念图时，关键价值也许在于团体构建该图的过程，而不在于图本身。当一个团体聚在一起，确定一个复杂系统的所有部分，找出它们相互之间的关系时，这个过程经常会引出新观点、阐明各种概念、确定知识的相关部分，并且在课题的早期阶段，在没有写下任何东西之前，就把意见分歧摆到桌面上来，通常还能够解决这些分歧。尽管这样的一张图也许仅仅是个框架，但关于该图所进行的讨论将揭示出比一张简单的图所能承载的更多的信息。这一过程还能够让团体共享经验，为进一步的讨论打下共同基础。它能够确保在工作的开始阶段是团体在定义某个问题，而不是由团体中的某个成员完成后，再在事后拿出来与其他人进行协作。有一些绘图软件支持虚拟协作，能够让不同地点的分析人员同时绘制一张图，而且在自己绘制的时候还能够看到其他人的绘制情况。[1]

在经历了对问题进行定义的团体工作后，该团体能够更好地确定下一步需要研究什么，能够将新增的工作分配给团体中最胜任的成员，还能更好地准备一份全面代表这个团体集体智慧的报告。

分析人员和学生们还发现，思维图和概念图的软件产品是收听口头简报或演讲时做记录的实用工具。通过在演讲进行过程中绘制图示，分析人

[1] 原注：Tanja Keller, Sigmar-Olaf Tergan, and John Coffey, “Concept Maps Used as a ‘Knowledge and Information Awareness’ Tool for Supporting Collaborative Problem Solving in Distributed Groups,” Proceedings of the Second International Conference on Concept Mapping, San José, Costa Rica, September 5–8, 2006.

员或学生能够用图来说明演讲的逻辑顺序，在一张条理分明的图中表现出包括演讲主题所有关键要素在内的数据资料。

方法步骤

在绘制思维图或概念图时，可以先从阐释某个焦点问题开始。然后遵循以下步骤：

★ 列出在某些方面与该焦点问题有关的概念的清单。

★ 从首批 12 个左右的概念开始，以合乎一定逻辑的方式，在图内空间对其进行分组。分组的依据可以是它们共有的特征，也可以基于它们是正在分析的问题的直接或间接原因来进行。

★ 从最常见的概念开始，在相关概念之间连线。利用带箭头的连线来显示关系的方向。箭头可以指向任一单向方向或同时指向两个方向。

★ 选择最恰当的词汇来描述每种关系的性质。这些线上可以标注的词汇有“造成”“影响”“导致”“致使”“应……要求”或“有助于”等。选择合适的链接短语往往是最困难的一步。

★ 在建立概念与焦点问题的所有链接的同时，寻找并输入概念之间的交叉链接。

★ 在绘图的过程中，如果你发现自己所画图的焦点问题已经不同于开始时，请不要惊讶。这是一件好事。焦点问题的目的并不是锁定主题，而是使这个过程进行下去。

★ 最后，对该图进行适当的重新配置和完善，并对其结构进行适当扩展。

思维图示和概念图示可以手工进行，但强烈建议使用绘图软件进行。相比于手工绘图，在电脑屏幕上移动概念和链接更容易，也更快捷。有许多不同的程序软件可以进行各种类型的图示工作，而每种程序软件都有各自的优点和不足。这些产品通常都是“思维图示法”和“概念图示法”这两个主要图示方法的衍生品。两种主要方法在以下方面有所不同：

★ “思维图示法”只有一个主要观点或中心观点，其他的观点围绕该观点呈放射状分布。该中心观点更适宜用一张图片而不是用文字显示，而且对图片的使用要贯穿整个图。“围绕中心词，按一定的形式写出与该词相关的 5 至 10 个主要观点。然后，围绕上述每个子词按一定的形式再写出 5 至 10 个主要观点。”[1]

★ 概念图的形式更灵活一些。它既可以有多个中心或群，也能够围绕一个中心观点来设计，但这既不是必须的，通常也不是该方法设计的目的。正常情况下，它也不使用图片。概念图通常显示为一个网络，尽管在合适的时候，也可以像思维图示一样显示为一个分层次的结构。概念图可以非常复杂，这意味着经常需要在一个大尺寸的屏幕上观看。

★ “思维图示法”在开发之初被作为收听简报或演讲时快速高效地做笔记的一种方法。而“概念图示法”在开发之初被当成是学生学习新的科学知识的一种手段，以有关学习的建构主义理论为基础。建构主义强调的是“有针对性地学习，把新概念和新建议消化吸收到现有的认知结构中”。[2] 概念图则经常作为教学工具使用。而近期，它们则被用于开发“知识模型”；在这些模型中，可以制成大量复杂的概念图，并通过超链接呈现出对复杂领域或复杂问题的分析。

与其他方法的关系

“思维图示法”和“概念图示法”可用于直观地呈现大量的其他方法生成的结果，特别是各种类型的“头脑风暴”和“交叉影响分析法”等生成的结果。这些内容将在第五章中进行讨论。

---

[1] 原注：Tony Buzan, *The Mind Map Book,* 2nd ed. (London: BBC Books, 1995).

[2] 原注：Joseph D. Novak and Alberto J. Canas, *The Theory Underlying Concept Maps and How to Construct and Use Them,* Technical Report IHMC Cmap Tools 2006–01 (Pensacola, FL: Florida Institute for Human and Machine Cognition, 2006).

本方法的起源

图示是一种旧方法，随着软件的开发，该方法重获新生，变得更加实用，也更易于使用。关于“概念图示法”的信息，可以参见如下网址：http://cmap.ihmc.us/conceptmap.html。关于“思维图示法”的信息，可以参考托尼·布赞和巴里·布赞（Barry Buzan）合著的《思维图手册》（*The Mind Map Book* [Essex, England: BBC Active, 2006]）一书。关于图示的一般信息，请参阅埃里克·汉森（Eric Hanson）的著作《概念图示工具调查》（“A Survey of Concept Mapping Tools”），网址：http://datalab.cs.pdx.edu/sidewalk/pub/survey.of.concept.maps；以及 Banxia Software, “What’s in a Name? Cognitive Mapping, Mind Mapping, Concept Mapping,” www.banxia.com/dexplore/whatsinaname.html（目前已无法使用）。

十二、流程图和甘特图

“流程图示法”是一个宏观术语，涵盖了对一个复杂程序的每个步骤进行识别并将其标记在图中的各种程序。它包括各种类型的流程图（活动流程图、商品生产流程图、因果流程图等）、关系图，以及普遍用于评估和规划商业与工业流程改进的价值流程图等。甘特图是流程图的一种特殊类型，开发它是为了方便复杂工业项目的规划、进度安排和管理。

何时使用

情报分析人员可以使用流程图（包括甘特图），来跟踪、了解并监控一个外国政府、一个犯罪或恐怖组织，或者其他非国家行为体正在进行的、具有情报价值的活动的进展。例如，流程图可用于描述下列情况：

★ 监控某种新武器系统的开发进展情况、大规模军事行动的准备情况，或者是由一系列可观察到的步骤组成的任何重大计划的实施情况。
★ 识别并描述犯罪或恐怖组织的运作模式，包括此类组织在采取重大行动前通常会采取的准备步骤。
★ 描述并监控一个正常的年轻人日益变得激进，最终转变成一名恐怖分子的过程。
★ 描述一个信息来源链，即信息或一份报告是如何通过情报界的搜集和处理系统，最终到达分析人员的办公桌上的；可能由于糟糕的解读，或是在这一过程中，由于真实事件或最初的阐述没被精确地总结而变得过于笼统，信息因此而遭到的损坏。

增加的价值

构建一张流程图或甘特图的过程，有助于分析人员想清楚要完成一个复杂项目时，其他人需要做些什么。当对一个复杂的计划或过程的理解达到了可用图解或示意图说明的程度时，分析人员就可以回答以下问题：他们正在干什么？他们进展到了什么程度？他们还需要做什么？他们还需要什么资源？在他们拥有这种能力之前，我们还有多少时间？在这一过程中，他们有无任何弱点让我们可以阻止或者拖延他们？

流程图或甘特图是同用户交流上述信息的直观工具。如果能够获得足够的信息，分析人员对进度的理解会形成一组指标，这些指标可用于监控正在进行的计划或项目的状况。

方法步骤

从外观上看，流程图和甘特图大相径庭。就流程图而言，流程中的各个步骤是按照顺序用各种代表起点、终点、决定和行动的，带箭头的符号画出来的。这些图可以由很容易获得的软件进行制作，如 Microsoft Visio

矢量图绘制软件等。

就甘特图而言，它是一个矩阵，需要在最左侧列中列出一个课题的任务或者是一个过程的步骤，而在顶行列出完成这些任务或步骤所需的预计时间，按周、月或年计算。就每项任务或每个步骤而言，横线或横条显示的是该任务或步骤的开始或结束时间。专业人员会使用 Microsoft Project 这样的工具来绘制甘特图。当然也可以用 Microsoft Excel 表格处理软件来做，或者是手工在图纸上绘制。

绘制流程图或甘特图的详细指南，可从下文“本方法的起源”（P107）里提到的信息来源中很容易地获得。

范例

情报界在监控恐怖组织方面拥有相当多的经验。本例（见图 4.12）描述了分析人员如何绘制一般性的恐怖袭击策划过程的甘特图。分析人员首先列出恐怖分子必须完成的所有任务清单，估算每项任务开始和完成的时间，并确定完成每项任务所需的资源。有些任务需要依次完成，即每项任务或多或少要在下一步活动开始前完成，也就是顺序性的或线性的活动。另一些活动则不依赖于其他任务的完成，即在某一特定阶段到来的前后都可以做，被称为非依赖性的或并行的任务。

恐怖分子要完成的每项任务是顺序性的还是并行的，是需要注意的重点。正是这种依赖性的或非依赖性的活动所构成的先后顺序，对于确定某一特定项目或过程所需要的时间至关重要。能够并行进行的活动越多，该项目准时完成的可能性就越大；需要按顺序完成的任务越多，由于某一任务的阻碍而导致整个项目延误的可能性就越大。

把任务输入甘特图时，要按照要求的顺序，先输入那些顺序性的任务。要确保它们所依赖的任务完成之后，这些任务才能开始。然后，在合适的时间框架中，在矩阵的底部依次输入并行的任务，避免与在完成项目关键路径上的顺序性任务相互干扰。

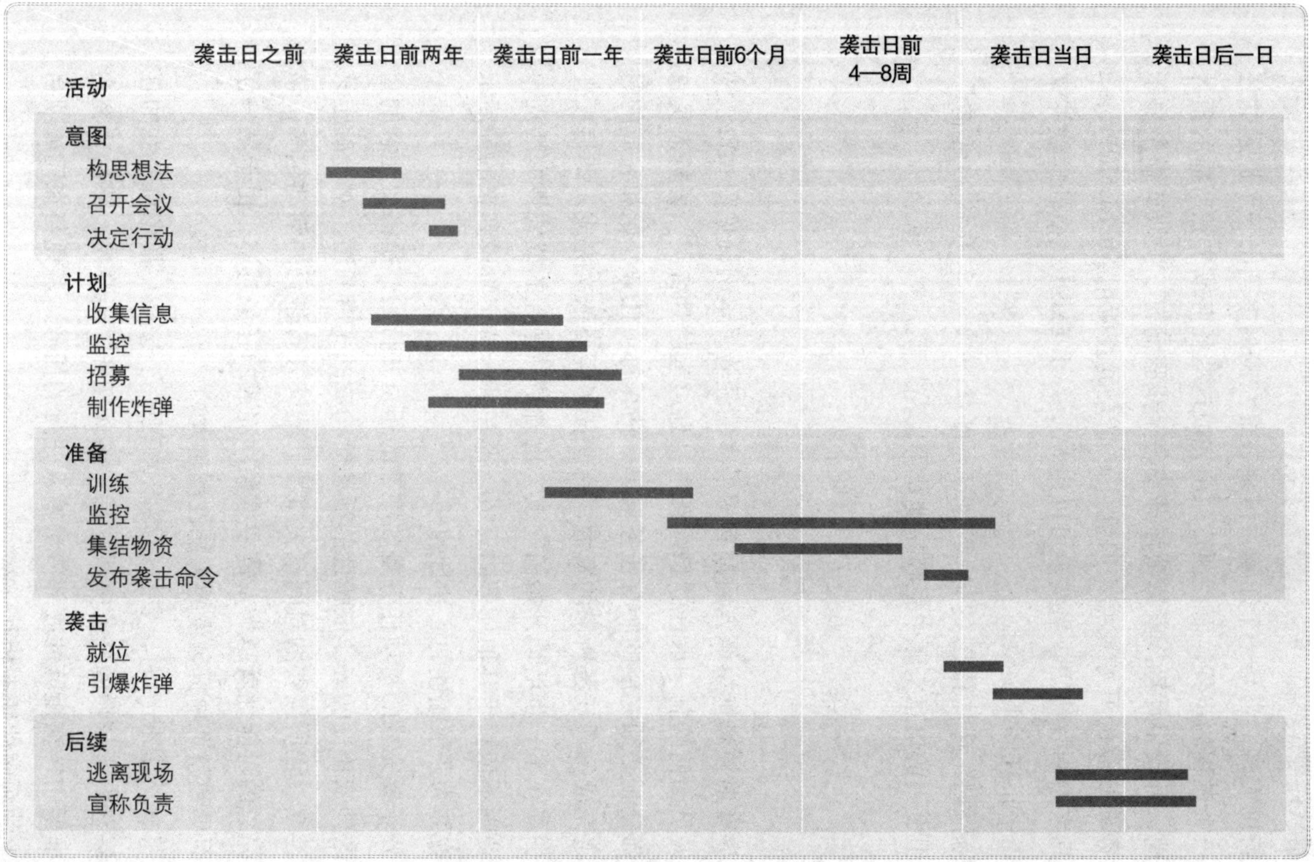

图 4.12　恐怖袭击计划的甘特图

来源：根据理查德·达梅利奥（Richard Damelio）的甘特图制作，参见《流程图示法基础》（*The Basics of Process Mapping* [Florence, KY: Productivity Press, 2006]），网址 www.ganttchart.com。

描述一般性过程的甘特图，还可用于在收到相关数据资料后，跟踪某一更加具体特定的进程。例如，图 4.12 中描述的甘特图可以作为一个模板，使用该模板时，可以使用不同的颜色或线条类型标注有关某特定组织活动的新信息，区分出层次。通过对特定的数据资料进行分层处理，分析人员就能够把预计将发生的事件与实际数据资料进行对比。然后，此图就可以用于确认并缩小数据资料的空白或异常情况范围，甚至能够确定或质疑将要发生什么或正在发生什么的假定。分析这些可能性的意义在于，它能够区分出预测一场即将发生的袭击与错误地假定没有行动就没有袭击意图之间的不同。该矩阵可以突显出数据资料空白，促使分析人员考虑各种不同的解释。

本方法的起源

20 世纪初期，甘特图的提出被认为是革命性的进步。在工业发展时期，甘特图用于规划工业生产进度，且至今仍在普遍使用。关于如何制作和使用甘特图的信息，可以很容易地从 www.ganttchart.com 网站查到。关于如何使用其他类型的“流程图示法”的信息，可以参见理查德 · 达梅利奥的《流程图示法基础》一书。

[第五章]

观点生成

产生新观点以及用新方式来组合旧观点，是有效的情报分析的基本要素。一些结构化方法专门用于在项目早期阶段引出或生成观点，它们是本章讨论的主题。

> 想象力比知识更重要。知识只能描述我们知道或理解的一切，而想象力却可以概括我们尚未发现或创造的一切。
>
> ——阿尔伯特·爱因斯坦

从某种意义上说，在一个协作的团体进程中，所有结构化分析方法都是生成观点的方法。结构化过程有助于确定团队或团体成员之间的不同观点和不同假定，从而刺激学习并产生新的观点。观点生成方法能有效克服多种认知偏见，特别是团体迷思、提前做出结论（premature closure）、思维无序（mental shotgun）等。丹尼尔·卡尼曼曾说，当分析人员面对难题，进行持续评估以给出快速简易回答时，就会缺乏精准性，产生这些认知偏见。[1] 某些情况下，当要检验某事件有可能比实际情况看起来更会发生的趋向时，当要继续关注那些最初被认为很重要但由于更多信息出现而导致重要性减弱的事情时，可以用到观点生成方法。在产生新

[1] 原注：Daniel Kahneman, *Thinking: Fast and Slow* (New York: Farrar, Straus and Giroux, 2011), 95–96.

的观点和综合发散性的观点时，团体或团队使用结构化分析方法通常比个人使用要有效得多。

方法概述

“结构化头脑风暴”并不仅仅是一群同事围坐在一起讨论某个问题，而是一种遵循特定规则和步骤的团体程序。它通常在项目开始时使用，用于确定包括相关变量、驱动力、范围全面的假设、关键参与者或利益方、已有证据或信息来源、问题的可能解决方案、可能的结果或情景等在内的一份清单；而在执法领域，则还包括可能的嫌疑人或调查的途径等。该方法几乎不需要培训，它是美国情报界最常用的结构化方法之一。最好与维基网站等一起使用，以使分析人员能够获得“头脑风暴”的结果并将其记录在案。维基网站还可以让参与者在面对面的直接交流结束后，对“头脑风暴”的结果进行修订或加入新的东西。

“虚拟头脑风暴”（Virtual Brainstorming）是当参与者位于不同地理位置时使用“结构化头脑风暴”的一种方式。缺少面对面的接触有利也有弊。远距离的讨论有助于减轻分析人员感受到的来自上司或同行的压力。“虚拟头脑风暴”还能提高效率，因为参与者可以根据自己的情况在维基网站上提出观点，而不用在思考自己观点的同时去快速理解他人的观点，并等着轮到自己发言。维基网站可以上传文档、图表、照片或视频，使所有参与者能够通过电脑屏幕共享观点，使分析人员能够获得并跟踪“头脑风暴”形成的观点，并在后期回过头去参考这些观点。

“名义团体法”通常缩写为 NGT，该方法很大程度上具有“结构化头脑风暴”同样的功能，但方法途径却大相径庭。要是担心团体中的某位资深成员或直言不讳的成员可能左右会议，资历浅的成员可能不太愿意发言，或会议上可能有激烈的争论时，该方法会是首选。“名义团体法”鼓励平等参与，要求参与者以循环的方式，一次表达一种观点，直到所有人都觉得说完了自己的观点。

“星爆法”是“头脑风暴”的一种形式，它专注于提出问题而不是解答问题。在定义研究课题的参数时，可以使用“星爆法”来确定需要回答的问题。问题通常以Who（何人）、What（何事）、How（如何）、When（何时）、Where（何地）、Why（为何）开始。对这些问题进行“头脑风暴”，每次只涉及其中一个，以生成关于该课题的尽可能多的问题。

“交叉影响矩阵法”是一种可以在任何形式的“头脑风暴”之后使用的方法，目的是确定一份与特定分析课题相关的变量的清单。“头脑风暴”的结果被输入一个矩阵中，利用这个矩阵对团体的讨论进行指导，可以系统地检查在特定问题背景下，每个变量是如何影响其他所有相关变量的。这种团体讨论是一次宝贵的学习经历，能够为进一步的协作奠定基础。交叉影响讨论的结果可以留存在一个维基网站上，供大家继续参考。

“形态分析法”（Morphological Analysis）在应对复杂的、不可计量的问题时很有用，因为在这种情况下，通常可用的数据资料不多而意外发生的可能性极高。面对多维度、高度复杂、通常不可计量的问题时，该方法是系统地识别和思考问题所包含的所有可能关系的一般性方法。“形态分析法”通过生成关于各种复杂情况的大量的可能结果，减少事件向分析人员事先没有想到或至少是没有考虑过的方向（结果）发展的可能，以防止意外情况的发生。在使用该方法前，要先进行培训和练习，需要一位在“形态分析法”方面经验丰富的人员的指导。

“象限处理法™”是“形态分析法”的一种应用，它以关键假定及其对立假定为出发点，系统地生成大量的替代结果。目前该法分为两种：“经典象限处理法™”用于避免意外情况的发生；“远景象限处理法™”用于生成一系列全面的未来可能情景。例如，分析人员可以使用“经典象限处理法™”来识别一名恐怖分子袭击供水系统的多种方式。分析人员也可以使用“远景象限处理法™”来预测未来5年叙利亚的冲突会如何发展的多个场景。

“象限处理法™”促使分析人员从更加广阔的视角去重新思考某个问

题，并系统地分析首要假设所依据的所有假定。在可用信息少、形势不明朗时，使用这种方法最为有效。

一、结构化头脑风暴

“结构化头脑风暴”是一种遵循特定规则和步骤的团体程序，用于产生新的观点和概念。作为本章要阐述的几种不同的“头脑风暴”方法之一，它是一种系统的、多步骤的团体“头脑风暴”的组织程序，需要安静地开展“头脑风暴”和使用即时贴。

有时候，人们认为与少数同事（或他们自己）坐在一起讨论形成相关观点，就是在进行“头脑风暴”。但真正的“头脑风暴”或“结构化头脑风暴”并不是这样的。一次“头脑风暴”会议通常能使分析人员接触到比独自思考时更为广泛的观点或看法，而这种视野的拓展能够形成一个更好的分析产品。要想成功，“头脑风暴”必须集中于一个特定问题，并形成一份最终的书面产品。“结构化头脑风暴”需要一个主持人，部分原因是“头脑风暴”过程中参与者不能交谈。

诸如维基网站这样的协作工具的出现，有助于使“头脑风暴”过程变得结构化。无论这种“头脑风暴”是从面对面的讨论会开始，还是全部在线完成，维基网站的协作特性能促使分析人员共享分析结果，从而推动整个分析过程的进展。分析的结果都被贴在网站上供其他人了解、修订，以便未来使用。此外，维基网站还放大并扩展了“头脑风暴”的过程，因为在维基网站上可对结果的每一次编辑和论证进行跟踪，不同的意见或每次修改都能够公开讨论并得到明确总结，这也形成了对结果进行改进的可能性。

何时使用

“结构化头脑风暴”是最广泛使用的分析方法之一。分析人员在课题初期使用该方法，以确定包括相关变量、关键驱动力、范围全面的替代假设、关键参与者或利益方、可用证据或信息来源、问题的可能解决方案、可能的结果或情景、可能在既定情境中发挥作用的所有力量和因素等在内的清单。对于执法领域而言，还可用于帮助确定可能的嫌疑人或调查的途径等。“头脑风暴”也可以在分析过程的后期再次进行，以把团队从一种分析定式中拉出来，激发出新的研究方向，或激发更多的创造性思考。

在“头脑风暴”之后，通常紧跟着要使用“交叉影响矩阵法”，去检查“头脑风暴”时确定的每个变量、参与者或者其他因素之间的关系。

增加的价值

创造性的激发源于两名或更多分析人员思想的碰撞。“头脑风暴”通常会让一名分析人员接触到比独自思考时更为广泛的观点或看法，这种视野的拓展往往能够带来更好的分析产品。情报分析人员发现该方法在帮助他们克服重视第一手信息的直觉陷阱方面特别有效。重视第一印象是指第一手信息产生较大影响，人们只关注加强第一印象的新信息，而忽视缺失信息的重要性。

方法步骤

主持人或团体领导应介绍要解决的焦点问题，说明并确保与会者遵守基本规则，确保会议顺利进行，提出问题激发大家讨论，记录下与会者谈及的观点，并对关键发现进行总结。与会者应当不受约束地提出自己的所有观点，即使是超出可能性范围的观点，也可能激发出其他更切实可行的观点。团体应该至少有 4 名参与者，最多不超过 12 名，5 至 7 名最佳；如果超过 12 人，则分为两组。

根据以往经验，在进行“结构化头脑风暴”时，应遵循以下 8 条基本规则：

★ 要明确“头脑风暴”会议的目的与主题。应在会前提前宣布主题，要求与会者带着一些观点参会，或在会前把自己的观点提交给主持人。

★ 不论某个观点听上去有多么不可思议、不合常理或不太可能，永远都不要对某个观点提出批评，而是要试着思考如何将该观点运用于手头上的任务。

★ 每次只允许一个人谈自己的观点，确保每个人都有发言机会。

★ 要为完成“头脑风暴”留出充裕的时间。要制定规则，让整个团体感到舒心，列全关于主题的传统观点。做完这些工作通常需花费一小时左右。只有到了这个时候，真正有创造性的观点才开始出现。

★ 让所有参与者参加讨论；有时可以使用“沉默的头脑风暴”（silent brainstorming）的方法，让每个参与者安静 5 分钟，在一张 3 英寸 ×5 英寸的卡片上写下自己的关键观点，然后对每个人写在卡片上的内容进行讨论。

★ 为了避免陷入团体迷思，激发出发散性的思维，应该吸纳一名或多名“局外人”进入团体；要努力吸纳与团体其他成员的知识体系或看法不同但对主题较为熟悉、思维机敏的局外人。

★ 写下来！利用白板、黑板架或即时贴（见图 5.1）把讨论过程记录下来。

★ 在讨论会的最后阶段，对关键发现进行总结。在与会者离开会场前，应要求他们在一张 3 英寸 ×5 英寸的卡片上写下经讨论后他们的关键信息或是认为最重要的事。然后，准备一个简短的总结，通过电子邮件，或是最好通过维基网站把清单分发给与会者（他们可以在清单上添加事项）和其他对该主题感兴趣的人（包括管理者或其他未与会者）。如果有必要，将“头脑风暴”的初步结果用 PDF 或其他文档格式上传，并允许继续在维基网站上进行讨论。

图 5.1 “结构化头脑风暴”场景
来源：弗森联合有限责任公司，2009 年。

“头脑风暴”的多种形式使用得很广泛。在为“多种情景生成法”形成关键驱动力时，在进行调查生成一组替代假设时，或者在列出解释特定行为的关键因素清单时，以下 12 个步骤在情报界和执法界发挥了良好作用。整个过程分为两个阶段：第一阶段，当与会者提出观点时，属于发散（创造性）思维阶段；第二阶段，当对这些观点进行评估时，属于趋同思维阶段。

★ 为所有与会者发放即时贴、记号笔或马克笔。由 5—10 人组成的团队，工作效果最好。除了主持人要求陈述观点的阶段，其余时间与会者都不能讲话。

★ 在白板或黑板上把你的问题写出来，目的是使问题尽可能开放。例如，“结构化头脑风暴”的焦点问题，通常以“哪些（事情 / 力量和因素 / 环境）有助于解释……”开头。

★ 要求与会者在即时贴上写下对这个问题的回答，并交给主持人大声读出来。与会者被要求根据即时贴上的一些关键词来抓住观点。使用记号笔以方便大家能够很容易地看清楚即时贴上写的是什么。

★ 主持人一边大声读一边将所有即时贴随意贴在墙上或白板上。对所有观点都要一视同仁。鼓励与会者对他人提出的观点进行补充和改进。在提出第一波观点后，由于与会者都在思考这个问题，通常会有一段暂时的停顿。而 5 分钟或 10 分钟之后，通常会有一个长达 1 分钟左右的停顿。观点出现的速度减慢，这表明团体已经说出了“所有看见的树木”，一些新见解和新观点马上就要出现。就算这种沉寂让人感觉不舒服，主持人在这期间也不要说话。

★ 在经过若干次的 2 分钟停顿后，主持人宣布“头脑风暴”的发散思维阶段结束。让所有与会者或部分人员走到白板前，将即时贴按照意思相近的分组方式（基本上是以概念为依据）进行排列；要按群，而非列或行的方式排列这些即时贴；要避免将即时贴按明显的类似“经济”或“政治”这样的类别进行分组。在此过程中，不允许与会者进行讨论。如果一个即时贴可能属于多个组，可复制即时贴并将其列入每个相近类别的组中。

★ 如果团体中有许多成员，安排那些没有排列即时贴的人员做不同的工作。主持人应该对一些另类的即时贴进行复制，即那些不适合列入任何明显的组中或读出来会引发大笑的即时贴。将每个另类即时贴分发给每桌或每个更小规模的团队，要求他们解释这些即时贴与初始任务之间的联系。

★ 如果话题非常复杂，就组成第二个小组来到白板前，复审第一小组排列即时贴的方式。第二小组不能说话，但是鼓励小组成员重新排列这些即时贴，使其更加有序。

★ 排列好所有即时贴后，在白板前的团体成员可以展开讨论，选出一个能够对每个分组做出最恰当描述的词或短语。

★ 特别要注意那些不属于特定分组的“异类”即时贴。这样的即时贴要么是无用的噪声，要么更可能的就是某个值得进一步思考的观点的种子。如果这些“异类”即时贴先前已经分发给各组，则要求每组解释这些即时贴是如何与问题相关联的。

★ 在找出潜在的最有用的观点前，主持人或团体领导应该建立至少 5 个判断这些观点的价值或重要性的标准。如果迫切想要知道结果，那么可以使用第四章中讨论的“排序、评分和区分优先次序法”对所有的观点进行投票、评级或区分出优先次序。另外一种选择是，给每位与会者 10 张选票，让他们在白板或黑板上贴上他们的选票。他们可以将 10 张选票投给一个即时贴或组别，或将 10 张选票分别投给 10 个即时贴或组别，或者任意组合都可以。

★ 评估一下已经完成哪些工作？有无哪些地方需要再做些工作或需要再来一波“头脑风暴”？自问：“我现在看到的哪些东西是先前没有看到的？”

★ 最后，确定优先次序并制订分析工作计划，为后继工作做好准备。

与其他方法的关系

正如在“何时使用”（P111）中提到的那样，“头脑风暴”的任何一种形式通常都会与其他方法结合使用。在许多分析项目中，它通常是一个需要在早期阶段操作的步骤，以确定观点、变量、证据、可能的结果、嫌疑人或假设，然后再使用其他结构化方法做出处理。

“结构化头脑风暴”也被称为“发散/趋同思维法”（Divergent / Convergent Thinking）。本章中讨论的其他“头脑风暴”形式包括“名义团体法”和“虚拟头脑风暴”。如果担心某次“头脑风暴”可能受到某个资深官员的左右，或者资历较浅的成员可能不愿意发表意见，那么“名义团体法”可能是最好的选择。

本方法的起源

“头脑风暴”是 20 世纪 40 年代广告公司经常使用的一种创造性方

法。该方法经广告经理亚历克斯·奥斯本（Alex Osborn）出版的《运用想象力：创造性解决问题的原则和程序》（*Applied Imagination: Principles and Procedures of Creative Problem Solving* [New York: Scribner's, 1953]）一书而普及。"头脑风暴"的形式有很多种。本书在讨论时参考了伦道夫·弗森所著《分析工具与方法手册》（*Handbook of Analytic Tools and Techniques* [Reston, VA: Pherson Associates, LLC, 2007]）中"结构化头脑风暴"章节，以及全球情报界培训教材的相关内容。

二、虚拟头脑风暴

使用"虚拟头脑风暴"时，与会者分散在不同地点或是不能面对面会见，而是通过在线进行会议，除此之外，其他方面与"结构化头脑风暴"一样。"虚拟头脑风暴"相比于"结构化头脑风暴"的优劣，将在"增加的价值"部分进行讨论。

何时使用

"虚拟头脑风暴"适合于动用外界专家组，或来自同单位但工作地点不同的人员组成的团体。它还适合在像华盛顿这样大都市的不同地点工作的分析团体使用，因为虽然会议本身可能只需要两个小时，但距离较远和交通拥堵却会让一些与会者耗费大半天的时间。

增加的价值

"虚拟头脑风暴"可以像面对面的"结构化头脑风暴"一样富有成效。面对面"头脑风暴"的成效会受到该话题研究者所称的"产生式阻碍"（production blocking）现象的制约。面对面时，与会者不得不等着轮流发言，当一个人发言时，其他人既要考虑自己的发言内容，又要关注发言者在说什么，时间一长容易忘记自己想要表达的观点。凡事都有不利的地方，不利的程度取决于“头脑风暴”是如何组织的。通常，当与会者对其他人的观点做出反应时，就能取得协同效应。当一名与会者的某个观点激发了另一名参与者在其他情况下不太可能产生的新观点时，就出现了协同效应。对许多分析人员而言，协同思维可能是“头脑风暴”最主要的收获源泉。

同步“虚拟头脑风暴”时，所有与会者同时参与其中。在不同步的“虚拟头脑风暴”时，与会者可以根据自己的情况提出观点并阅读其他人的观点。这意味着，当与会者提出自己的观点或在线看到其他人提出的观点时，不会被其他事情分散注意力。如果“虚拟头脑风暴”的会期持续两三天，与会者偶尔还能够精神饱满地去重温自己和他人提出的观点，而这一过程往往会生成进一步的观点。

不管同步与否，“虚拟头脑风暴”的另一个好处是，如果软件支持匿名功能，与会者可以匿名提出他们的观点。在人们的身份或地位会影响其行为的环境下，这种方式特别有用。匿名有时是必要的，这样可以得到原生态的观点，而不是“政治上正确”的观点。

当然，面对面会谈有许多明显的益处。与面对面交流相比，在线交流方式有其劣势。“本方法的起源”（P119）中列出的南茜·塞特尔－墨菲（Nancy Settle-Murphy）和朱丽娅·杨（Julia Young）合著的文章，有对“虚拟头脑风暴”主持人提供的指导。

方法步骤

“虚拟头脑风暴”通常分为两个阶段。第一阶段是发散过程，即提出尽可能多的相关观点。第二阶段则是趋同过程，即对观点进行整理分类、淘汰、区分优先次序，或是集合在一起并形成一份结论或行动计划。现在已有软件可以在线实现上述通用功能。由于“头脑风暴”会议的具体议题和目标不同，所以第二个步骤的性质也会有所不同。

与其他方法的关系

参见对“结构化头脑风暴”和“名义团体法”的讨论，以比较每种方法的相对优缺点。

本方法的起源

“虚拟头脑风暴”是传统的“头脑风暴”在计算机时代的应用。这里的讨论结合了以下来源的信息：南茜·塞特尔－墨菲和朱丽娅·杨的《虚拟头脑风暴：创造性思维的新方法》(“Virtual Brainstorming: A New Approach to Creative Thinking,” *Communique* [2009], http://www.facilitate.com/support/facilitator-toolkit/docs/Virtual-Brainstorming.pdf)；阿兰·丹尼斯（Alan R. Dennis）和迈克·威廉斯（Mike L. Williams）合著的《电子头脑风暴：理论、研究与未来方向》(“Electronic Brainstorming: Theory, Research and Future Directions,” Indiana University, Information Systems Technical Reports and Working Papers, TR116–1, April 2002)；阿兰·丹尼斯和约瑟夫·瓦拉西奇（Joseph S. Valacich）合著的《计算机头脑风暴：人多智广》(“Computer Brainstorming: More Heads Are Better Than One,” *Journal of Applied Psychology* 78 [August 1993]: 531–537)。

三、名义团体法

“名义团体法”是一种生成并评估观点的方法。它是“头脑风暴”的一种形式，但作为独立的方法，它拥有自己的特性。“名义团体法”和“结构化头脑风暴”的目标是相同的，即生成具有创新性、具备可行性的好观点。但是，“名义团体法”与“结构化头脑风暴”又有几个重要不同之处，其中最重要的就是在运用“名义团体法”时，要以循环的方式提出观点，而且每次只能提一个。

何时使用

“名义团体法”可防止讨论受个人操控。一旦担心某个资深官员、主管或者团体中某个直言不讳的成员会抢先发言，从而左右讨论会的方向时，就可以使用该方法。此外，如果担心某些成员可能不愿发言，会议可能被某领域中一两位知名专家主宰时，或者要讨论的问题因有争议而可能引发激烈的争论时，也适宜使用“名义团体法”而非“结构化头脑风暴”。在研究和撰写问题之前，可以先使用“名义团体法”对问题进行构想。像“头脑风暴”一样，“名义团体法”常用于确定观点（假定、假设、驱动力、原因、变量、重要参与者等），然后这些观点可以用到其他方法之中。

增加的价值

“名义团体法”可用于生成观点，也可用于在决策过程中提供额外支持，在该过程中，所有参与者都要对生成的观点进行排序或区分出优先次序。如果需要，所有观点和投票都可以采用匿名的形式。“结构化头脑风暴”通常用于生成最多数量的观点，而不管这些观点有多出格；与之相比，“名义团体法”则会聚焦于数量有限、经过慎重考虑的看法。

“名义团体法”使参与者专注于每一个被提出的观点，而非同时思考如何准备提出自己的观点，及听取其他人提出的观点，后两种情况却经常在“结构化头脑风暴”中发生。“名义团体法”鼓励专注于已经提出的观点，换言之，鼓励对别人的观点进行整合、修改和扩展。

方法步骤

“名义团体法”会议开始时，先由主持人提出一个开放式的问题，比如，“什么因素将影响……？”“如果……我们怎样才能知道？”“在什么情况下……可能发生？”“本研究项目应该包括什么，不应该包括什么？”等。主持人须回答参与者希望了解的任何问题，然后给参与者 5 至 10 分钟的时间，让他们不公开地在卡片上记下自己对核心问题的初步看法。在这一过程结束后，遵循以下步骤：

- ★ 主持人每次邀请一个人提出一个观点。在每名参与者提出自己的观点时，主持人就在一张挂图或白板上写下一段简要的概述。这个过程以循环的方式持续进行，直到所有的观点都提完。如果某人已经没有新观点了，在轮到自己时可以弃权，但如果在这个过程中又有了新观点，下一次轮到时可以再次参与其中。主持人也可以是一个积极的参与者，写下自己的观点。在所有的观点都被提出来之前，不允许进行讨论，但主持人可以对观点进行阐明以避免重复。
- ★ 在提不出新观点时，主持人开始组织讨论，确保大家对每个观点的含义有共同的认识。主持人按照观点提出的先后顺序，每次只谈一个观点，但不允许大家提出支持或反对这个观点的论述。此时，参与者可以对观点进行扩展或整合，但是未经该观点最初提出者的同意，不能进行任何更改。
- ★ 可以选择按照第四章讨论的方法对观点进行投票，从而进行排序或区分出优先次序，但要根据会议的目的而定。投票时，尽管可以根据观点数量和参与者人数的不同，采取不同的投票程序，但是通常都采用不记名投票的方式。最好的操作办法是按每 3 个观点投 1 票的比例进行。例如，如果主持人列出了 12 个观点，则每名参与者可以投出 4 票。团体还可以决定让参与者给某个观点重复投票。在这种情况下，有些人可能会给某个观点投 3 票，而只给另一个观点投 1 票。另一种可以选择的程序是，让每名参与者在 3 英寸 ×5 英寸大小的卡片上写下自己认为的 5 个最佳观点；可以给这些观点按 1 至 5 分进行排序，得 5 分的观点为最优的观点，4 分为次优的观点，依次类推。然后，把卡片交给主持人，由其制表并公布分数。如果需要的话，可以进行第二轮投票，对前 3 名或前 5 名的观点进行排序。

与其他方法的关系

在“结构化头脑风暴”“虚拟头脑风暴”和“名义团体法”中，分析人员应该根据实际情况考虑并决定使用哪种方法最为合适。

本方法的起源

“名义团体法”由德尔贝克（A. L. Delbecq）和范德文（A. H. Van de Ven）开发，在《用于问题识别与项目规划的团体过程模型》（“A Group Process Model for Problem Identification and Program Planning,” *Journal of Applied Behavioral Science* VII [July–August, 1971]：466–491）一文中首次进行介绍。本书对“名义团体法”的讨论，综合参考了以下信息来源：詹姆斯 · M. 希金斯（James M. Higgins）的论著《创造性解决问题的 101 种方法：商业新观点手册》(*101 Creative Problem Solving Techniques: The Handbook of New Ideas for Business,* rev. ed. [Winter Park, FL: New Management Publishing Company, 2006])；美国质量协会（American Society of Quality）网站：www.asq.org/learn-about-quality/idea-creation-tools/overview/nominal-group.html；“名义团体法”网站：http://syque.com/quality_tools/toolbook/NGT/ngt.htm 和 www.mycoted.com/Nominal_Group_Technique。

四、星爆法

“星爆法”是聚焦于生成问题而不是引出观点或答案的一种头脑风暴形式。它使用新闻记者经常提出的 6 个问题，即：何人、何事、如何、何时、何地、为何。

何时使用

可以使用“星爆法”帮助你明确研究项目。在决定了要分析的观点、议题或问题之后，展开头脑风暴，以确定该研究需要解答的问题。提出正确的问题，往往是找到正确答案的先决条件。

方法步骤

“星爆法”这个术语来自六角星形图形。在制作星爆图时，要先在 6 个角上分别写出何人、何事、如何、何时、何地、为何。然后开始头脑风暴会议，每次用其中一词来生成关于该议题的相关问题。通常最好是按照 6 个角的顺序来讨论每个问题，部分原因在于这样的顺序也几乎就是英语语句的句序。通常情况下，只有三四个词会与情报问题直接相关。一些词（往往是“何时”或“何地”）的答案已经明确给出，或是不需要进一步探究。

不要只就提出的问题来回答，应当专注于提出尽可能多的问题。在针对每个词都提出问题后，要求团体区分这些问题的优先次序，或是把这些问题整理到合理的类别中。图 5.4 是一个星爆图的例子，它针对在地铁上的一次生物制剂袭击事件，确定了要提出的问题。

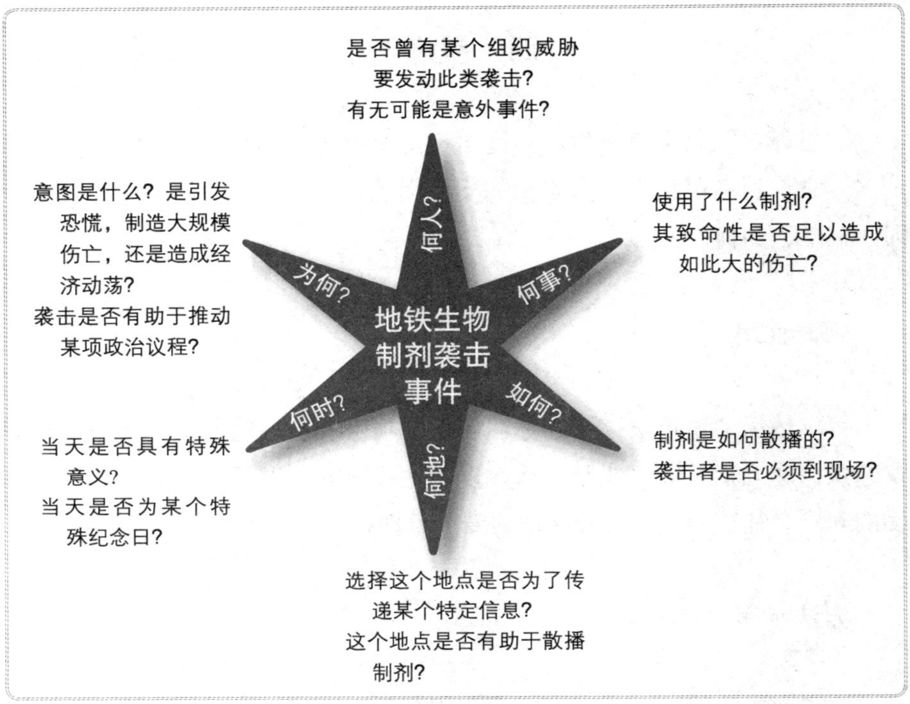

图 5.4　发生在某地铁站的致命性生物制剂事件的星爆图

来源：基本的星爆图制作，可参考 MindTools 网站：www.mindtools.com/pages/artical/worksheets/Starbursting.pdf。本图由作者自制。

与其他方法的关系

“星爆法”使用何人、何事、如何、何时、何地、为何的方式，可以与第四章讨论的“启动清单法”和“问题再定义法”等方法有效结合。其中，“排序、评分、区分优先次序法”可用于区分正在分析的问题的优先次序。“星爆法”还与第八章讨论的因果分析直接相关。它也用于“指标验证因子法™”中对分析过程的排序。

本方法的起源

“星爆法”是用于激发创造性的众多方法之一。图 5.4 的基本观点来自 MindTools 网站：www.mindtools.com/pages/article/newCT-91.htm。

五、交叉影响矩阵法

在“诸事皆有关联”的背景下，“交叉影响矩阵法”可帮助分析人员应对复杂的问题。使用该方法，分析人员和决策者可以系统地检查在特定背景下每个要素是如何影响那些看上去相关的所有其他要素的。

何时使用

在项目早期，研究团体仍处在试图理清复杂情况的学习阶段，此时可以使用“交叉影响矩阵法”。只要在头脑风暴会或其他会议时，确认了所有可能影响形势结果的变量、驱动力或者参与者，那么下一个合理的步骤就是使用交叉影响矩阵来检查这些变量之间的相互影响。团体关于每一对变量如何互相影响的讨论，是一次有启发作用的学习体验，能够为建立协作关系打下良好的基础。需要填写矩阵中的多少内容，以及如何描述每个变量的影响，取决于课题项目的性质和重要性。很多时候，只讨论一下就足够了。简要写出每对变量之间的相互影响，这样的工作在维基网站上就能有效完成。

在下列情况下，交叉影响分析会有帮助：

★ 形势不断变化，分析人员有必要了解可能影响结果的所有因素。在这种情况下，还要求了解所有因素之间如何关联，以及如何相互影响。
★ 形势稳定，分析人员有必要识别并监控可能打乱这种稳定的所有因素。在这种情况下，也要求了解各种因素是如何相互作用并相互影响的。

★ 重大事件刚刚发生，分析人员有必要了解事件产生的影响。例如，受到该事件影响的其他重要力量有哪些？这种影响又会带来哪些潜在影响？

增加的价值

在预估或预测未来事件时，分析人员考虑的是可能影响结果的支配性力量和潜在的未来事件。然后，他们会权衡这些力量或事件的相对影响或可能性，但往往只对它们进行个别思考，而未考虑它们之间有时会发生的、重要的相互影响作用。"交叉影响矩阵法"提供了对这些相互作用进行讨论的环境。这种讨论经常会揭示：原本认为简单而独立的变量或问题，事实上却是相互关联的。在对每个潜在交叉影响进行讨论期间，小团体成员会相互交流信息，而这本身就是一种宝贵的学习经历。单就这点而言，"交叉影响矩阵法"就是一种实用的工具，可以在寻求解释当前事件或预测未来结果的任何研究的某个阶段加以运用。

事物的复杂性让情报分析变得极为困难，而"交叉影响矩阵法"提供了对复杂事物进行管理的一种架构。该方法要求明确地指出关于变量之间关系的所有假定。因此，通过该方法得出的结论都是可以被辩护或评判的，分析人员可以沿着一条有基本前提的路径，追溯整个分析论证过程。

方法步骤

召集一个对该课题的各方面都十分熟悉的分析团体。首先，该团体通过头脑风暴得出有可能对所要研究的问题产生影响的变量或事件清单。接下来，课题协调人制作一个矩阵，将变量或事件清单同时罗列在矩阵的左列和顶行中。

然后，利用该矩阵考量并记录每个变量或事件与其他变量或事件之间的关系。例如，变量1的存在会增强或减弱变量2、3、4等的影响吗？或者，事件1的发生会增强或减弱事件2、3、4等发生的可能性吗？如果某个变量的确影响了另一个变量，则影响的力度可以通过在单元格中输入大小“+”号或“-”号来记录（如果没有重大影响则为空）。用来形容一对变量或事件之间关系的术语有“增强”“抑制”或“无关”等。

图5.5中显示的矩阵有6个变量，有30种可能的交叉影响。需要注意的是，每对变量之间的关系将被评估2次，但这种关系可能是不对称的。也就是说，变量1对变量2的影响，可能与变量2对变量1的影响并不一样。对于一个交叉影响矩阵来说，远远超过30种可能的相互影响的情况并不少见，在这种情况下，对每种相互影响进行细致考虑会非常耗费时间。

分析人员在使用“交叉影响矩阵法”时，应该把重点放在可能会被忽视的变量或事件之间的重大相互影响上，或者是放在可能会彼此相互增强的变量的组合上。彼此增强的变量的组合会导致形势在一个可以预测的方向上发生快速变化。从另一方面来说，对某些问题而言，也许非常容易就能识别出变量之间存在的关系和这种关系的发展方向。

分析人员可以自由决定讨论的深度和记录结果的方法。这取决于分析人员从讨论中了解到多少，而且使用不同矩阵时也会有所不同。如果对这些变量或事件的可能性和它们彼此间关系的头脑风暴富有成效，不妨继续进行下去。如果已经确定了可能影响分析判断的主要关系，就填满矩阵中的所有单元格并做好记录。如果团体看上去从中了解的东西不多，就缩短讨论时间。

因为这是一项协力完成的工作，团队成员可以在线讨论，他们的看法可以记录在一个维基网页上。建立一个维基页面，为每个交叉影响预留出输入信息的空间。然后，分析人员就可以在时间允许的情况下输入新信息，或者是编辑以前输入的关于每对变量之间相互作用的信息。在课题项目的进展过程中，这一记录可以作为参考或是唤醒记忆的提示。

	变量1	变量2	变量3	变量4	变量5	变量6
变量1			+		**−**	
变量2			-	**+**	+	+
变量3	**+**	-		+		-
变量4		**+**			+	-
变量5	**−**	+		+		
变量6	-	+	**−**	-	-	

在交叉影响矩阵中，变量2和4对其他变量的影响最大，变量6则是最具负面影响的变量。

影响的方向和力度：
- **+** 极度正面
- \+ 正面
- 中性
- \- 负面
- **−** 极度负面

图 5.5　交叉影响矩阵

与其他方法的关系

我们在第四章中已经讨论过，矩阵是一种有多种应用类型的一般性方法。本节讨论的“交叉影响矩阵法”，通常在分析项目开始阶段进行过某些形式的头脑风暴之后才使用，它可以帮助其他学识丰富的分析人员进一步探索头脑风暴中已经确定的相关因素之间的所有关系。通过绘制出所有这些关系的直观的思维图或概念图，在这个交叉影响矩阵的基础上进行讨论，是个不错的想法。

读者还可以参阅“复杂性管理程序法”（第十一章）。“交叉影响矩阵法”的某种形式是“复杂性管理程序法”不可或缺的一部分，“交叉影响矩阵法”能够使分析人员朝着有根据的结论更近一步。

本方法的起源

20 世纪 60 年代，出现了一种被称为“交叉影响分析法”的定量前景分析方法，而“交叉影响矩阵法”是作为它的一个组成部分开发出来的。小理查兹·J. 霍耶尔在中央情报局试验“交叉影响分析法”的时候掌握了该方法，并在30多年前就开始将其作为一种情报分析方法加以运用。

六、形态分析法

“形态分析法”是面对多维度、高度复杂且通常难以计量的问题时，系统构建和研究所有可能的关系的方法。其要旨是，先确定一组变量，然后研究这些变量的所有可能组合。

“形态分析法”是各学科使用的一般性方法。对于情报分析而言，通过为复杂情形生成大量可能的结果，本方法就能够防止意外情况的突发。使用本方法，减少了事件未能按分析人员先前想象过的或考虑过的方向发展的概率。该方法的具体应用包括“象限处理法™”（将在本章稍后小节讨论）、“多种情景生成法”（第六章）和“象限假设生成法”（Quadrant Hypothesis Generation）（第七章）。在使用本方法前需要进行培训和练习，强烈建议在使用“形态分析法”时由有经验的指导人员进行辅导。

何时使用

“形态分析法”在应对可用信息少、意外概率高的不可计量且复杂问题时最为实用。例如，它可以用于识别某种威胁的可能变化、两国间发生危机的可能方式、一组驱动力间彼此影响的可能方式，或者不明情形的各种可能结果等。“形态分析法”通常在课题项目的初期使用，它的目的是识别所有可能性，而不是对具体的可能性进行深入分析。

尽管“形态分析法”通常用于展望未来，但它还可以在调查背景下使用，以确定对某些事件的所有可能解释。

增加的价值

通过生成一份包含所有可能结果的清单，分析人员可以更好地识别并选出那些看上去最可信的或最值得关注的结果。这份清单可以帮助分析人员和决策者专注于今天需要采取什么行动，从而为将来可能发生的事情做好准备。然后，他们就可以采取必要的行动，防止或减少糟糕结果的影响，或者帮助促成较好的结果。该方法还能让分析人员对高影响/低概率的发展或称“噩梦般的情景”变得敏感起来，因为这样的情景可能会在影响政策走向或资源分配时产生重大的不利影响。

“形态分析法”的产品通常是值得注意的一系列可能的情景，每个情景都附有指标，还有情报搜集需求或是研究方向。运用“形态分析法”还有一个好处，它会留下一条关于如何形成判断的清晰的审查线索。

方法步骤

形态分析运用了创造性方法的两个通用原则，即分解和强制关联。首先，要确定问题的一组关键参数或维度。其次，像本节稍后将会讨论的“范例”那样，将每个维度进一步分解成相应的形式、状态或价值。两维可用矩阵呈现，三维可用立方体呈现。在更复杂的情况下，可能需要使用多个关联矩阵或立方体，把问题的所有部分拆分出来。

随后，强制关联原则要求对每个组成要素都进行配对，并对每个要素在形态空间中与其他任一要素的关联进行思考。具体该怎么做，取决于案例的复杂程度。就简单案例而言，每一对组合都可被视为一种可能的情景或问题的解决方案，并需要从可能性、可行性、有效性或其他标准等多角度进行研究。对于复杂案例而言，可能会有成千上万对可能的组合，此时就需要由计算机进行辅助分析。不管有无计算机辅助，往往有很大比例的组合很快就能被剔除，因为这些组合要么客观上不可能、不可行，要么不值得关注。在缩小范围的过程中，分析人员就可以把注意力放在那些具有可能性的或最值得关注的组合上。

范例

案例中，分析人员被要求对恐怖分子可能对供水系统实施袭击展开评估。由于缺少具体的恐怖袭击计划的直接信息，分析团体运用“结构化头脑风暴”，确定了该问题的关键维度：所属群体、袭击类型、目标和预期影响。对于每个维度，分析人员要确定出尽可能多的组成要素。例如，该群体可能是某个设施的外部人员、内部人员，抑或只是一名来访者，袭击的位置可能是饮用水系统、废水系统或者泄洪系统。然后，分析人员将这些数据写入矩阵，如图 5.6 所示，并利用矩阵框的不同组合，进行尽可能多的排列。这些排列可以使分析人员确定并考虑多种组合，并进行深入研究。在该矩阵中，有一个可能的情景是：一名外部人员妄图对某污水处理厂实施多次袭击以制造经济混乱。另一个可能的情景是：一名内部人员妄图对饮用水系统实施一次袭击以恐吓民众。

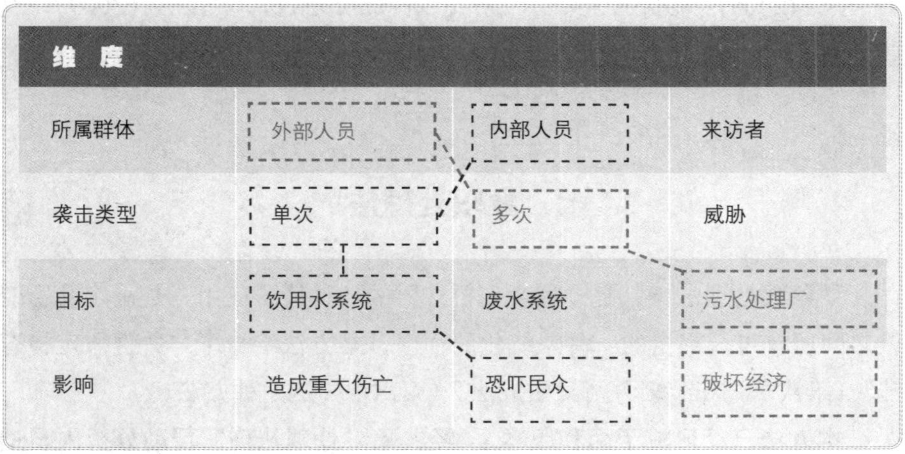

图 5.6 形态分析法：恐怖袭击选项

来源：弗森联合有限责任公司，2009 年。

对使用计算机版的“形态分析法”感兴趣的分析人员，可以参考瑞典形态学学会（Swedish Morphology Society）网站（www.swemorph.com）。该网站上有使用“形态分析法”的详细指导和丰富的案例。例如，使用“形态分析法”进行未来问题研究、灾难风险管理、复杂社会技术问题研究、政策研究，以及与情报分析人员所面对问题相似的其他问题的研究等。

本方法的起源

现有形式的“形态分析法”由天文学家弗里茨·兹威基（Fritz Zwicky）开发，在他的著作《通过形态学方法发现、发明和研究》（*Discovery, Invention, Research through the Morphological Approach* [Toronto: Macmillan, 1969]）中进行了描述。关于本方法的基本情况可以从两个著名的、提供了创造性工具信息的网站获得，它们是：http://creatingminds.org 和 www.mindtools.com。更多信息可以参见：*General Morphological Analysis: A General Method for Non-Quantified Modeling* (1998); *Wicked Problems: Structuring Social Messes with Morphological Analysis* (2008); *Futures Studies Using Morphological Analysis*（2009），这些论著都可以从瑞典形态学学会网站 www.swemorph.com 下载。

七、象限处理法™

“象限处理法™”是“形态分析法”的一种特殊应用，是确定几组变量之间所有可行组合的一种系统化的程序。本方法结合了“关键假定检查法”（第八章）和“多种情景生成法”（第六章）这两种方法。

本方法已经形成了两种版本：“经典象限处理法™”帮助分析人员避免意外突发；“远景象限处理法™”则可以被用于形成一系列全面的未来可能情景。这两种方法都促使分析人员从更加广阔的视角去重新思考某个问题，并系统地探究首要假设所依据的所有假定。

- ★“经典象限处理法™”通过检验所选定关键变量的多种可能的组合，帮助分析人员避免意外突发。本方法最初于2006年由弗森联合有限责任公司开发，目的是帮助反恐分析人员和决策者确认国际恐怖分子或国内激进极端分子可能实施袭击的多种方式途径。
- ★“远景象限处理法™”由伦道夫·弗森于2013年开发。本方法使用了“经典象限处理法™”所运用的检验假定的最初方式途径，然后再运用“多种情景生成法”来生成大量范围广泛全面、互不相容的任何类型的未来情景或结果，其中许多之前尚未得到认真考虑。

何时使用

上述两种“象限处理法 ™”在应对可用数据资料很少、意外突发概率高的高度复杂和不明朗的形势时最为有用。分析人员在使用这两种方法前，有必要接受培训和练习，而且强烈建议，在使用时最好有经验丰富的指导人员进行辅导，特别是首次使用时。

分析人员可以运用“经典象限处理法™”来确认并系统地质疑假定，探究对立假定的意义所在，发现“我们不知道所不知道的事情”。通过针对不同情况生成多种可能的替代结果，“经典象限处理法™”减少了事情以之前从未被考虑或想象到的方式发展的概率。例如，分析人员可以使用“经典象限处理法™”来确认恐怖分子可能对美国本土实施袭击的多种方式，或是确认商业竞争者对于新产品发布可能采取的反应。

使用“远景象限处理法™”的分析人员，由于已经考虑到某种情况发展的广泛可能性，已经发现了标志着某个特定情景正在展现出来的指标，因而变得更加自信。例如，一位分析人员可以使用“远景象限处理法™”来生成叙利亚冲突在未来5年如何发展的多种情景，并更好地理解这一地区关键驱动力之间的相互作用。

增加的价值

这些方法通过提供结构化框架，帮助分析人员生成一系列的替代选项或情节，从而减少了意外突发的可能性。针对恐怖分子发动袭击的方式，或者其他特定情况如何演变等，“经典象限处理法™”要求分析人员识别出所有的关键假定并进行系统质疑。通过严格地剖析每个假定以及对立假定可能怎样演进，分析人员可以更好地评估他们对自身预测的信心度、首要假设的力度。“远景象限处理法™”是开展情景分析的新方法，当出现某个未来结果最有可能的强烈一致趋势时，使用该方法最为有效。

这两种方法提供了形成指标清单并生成搜集需求的实用平台。它们还可以帮助决策者专注于今天需要采取的行动，为将来可能发生的事情做好万全准备。通过审查大量的潜在替代方案清单，决策者可以更好地选出那些最值得关注的情景。然后，他们就可以采取必要的行动，防止或减少不希望出现或不好的替代方案的影响，并帮助实现他们更希望出现的结果。使用本方法，还能使决策者对潜在的“不可预知的因素”[1]（高影响 / 低概率事件的发展）或“噩梦般的情景”变得敏感起来，而这两种情况都会对政策和资源产生重大影响。

方法步骤

有时,“经典象限处理法™”被形容为对类固醇[2]这样的物品进行的“关键假定检查法”。如果存在一个基础牢固且表述清楚的首要假设，

---

[1] 译注：原文中使用的是 wild cards，愿意指的是在扑克牌游戏中可以替代任何其他牌的牌，也用来指生活、工作中出人意料、无法预知的因素、事件或人等。

[2] 译注：类固醇是由 17 个碳原子排列成 4 个环状的化合物，其中包含甾醇、胆汁酸和肾上腺皮质荷尔蒙，如毛地黄等特定自然药物。这里用它作为类比，是想表明“经典象限处理法™”可以排列出所有变量的可能组合。

> 获得好点子的最好办法是先有许多点子。
>
> ——路易·巴斯德

使用该方法的效果会最好。“经典象限处理法™”要求分析人员把首要假设分解成多个组成部分，识别出首要假设所依据的关键假定，或是聚焦于何人、何事、如何、何时、何地、为何这几个方面。一旦首要假设的关键维度被明确表述，分析人员就可以生成 2 个或 4 个相反的方面。例如，一次单人袭击的 2 个相反的方面是同时发动多重袭击和发动一连串的袭击。然后，各种相反方面被排列进一系列 2×2 矩阵中。如果某个特定议题确定了 4 个方面，那么这 4 个方面即可以生成 6 个不同的 2×2 矩阵（AB、AC、AD、BC、BD 和 CD）。在这些配对中，每对将以一个带有 4 个象限的 2×2 矩阵呈现。这样，每个矩阵中的每个象限都会生成不同的情节或替代方案。如果为这些 2×2 矩阵的每个象限构思出 2 个情节，这些象限生成的情况演变方式将达到 48 种。同样，如果被识别出的驱动力有 6 个，则该方法将生成多达 120 种不同的情节（见图 5.7a）。

一旦大量的可能替代方案生成，分析人员的任务就是识别这些不同替代情节中哪些最值得引起注意。这一过程的最后步骤是为每个情节制定出指标清单，以跟踪某个特定情节是否开始出现。

维度的数量	生成的矩阵数量	“情景类别”的数量(每个矩阵4个)	情景的数量（每个象限内2个）
3	3	12	24
4	6	24	48
5	10	40	80
6	15	60	120

图 5.7a 经典象限处理法™：生成一系列的情节

来源：弗森联合有限责任公司，2009 年。

通过研究“恐怖分子可能会如何袭击某国供水系统？”这个案例，可以阐明“经典象限处理法™”。

★ 阐明传统思维下恐怖分子发动袭击的最可能方式。例如，“基地组织或其分支将污染大城市居民的供水系统以制造大量伤亡”。

★ 将这一陈述分解成几个组成部分或关键假定。例如，该陈述有 5 个关键假定：一是单次袭击；二是涉及饮用水；三是由一名外部袭击者实施；四是针对主要城市；五是将导致大量人员伤亡。

★ 为每个关键假定设置一个对立假定。如，假如不是单次袭击，而是多次袭击，那会怎么样？

★ 为上述对立假定确定 2 至 4 个维度。例如，发动一场多次袭击的不同方式是什么？显然可能性有两种，即同时发动袭击（如 2001 年 9 月恐怖分子对世贸中心和五角大楼发动的袭击，或是 2005 年伦敦爆炸袭击）或发动一连串的袭击（如 2002 年 10 月华盛顿特区发生的狙击手连环枪击案）。

★ 针对每个主要维度重复这一过程，努力为每个对立假定设计 2 个或 4 个相反的维度方面。（参见图 5.7b。）

关键假定	对立假定	相反维度
单次袭击	多次袭击	·同时发生 ·一连串地发生
造成污染	其他策略	·拒绝供水服务 ·将水用作武器
饮用水	废水	·污水处理厂 ·污水管道
外部人员	内部人员	·聘用员工 ·合同承包商/来访者
极大伤亡	少量伤亡	·恐吓民众 ·破坏经济

图 5.7b 对供水系统发动恐怖袭击：快速假定

来源：弗森联合有限责任公司，2009 年。

★ 将成对的相反维度排列进 2 × 2 矩阵组中。在该案例中，将产生 10 个不同的 2 × 2 矩阵。其中 2 个矩阵如图 5.7c 所示。

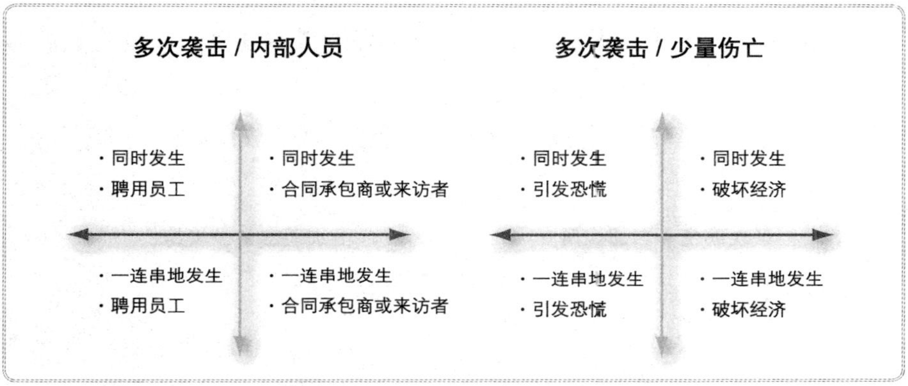

图 5.7c　对供水系统发动恐怖袭击：抽样矩阵

来源：弗森联合有限责任公司，2009 年。

★ 每个矩阵的每个单元格中都生成 1 至 3 个恐怖分子可能会怎样发动袭击的例子。在一些案例中，可能已经构想出一个此类袭击。在其他象限中，可能没有可信的袭击概念。但是，往往有几个象限会扩展分析人员的思维，推动他们用新的和不同的方式来思考这些动态变化。

★ 审查所有生成的袭击计划，利用既定的一组标准，选出那些最值得关注的情景。在这个例子中，为这些计划选定的最可能标准是：

- 导致最大破坏，产生最大影响。
- 最难发现或防止。
- 对结果管理提出最大的挑战。

★ 这一过程在图 5.7d 中进行了描述。在这一案例中，挑选出 3 个最有可能出现的袭击计划。1 号袭击计划为情节 A，4 号和 7 号计划结合在一起构成了情节 B，而 16 号计划为情节 C。也许还需要选出一两个额外的袭击计划，它们可以被描述作为“不可预知的因素”或“噩梦般的情景”。这些袭击计划出现的概率低，但却值得引起注意，因为一旦发生，影响将会巨大。该图显示了作为“噩梦般的情景”的 11 号袭击计划。

★ 考虑决策者可能做些什么来防止不好情节的发生，减轻它们的影响，并应对其导致的后果。
★ 生成一个关键指标列表，评估哪个袭击计划开始出现。

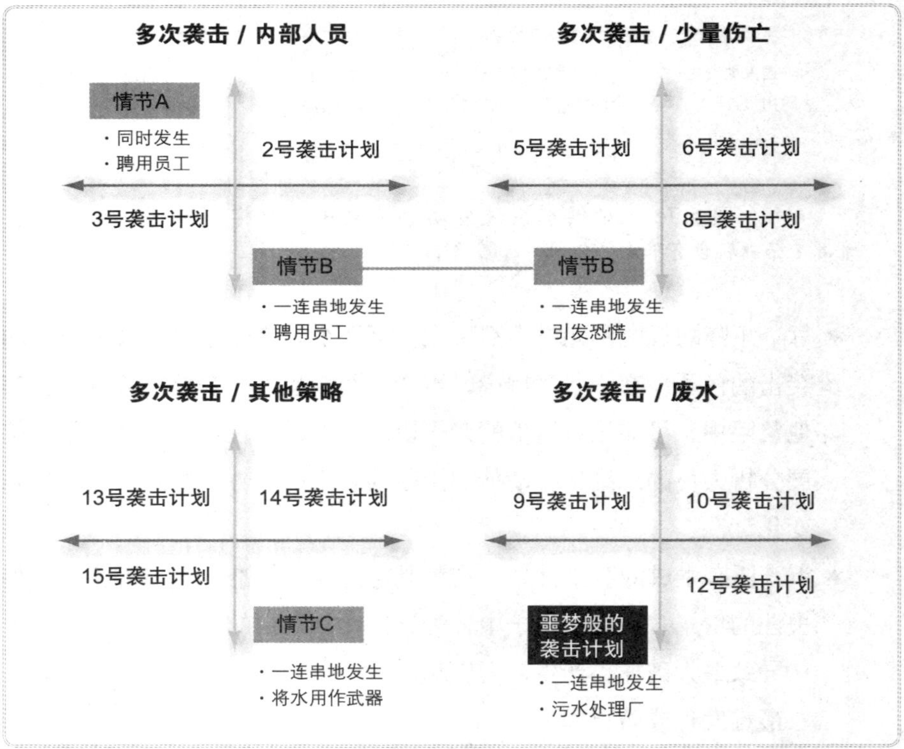

图 5.7d 选择袭击计划

来源：弗森联合有限责任公司，2013 年。

“远景象限处理法™”与“经典象限处理法™”有许多相同之处，区别主要在于两点。在第一步时，“远景象限处理法™”阐明了绝大多数分析人员认定最有可能发生的情景。当随后形成了替代维度列表之后，该方法则把首要情景包括的维度纳入其中。通过吸纳首要情景，最后形成的一系列替代情景或未来情况就会是综合全面的、相互排斥的。“远景象限处理法™”的具体情况如下：

- ★ 阐明绝大多数分析人员认定最有可能的未来情景是什么。
- ★ 将该陈述的组成部分分解出来，或是分解形成关键假定。
- ★ 针对每个关键假定，形成对立假定。
- ★ 为每个对立假定确定 1 或 3 个相反维度。
- ★ 对每个对立假定重复上述操作，这一程序与图 5.7b 中展现的类似。
- ★ 将关键假定添加到相反维度列表中去，形成 1 或 2 个配对。
- ★ 对每一行重复上述操作，形成包括 1 个关键假定、1 或 3 个相反维度的 1 或 2 个配对。
- ★ 在一系列 2×2 矩阵中排列这些配对，这一程序与图 5.7c 中展现的类似。
- ★ 每个矩阵中的每个单元格中都生成 1 至 3 个可信的情景。在一些案例中，可能已经构想出一个此类情景。在其他象限中，可能没有有意义的情景。但是，往往有几个象限会扩展分析人员的思维，通常会生成与直觉相反的情景。
- ★ 审查所有生成的情景，这一程序与图 5.7d 中展现的类似。利用一组既定的标准，选出那些最值得关注的情景。此时与“经典象限处理法™”不同之处在于，分析人员要努力形成可以避免意外突发的一系列可信的替代袭击计划。在“远景象限处理法™”中，分析人员用的是致力于多种情景分析的新模式。

与其他方法的关系

两种“象限处理法™”都是被称为“形态分析法”（本章进行了讨论）这种一般性方法的具体应用。两种方法都运用了“关键假定检查法”

的结果，能够为“多种情景生成法”助力，还可以用于确定指标。

本方法的起源

“经典象限处理法™”由伦道夫·弗森和艾伦·施瓦茨（Alan Schwarts）开发，旨在满足反恐领域的特定分析需求。该方法最初在伦道夫·弗森的《分析工具与方法手册》中发表。“远景象限处理法™”由伦道夫·弗森于2013年作为开展多种情景分析的新方法模式开发出来。

[第六章]

情景与指标

对于情报分析人员和决策者而言，面对复杂、持续发展、不确定的形势，对未来做出预测并非易事。有些事情本来可预测性就不高。分析人员最多只能确定可能决定未来结果的驱动力，并在这些驱动力彼此相互作用着向未来结果发展时对其进行监控。“情景法”是完成这项工作的主要工具。情景是关于未来可能会怎样的、看似合理且具有激发性作用的情节集合。当这些可供选择的未来结果被清晰勾勒出来后，决策者可以在心里预演一下这些未来，并问自己这样一个问题：“为应对这些未来结果，现在我该做些什么呢？”

> 情报分析的中心任务，是向美国官员发出关于国家安全利益面临危险的警告，并提醒他们认识到推进美国政策目标的机会。因此，大多数分析人员的书面报告和口头报告，都直接或间接地指向对美国国家安全的威胁和机会的存在、特点和影响。
>
> ——杰克·戴维斯，《战略预警》，谢尔曼·肯特情报分析学校，2001 年 9 月

“情景分析法”（Scenarios Analysis）提供了思考多种看似合理的未来结果的框架。正如《前瞻的艺术》的作者彼得·施瓦茨（Peter Schwartz）所言：“未来是复数

的。”[1] 对高级政策官员、决策者和其他用户而言，试图猜想或预测唯一的结果通常会产生危害。生成多种情景（如最有可能的、最不可能的及最危险的），能帮助专注于那些最有可能影响形势发展的关键基础力量和因素。当分析实践过程中包含了高影响 / 低概率的情景时，分析人员还可以用“情景法”来检查各种假定并发出有用的预警信息。

对“情景分析法”的扎实运用，是克服如团体迷思这样众所周知的认知偏见的强有力工具。首先，本方法要求组建一支对广泛领域的知识熟悉的多元化团队。其次，形成关键驱动力并且组合使用以生成一系列广泛的替代发展轨迹，如此将会迫使分析人员在只依赖自己直觉和自身专业知识的情况下，思考他们从未深思过的未来情况。

对指标或标志物进行识别和监控，能够提供对未来走向的预警。当然，这些早期迹象并不明显。只有在被确认出来的特定情景的背景下，指标才会具有意义。先期确定某种情景及其相关的指标，可以形成一种意识，让思绪做好辨识重大变化早期迹象的准备。鉴于指标可以生成客观的、预先设定的清单并在分析工作初期就被用于捕捉分析人员的真实思考过程，因此它尤其有助于克服后见之明偏见（Hindsight Bias）。同样，如果分析人员预期的指标并没有真正出现，那么指标就可以用于减少假定某些事情不可避免的认知偏见。

有时候变化很缓慢，分析人员注意不到，或者他们认为这些变化不是最重要的，直到变化太过明显、不容忽视。分析人员一旦形成了对某问题的看法，在面对新证据时通常很难改变观点。因此，提前记录下来哪些行动或事件是重要的并可能会改变他们的观点，分析人员就能够避免这类的自圆其说。

“情景法”带来的另一个好处是，可以提供一种交流复杂观点的有效机制。一个情景是一组复杂的观点，可以用一个简短的词语来描述。这些描述词为分析人员提供了一部“词典”，可以借此思考并就某种形势或某

[1] 原注：Peter Schwartz, *The Art of the Long View: Planning for the Future in an Uncertain World* (New York: Doubleday, 1996).

个国家会怎样发展变化，与其他分析人员和决策者进行沟通。

方法概述

“情景分析法”确定了一种情况可能发展变化的多种方式。这种分析形式可以帮助决策者制订计划，以利用可能出现的任何机会，或是避免未来可能出现的风险。本章详述了生成情景的 4 种不同方法，第 5 种方法已经在第五章进行了阐述，同时还提供了何时和如何使用这些方法的指南。“简单情景法”（Simple Scenarios）对于想要生成情景的单个分析人员和小型分析团体而言，都是一种轻松快捷的方式。它从现有的分析线索着手，然后探索其他替代可能。“论点合理性”是小规模专家团体定义一系列关键驱动力、设立一个基准情景，并且随后修正驱动力以形成看似合理的替代情景和“不可预知的因素”的好方法。“替代前景分析法”（Alternative Futures Analysis）是一种更加系统化、更有想象力的程序，通常需要包括由决策者或受过训练的协调人组成的专家组。投入精力更多的“多种情景生成法”，能够比“替代前景分析法”处理数量更多的情景，使用时也需要指导人员的指导。不过，使用该方法能够极大地降低事情向着未曾预测到的、可能的方向发展演变的概率。第 5 种方法就是由伦道夫·弗森 2013 年为开展“多种情景生成法”和“关键假定检查法”的演变版本而开发的“远景象限处理法™”，它通过快速假定这种不同的方法生成情景，第五章中已经对该方法和对应的“经典象限处理法™”进行了叙述。

“指标法”是用来提出对某些未来情况的预警或是验证正在观察的情况的经典方法。指标经常与情景配对使用，从而识别出多种可能情景中的哪一个正在形成。指标还用于衡量向着不希望发生的情形的变化，如政治不稳定等，或是判断向着希望发生的情形的变化，如经济改革等。当需要跟踪某个特定情形时，可以使用“指标法”去监控、发现或评估该情形随时间推移而发生的改变。指标清单是指导搜集工作并将相关信息发送给所有利益方的基础。该清单还可作为档案系统的基础，以跟踪各种指标的新进展。

“指标验证因子法”是一种可帮助分析人员评估指标诊断力的程序。当某个指标明确显示只有一种情景或假设具备可能性，而其他的均不可能时，该指标最具诊断力。在通常情况下，指标的价值都是有限的，因为它们可能与多个不同的结果或假设吻合。

一、情景分析法

> 对未来进行深入的、创造性的思考很重要，否则我们就要面对大吃一惊且毫无准备的风险。同时，未来又是不确定的，我们必须为多种看似可能发生的未来，而不仅仅是预计会发生的未来做好准备。情景包含这些多样化的未来的情节，既有预计会发生的，也有不可预知的因素，（在形式上）有的是条理分明的分析，有的则是天马行空的想象。一个好情景会“揪着”我们的衣领对我们说：“好好看看这个前景吧。这可能就是你的未来。你准备好了吗?
>
> ——安迪·海恩斯（Andy Hines），《情景设计的现状》（“The Current State of Scenario Development”），《前瞻》杂志（2007 年 3 月）

对情景的识别和分析有助于减少不确定性并管理风险。通过假定不同的情景，分析人员可以识别某个情形可能演变的多种方式。这一过程可以帮助决策者制订计划，以充分利用未来可能出现的任何机会，或者反过来说，避免未来可能会出现的任何风险。对各种不同情景的关键指标进行监控，能够获得关于未来走向的预警。

有多种用于形成和分析情景的方法。本节的第一部分将对何时和为何使用某种形式的“情景分析法”进行讨论。然后将对何时和如何使用 4 种情景分析方法进行讨论。这些方法包括“简单情景法”“论点合理性”“替代前景分析法”和“多种情景生成法”。

何时使用

当形势复杂时，或者未来的结果太不确定以至于不能完全相信某一种预测时，使用“情景分析法”最为实用。决策者和分析人员刚刚开始了解某个新局势或挑战时，往往相当不确定事情究竟会怎样发展。当国家政策或是长期合作战略尚处在规划初期阶段这一节点时，使用“情景分析法”会对决策者的思考产生强烈的影响。

“情景法”并不预测未来，但一组良好的情景却可以对未来走向的可能范围划定界限，以利于决策者对此做好准备。“情景分析法”还可以作为战略规划工具使用，让决策者、利益方和专家一起设想他们必须做好应对计划的各种未来前景。[1]

所需时间和努力取决于使用哪一种特定的方法。尽管大多数结构化方法由团体使用效果更佳，但独自工作、没有任何技术或方法支持的分析人员也可以使用“简单情景法”和“论点合理性”。使用“替代前景分析法”和“多种情景生成法”所需的时间不一样，但也可能一个课题就需要一组专家在一起花费数天时间。强烈建议要有一名对情景分析很有研究的指导人员加入，这样肯定会节省时间并带来更好的结果。

增加的价值

分析人员思考情景时，实际上是在对未来进行预演，以便决策者能够做好应对未来各种走向的准备。“情景法”并不是要预估最有可能出现的结果——且往往出错的时候居多，而是提供一个考虑了多种看似合理的未来的框架。如果试图猜想或预测某种单一结果，则对资深情报官员、决策者以及其他重要用户都有危害。生成多种情景能帮助专注于最有可能影响

[1] 原注：例如可参见 Brian Nichiporuk, *Alternative Futures and Army Force Planning: Implications for the Future Force Era* (Santa Monica, CA: RAND, 2005)。

形势发展的关键基础力量和因素上。当操作中包含了高影响 / 低概率的情景时，还可以用情景来检验假定并发出有用的警告信息。

分析人员从过去的经验中了解到，让决策者参与情景实践，是与决策者沟通使用本方法得出的结论，并让他们对重要的不确定性变得敏感的一种有效方式。大部分参与者发现，设计情景的过程同撰写书面报告或正式简报一样有用。参与这一过程的人往往可以从多方面受益。既往经验说明，对情景进行分析能够：

★ 提出监控某个特定未来前景的可能性变大或变小的迹象指标。
★ 通过迫使分析人员和决策者对假定提出质疑，并对看似合理的“不可预知的因素”的情景或不连续的事件加以考虑，从而帮助他们对一旦出现就会令他们感到意外的发展形成预期。
★ 形成针对不同结果来计算成本、风险和机会的分析框架。
★ 提供权衡多种未知因素或不可知因素，并提出一组看似合理的结果的手段。
★ 激励形成对可以探究的机会的思考。
★ 通过识别不确定因素的看似合理的组合，对问题进行限定。

当团队中有来自不同学科领域或企业文化的决策者或分析人员时，随着新的相关信息和竞争性观点的提出，会不断出现新的见解。那些置身于特定分析单位或团队组织文化之外的分析人员，可能会用不同的方式看待问题。他们可能会质疑该分析单位的关键既有假定和既成思维模型，避免因只考虑增量变化而导致的陷阱。在分析过程中吸纳决策者，或哪怕至少是来自最终用户或决策者办公室的少数几个人，也会给分析带来宝贵的视角和实用的见解。

当分析人员被要求认真探究未来前景时，他们通常会发现，由于需要考虑大量的变量，因此非常难以形成一个简单而又直线式的事物发展轨迹。通过转变探究未来前景如何展现的“分析透镜”，分析人员就会被迫对先前该问题的关键驱动因素的优先次序假定进行重新评估。通过将关键驱动因素配对以生成一系列相互对立的情景，本方法有助于分析人员时不时地从与直觉对立的视角来思考当前情况，这样做通常可以形成若干之前无法预料的、与之前预计大相径庭的未来景象。这会使分析人员保持对每个替代前景的记录并追踪潜在的变化，从而增强对自己的总体评估的信心。

潜在缺陷

如果使用“情景分析法”的团体不具有高度多样化，不能够包括来自多个学科领域、组织乃至文化的代表以避免团体迷思陷阱，那么使用该方法就很有可能失败。另一个常见的缺陷是：在情景操作进程中的参与者们难以将思考扩散到让自己感到惬意的范围之外，拒绝接受指示去思考更长远的未来，或是去探究、提出自己专业知识之外的概念。可以帮助使用本方法的参与者跳出这些分析陷阱的好的实用技巧包括：一是确定一个自己不能轻易从现有事实出发形成预测的时间期限，比如，5 年或 10 年；二是列出概念或类型清单，比如社会的、经济的、环境的、政治的、技术的等，激发自己从不同的视角来思考某一问题。参与到此方法运用进程中的分析人员还应当对主题有透彻的理解，拥有必须的理性思维技能来选择出在整个评估中全程都可能有效的关键驱动力和假定。

方法步骤：“简单情景法”

本节讨论的 3 种情景方法中，“简单情景法”是最容易使用的一种。该方法是 3 种方法中唯一可以由单独工作的分析人员而非必须由团体或团队运用的方法，也是唯一不需要辅导人员或主持人的方法。从另一方面看，与其他方法相比，该方法的系统性稍显不足，得出的结果可能也不是最令人满意的，特别是工作由一个人而非团体开展时。以下是运用该方法的步骤：

- ★ 明确定义焦点问题和未来运用时的特定目标。
- ★ 制作可能影响未来前景的力量、因素和事件的清单。
- ★ 将这些彼此相关的力量、因素和事件组织起来并放入 5 至 10 个类似组中，这些组都应该是如何推动焦点问题演进的驱动力。

★ 为每个驱动力贴上标签并写下简短的说明。例如，该方法在培训中有一个演练，即通过识别并描述6个驱动力，对一个名叫加尔多尼亚（Caldonia）的虚构国家的未来做出预测。如图6.1.1所示，制作一个矩阵，在最左列依次写出这些驱动力，在顶行列出情景。为每个情景的每个驱动力分配一个值。这些值可以是强大或积极（+）、虚弱或消极（−），如果不属于任何一种或没有变化，则可以留空。这些驱动力包括：

- 政府效率：政府对国家所有的居民区行使控制权的程度以及有效提供服务的水平如何？
- 经济：经济上维持着积极的增长率吗？
- 公民社会：非政府机构或地方公共机构能够为民众提供适当的服务和安全吗？
- 叛乱：叛乱对政府构成切实的威胁了吗？政府能将其统治权扩展到这个国家更广阔的地区吗？
- 毒品交易：有强大的毒品贸易经济存在吗？
- 外来影响：有外国政府、国际金融组织或非政府组织在向该政府提供军事或经济援助吗？

	最佳情形 不完全和平状态	最糟情形 分裂	主流情形 渐入正常状态	额外情形 礼仪之邦
政府效率	+	−	−	−
经济	+	−	−	+
公民社会		−	+	+
叛乱	−	+	+	
毒品交易		+		+
外来影响	+			

图 6.1.1 简单情景法

来源：弗森联合有限责任公司，2009年。

★ 生成至少 4 种不同的情景：最佳情形、最糟情形、主流情形，以及至少一种其他的状态，并赋予每个驱动力不同的值（+、空白、–）。

★ 重新考虑驱动力清单和被选出的情景。有无更好的方式来概念化并描述这些驱动力？有重要力量尚未被纳入吗？认真审视矩阵的内容，考量每个驱动力在不同情景中相互区别的程度大小。如果有一个驱动力在所有情景中的值都相同，那么它的区别性不够，应该被删除。为了激发对其他可能情景的思考，要考虑那些在决定最具可能性的情景时做出的关键假定。如果这些假定中有些最终证明不成立会怎样？如果它们不成立，会对结果产生怎样的影响？这些结果已经被包含在已有的情景中了吗？

★ 为每个情景写出一页左右的情节，描述出这一情景的未来是什么样或如何出现的。这样的情节应该阐明驱动力的相互作用。

★ 向决策者说明每个情景的潜在含义。

★ 为每个情景生成并验证指标或"可观察到的事物"的清单，这将有助于确定事件是否正在按照该情景预想的方式演进。

★ 定期对指标清单进行监控。

★ 定期就哪个情景看似正在形成和原因是什么进行报告。

方法步骤："论点合理性"

"论点合理性"是运用关键驱动力和假定来生成一系列看似合理的替代情景，以帮助分析人员和决策者想象不同的未来前景及其影响的结构化过程。[1] 在理解那些塑造了当前事件和未来事件的驱动力方面，以及作为一种

---

[1] 原注：对"论点合理性"的阐述，源自 *Quick Wins for Busy Analysts*, DI Futures and Analytic Methods (DI FAM), Professional Head of Defence Intelligence Analysis, UK Ministry of Defence; Gudmund Thompson, *Aide Memoire on Intelligence Analysis Tradecraft*, Chief of Defence Intelligence, Director General of Intelligence Production, Canada, Version 4.02, 经英国和加拿大政府许可使用。

战略预警工具时，该方法很有价值。该方法同时也可以用于探究如何才能让事物向好的或不好的方向发展，并因此为决策者框定事物发展的可能范围。

使用本方法的步骤如下（参见图 6.1.2）：

- ★ 召集一个由不同背景的专家组成的小团队。确定要检查的问题，明确评估所需的时间范围。通常的问题形式是：在时间 Y（例如，2 个月、5 年、20 年）后，X（例如，某个国家、政权、问题）将会如何?
- ★ 确定哪些驱动力是关键因素或关键驱动力，它们也是分析人员用于定义问题和塑造当前环境的最有用的因素。不同领域的分析人员创造出用于指导对关键驱动力分析的记忆方法。其中一个最常见的记忆方法就是使用 PEST，即政治、经济、社会和技术变量。其他分析人员则加上了法律、军事、环境、心理、人口因素，并因此形成了如 STEEP、STEEPLE、STEEPLED、PESTLE、STEEP+2 等缩略语。[1]
- ★ 这些驱动力应当以一个中性的陈述表述出来，并且应当能够在整个评估过程中保持有效性。例如，应当陈述“经济”，而非“经济增长降速”。要确保所列的是真正的驱动力，而非仅仅是描述了与当前形势相关的重要参与者或因素。当生成了 4 至 7 个驱动力时，本方法能处于最佳运转状态。
- ★ 就这些驱动力在整个评估时间范围内可能如何作用，形成假定。假定应当尽可能具体。例如，应当说“在未来 5 年，经济年增速在 2% 至 4%”，而非简单地说“经济会增长”。就每个驱动力，只生成一个假定。
- ★ 基于关键驱动力和关键假定，形成一个基准情景。这通常是根据你对未来行为做出的假设，来调整对当前情况的预测。这个情景假

[1] 原注：STEEP 代表社会、技术、经济、环境和政治（Social, Technological, Economic, Environmental, and Political）；STEEP+2 加入了心理和军事（Psychological and Military）；STEEPLE 在 STEEP 的基础上增加了法律和伦理（Legal and Ethics）；STEEPLED 进一步增加了人口（Demographics）；PESTLE 代表政治、经济、社会、技术、法律和环境。

定，这些驱动力及其描述在整个时间段均有效。将该情景作为一个正在发生的未来前景叙述出来，并描述这样的前景是如何形成的。通过改变你在开始清单中列举出的一个或数个假定，形成 1 至 3 个替代情景。通常，最好的办法就是从那些看起来最不可能的假定开始。考虑这样的改变会对基准情景产生什么样的影响，描述出这个新事件发展终点的情况以及它是如何形成的。同时还要考虑，改变一个假定将会如何影响到清单上的另一个假定。

★ 我们会建议，应当将这些替代情景中的至少一个作为机会情景（opportunities scenario），阐明一个比当前形势要好得多的、积极的结果究竟如何才有可能实现。通常也需要形成一个包括了所有负面危险因素的情景。

★ 通过彻底改变你所判定的、最不可能发生变化的假定，生成一个可能的“不可预知的因素”的情景。如此，就可以产生一个不这样做就不会出现的高影响 / 低概率情景（参见第九章）。

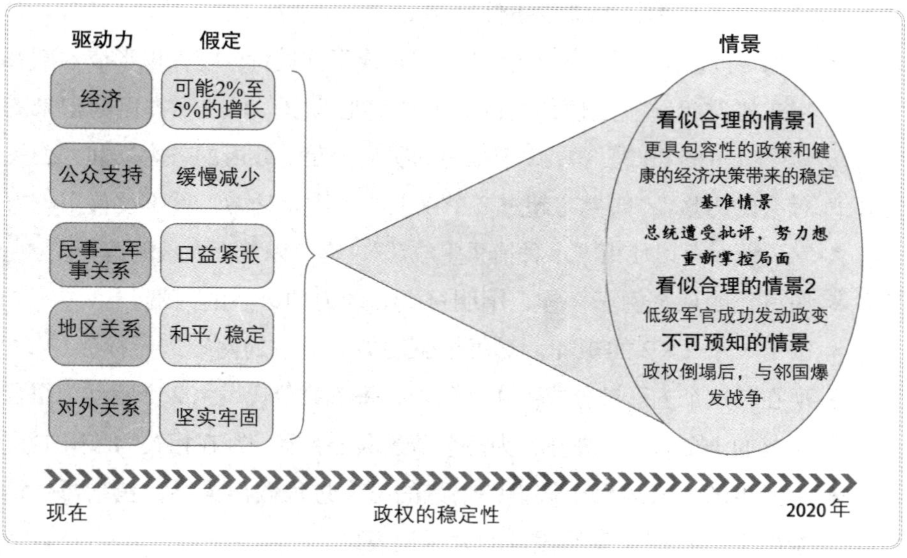

图 6.1.2 论点合理性

方法步骤："替代前景分析法"

与前述两种方法不同，本节的"替代前景分析法"和下节的"多种情景生成法"往往用于依靠一组专家开展的更大型的课题项目，这个群体通常包括决策者、学术研究者和外界专家。这一使用过程更加系统化，通常需要经验丰富的指导人员的辅导。

使用"替代前景分析法"与"多种情景生成法"的唯一不同之处在于，需要分析的情景的数量。根据下述原因，"替代前景分析法"仅限于2种驱动力，每种驱动力都是一个包含2种极端可能情况的谱系，这些驱动力的结合可以生成4种可能的情景。"多种情景生成法"除了在时间和复杂性方面有实际限制外，并没有上述限制。

使用"替代前景分析法"的步骤如下：

★ 明确定义焦点问题和未来运用时的具体目标。

★ 开展头脑风暴以识别在某一特定时间段中最有可能影响问题如何发展的关键力量、因素或事件。

★ 如果可能，对这些不同的力量、因素或事件进行分组，以形成预期会对未来结果起决定性作用的2个关键驱动力。在关于古巴的未来的例子（见图6.1.3）中，2个主要的驱动力是"政府的效率"和"公民社会的力量"。如果有超过2个以上的关键驱动力，就不要使用该方法，此时可以使用"多种情景生成法"，它可以处理大量的情景。

★ 像古巴的那个例子一样，阐明每个驱动力的谱系的两端。

★ 画出一个2×2的矩阵，对每个驱动力的谱系的两端进行标注。

★ 现在，这个方形被分成了4个象限，每个象限代表由2个驱动力组合生成的1个情景。现在，为每个情景取个名字，写在相关的象限中。

★ 用叙事的方式对每个假设的情景的形成过程做出描述，包括每个情景的关键日期和事件假设的大事记表。

★ 描述出每个情景一旦真实发生后的潜在影响。

★ 为每个情景生成并验证指标或“可观察到的事物”的清单，这将有助于确定事件是否正在按该情景预想的方式演进。
★ 定期对指标清单进行监控。
★ 定期就哪个情景看似正在形成和原因是什么进行报告。

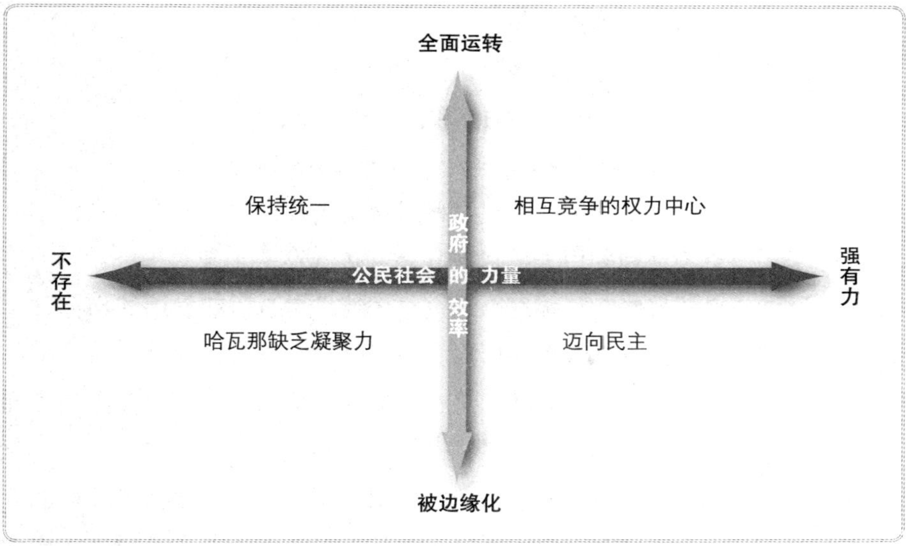

图 6.1.3 替代前景分析法：古巴
来源：弗森联合有限责任公司，2009 年。

方法步骤：“多种情景生成法”

“多种情景生成法”与“替代前景分析法”极为相似，唯一的不同是在使用时不必局限于仅用 2 个关键驱动力来生成 4 个情景。通过使用多个 2×2 矩阵，对多个驱动力的每个可能组合进行配对，你可以生成大量的可能情景。通常，这样做的目的是确保不漏掉任何可能的情景。一旦生成这些情景，就可以在不需要详尽分析的情况下快速地筛查所有情景。一旦分析人员对这些不同的情景变得敏感起来，就有可能注意到那些外围的，但显示出事件正在以之前未能想象到的方式发展的数据资料。

使用该方法需要接受培训，并需要经验丰富的人的指导。以下是使用该方法的基本步骤：

★ 明确定义焦点问题和未来运用时的具体目标。
★ 开展头脑风暴以识别在某一特定时间段中最有可能影响问题怎样发展的关键力量、因素或事件。
★ 确定每个驱动力的谱系的两端。
★ 在一系列的 2×2 矩阵中对这些驱动力进行配对。
★ 为每个 2×2 矩阵的每个象限形成 1 至 2 个情节。
★ 从生成的所有情景中，选出那些最值得关注的情景，因为它们阐明了还没被考虑到的引人注目的和具有挑战性的未来。
★ 形成并验证那些能够跟踪以确定每个情景是否正在发展的指标。
★ 定期就哪个情景看似正在形成和原因是什么进行报告。

该方法可以通过研究“伊拉克国内叛乱的前景如何”这样一个焦点问题（参见图 6.1.4a）来举例说明。以下为具体步骤：

★ 召集一个专家团体（包括一些能够对团体的思维模型提出质疑的、具有创造性思维的专家），对可能左右伊拉克国内叛乱的未来走向的力量和因素进行头脑风暴。
★ 从这份清单中选出结果最难预测的，或分析人员不能自信地评估将会如何影响未来事件的因素或驱动力。就伊拉克的例子而言，以下 3 个驱动力符合这些标准：
  · 邻国的作用（如伊朗、叙利亚）
  · 伊拉克安全部队（警察和军队）的能力
  · 伊拉克的政治环境
★ 定义每个驱动力的谱系的两端。例如，一端的表述为邻国是稳定的，能发挥支持作用；另一端的表述则为邻国是不稳定的，只会带来破坏作用。
★ 像图 6.1.4a 一样，在一系列的 2×2 矩阵中为驱动力进行配对。

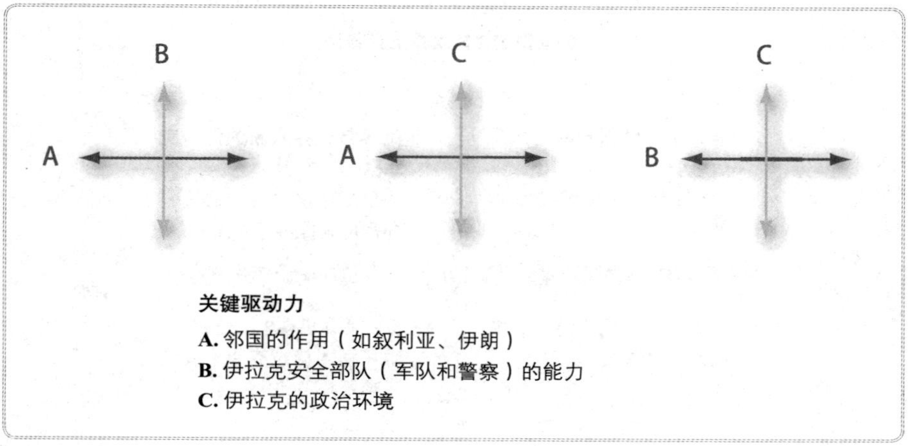

图 6.1.4a　多种情景生成法：伊拉克叛乱的前景

★ 为每个 2×2 矩阵中的每个象限形成一两个情节，描述事件可能会怎样发展。例如，在一个由“邻国的作用”和“伊拉克安全部队的能力”来限定的 2×2 矩阵中，分析人员的任务是在每个谱系的最远端已确定标准的基础上，描述出每个象限中的叛乱活动是什么样的。在左上角的象限中，确立的标准是，邻国是稳定且能发挥支持性作用的，但伊拉克的内部安全能力不足（见图 6.1.4b）。在这个“世界”中，分析人员可能会想象到一个有助于确保边境安全的地区防御性保护伞。另一种可能性则是邻国会控制什叶派和库尔德人，剩下的唯一叛乱者是逊尼派，后者会继续袭扰什叶派领导的中央政府。

★ 对生成的所有情节进行审查，选出那些最值得注意的，例如哪一种情景：

- 对伊拉克和美国的决策者构成最大的挑战？
- 会引发先前未曾预料到的特别关切？
- 出现了应该处理的新动态？
- 提出了新的搜集需求？

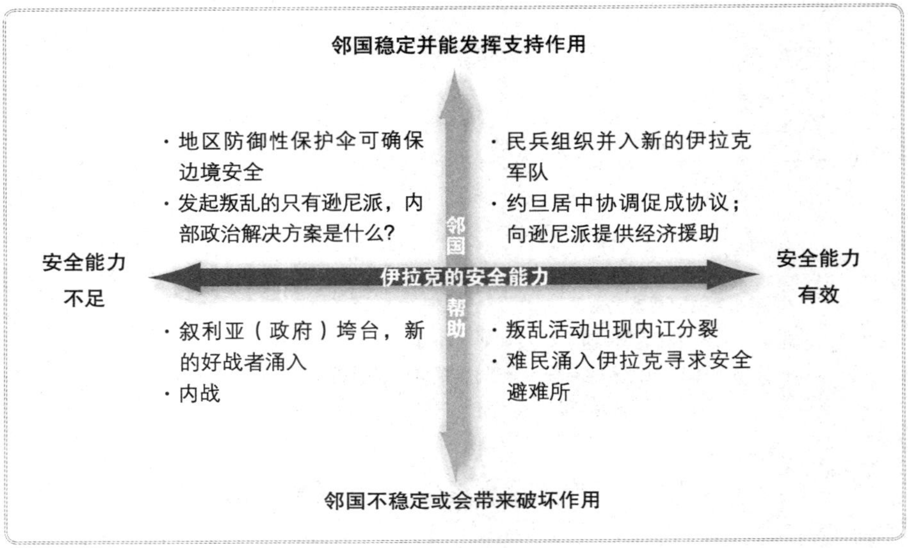

图 6.1.4b　伊拉克叛乱的前景：利用谱系来描述可能的结果

★ 选出几个可被称为“不可预知的因素”的情景（即低概率 / 高影响的发展）或“噩梦般的情景”（见图 6.1.4c）。

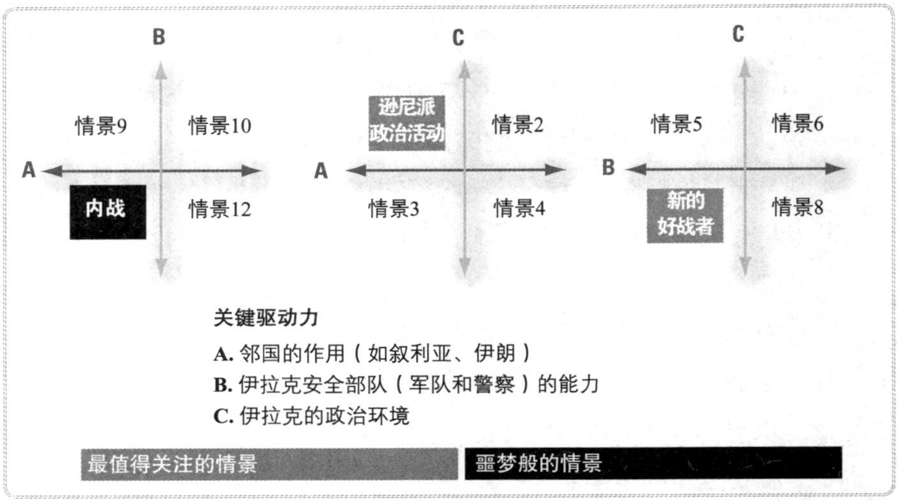

图 6.1.4c　选出值得关注的和噩梦般的情景

★ 思考决策者能够做些什么，以阻止糟糕情景的发生或推动事情向好的情景方向发展。
★ 生成并验证关键指标清单，以监控哪个情景最好地描述了事件开始发展演进的情形。
★ 定期就哪个情景看似正在形成和原因是什么进行报告。

与其他方法的关系

“远景象限处理法™”是“多种情景生成法”的演变形式，前者通过快速假定这种不同的方法生成情景。与“远景象限处理法™”相配对的“经典象限处理法™”，都在第五章中有过详细描述。这 3 种方法都是第五章描述的“形态分析法”的具体应用。

在所有的情景分析完成后，接下来就应该是构建交叉影响矩阵，以识别并分析每个情景的不同驱动力之间潜在的相互影响或反馈路径。

本方法的起源

“情景分析法”是一个广义的概念，可以针对不同目的以不同方式运用。本书选择了对于情报和商业分析而言最实用的 4 种“情景分析”的方法。其中，“简单情景法”模型由弗森联合有限责任公司开发。“论点合理性”是一个基础牢固的方法，得到了多个国家的情报分析人员的运用。“替代前景分析法”和“多种情景生成法”在伦道夫·弗森稍早出版的《分析工具与方法手册》中描述过。“远景象限处理法™”由伦道夫·弗森在 2013 年为了满足某个特定的分析需求而开发；与其配对的“经典象限处理法™”最初在伦道夫·弗森的《分析工具与方法手册》一书中发表。

关于“情景分析法”的其他方式，可参见安迪·海恩斯所写的《情景设计的现状：方法纵览》（“The Current State of Scenario Development: An

Overview of Techniques," *Foresight* 9, no. 1 [March 2007]）一文。"多种情景生成法"的图示，摘自艾伦·施瓦茨（PolicyFutures 有限责任公司）所写《伊拉克叛乱活动的情景》（"Scenarios for the Insurgency in Iraq," Special Report 174 [Washington, DC: United States Institute of Peace, October 2006]）的报告。

二、指标法

指标是可以定期审查的、可观察到的现象，用于跟踪事件、发现新趋势并对未曾料到的变化进行预警。指标清单是一组预设的、可观察到的或可能通过观察得到的行为、条件、事实或事件，清单中的内容若同时出现，则强烈表明某种现象的出现或非常有可能发生。可以通过监控指标，对一旦出现将产生重大影响的某些未来发展进行战术、战役或战略预警。

对这些指标进行识别和监控是情报分析人员的基本任务，因为它们是避免意外突发的主要手段。在情报分析中，它们通常具有前瞻性，并被描述为预测性指标（predictive indicator）。在执法界，指标更多地用于评估某目标的活动或行动是否与某种既有模式一致。这些指标通常具有回溯性，并被称为描述性指标（descriptive indicator）。

何时使用

指标提供了对事件进行跟踪的客观基准，使分析过程更为严谨，从而提升最终产品的可信度。指标清单可成为引导调查、指导搜集工作、将相关信息与所有有关方面联系起来的基础。指标清单还可以作为分析人员跟踪事件发展的档案系统的基础。

当论证某事件是否可能发生时，为替代的情景或假设分别列出指标清单十分有益。这样的做法特别适宜开展"若则分析法"或"高影响 / 低概率分析法"。

描述性指标最适合帮助分析人员评估是否有足够的理由相信特定行为正在发生。这些指标提供了一种系统化途径，去验证假设或者帮助证实新观点。图 6.2a 是一个描述性指标清单的例子。该案例中，所有指标均指向一个秘密的毒品实验室。

- 让人联想到化学/工业用途的怪味，如氨水、乙醚、溶解剂等；气味浓烈或持久。
- 房屋或附属建筑的换气扇持续运转或在天冷时也运转。
- 所有的窗户被涂黑或遮盖。
- 窗户被封死且/或被涂漆。
- 电和水的使用异常。
- 电费和/或水费过高。
- 从五金店或其他商店购入大量化学品，如：
  - 大容量桶装丙酮。
  - 箱装的氢氧化钠制品（比如“通乐”洗涤剂）。
- 购买实验室器材或设备。
- 从当地公司或通过当地公司购买关键的化学品（如乙醚）或玻璃器皿。
- 快递经常送来玻璃器皿、化学品等。

图 6.2a　一个秘密毒品实验室的描述性指标

来源：Pamphlet from ALERT Unit, New Jersey State Police, 1990; republished in *The Community Model*, Counterdrug Intelligence Coordinating Group, 2003.

预测性指标的典型应用是对某些不希望发生的事件作出预警，如外国发动军事进攻或进行核试验等。目前，指标常常与情景配对使用，以识别几种可能的情景中哪个正在发展形成。预测性指标还可用于衡量指向不希望发生的情形的变化，如政治动荡或经济下滑等，或是衡量指向希望发生的情形的变化，如经济改革或市场增长的潜在可能等。分析人员可在需要跟踪某种特定情形时使用该方法，以监控、发现或评估随着时间推进所发生的变化。在私营部门，指标可用于跟踪一个新的商业战略是否有效，或者一个低概率情景会否出现以提供新商机。

增加的价值

人的思维有时会只留意事先预想到要发生的事情，而忽视那些未曾预想到要发生的事情。指标的确定可以引起警觉，做好识别重大变化的早期迹象的心理准备。变化往往发展得很慢以至于分析人员看不到，或是在变化太过明显且已经不容忽视之前，分析人员自认为这点变化并不重要。分析人员一旦形成了对某问题的看法，在面对新证据时往往不愿改变他们的观点。提前明确临界点，确定什么样的行动或事件具有重大意义，可能会让分析人员改变原先的观点，从而避免此类的自圆其说。

明确规定跟踪和判断事件发展的标准，可以使分析过程更加一目了然，方便其他人仔细审查，从而提高分析判断的可信度。在情报成品中附上指标清单，可以帮助决策者跟踪未来的发展，并为分析结论提供更具体的论据。

由学识丰富的分析人员组成的团体准备详细指标清单的过程，对于所有参与者而言通常都是一次很好的学习经历。它会成为来自不同的机构或拥有不同专业背景的分析人员之间交流知识的有用媒介。例如，这些人员有专门研究特定国家的分析人员，以及对军事动员、政治动荡或经济发展等特定领域有深入了解的分析人员等。

分析人员或决策者对如下问题：(1) 事件（例如，伊朗的政治动态，或是叙利亚冲突将如何发展）的解读，(2)“嫌疑人”有罪与否，(3) 反情报工作针对的嫌疑人对象是否有过失等——存在尖锐分歧时，指标可以使他们将注意力从个人看法转向更加客观的标准，避免争论受到个人感情的影响。如果相关各方在事前已经就一系列标准达成一致，而这些标准表明了——事件是否正在朝某个特定方向发展、某人的行为表明他（她）作为嫌疑人是否有罪、嫌疑人确实就是间谍等，那么往往就能减少情绪化，澄清实质性分歧所在。

指标提供了书面记录，因而有助于应对“后见之明”的偏见，并能够更为精确地反映出分析人员此时的思考，而非依赖于他的记忆。形成指标的过程同时也迫使分析人员就某一特定事件发生所需要的条件进行思考和探索。如果形成了两组指标，其中一组表明情景能出现，另一组则表明情景不会出现，那么这一过程也能确保更客观。

方法步骤

★ 使用该方法的第一步是制定一个指标清单。制定指标清单可以是一个简单的过程，也可以是复杂的团体努力过程。例如，如果你担心或是预见到某种特定情形将会出现时，你可以不用费什么事儿，仅仅草草记下预料会出现事情的清单即可。或者，你可以与其他人一道，确定将会影响某个情形的多种变量，然后根据接收到的有关事件、活动或官方声明等信息，对每个变量的值进行排序。不管是哪种情况，在确定指标时都经常会用到某些形式的头脑风暴、假设生成或情景生成方法。

★ 对这些指标进行回顾审查并完善，剔除那些相互重合的指标，合并类似的指标（参见图 6.2b 的指标清单示例）。

★ 检查每个指标，确定其是否符合以下 5 个标准。删除那些不满足这些标准的指标。以下 5 条指标按照从必要到高度需要的顺序排列 ：

- **看得见、可收集**。指标一旦提出，其本身必须可被观察且由可靠来源提供。对此，一定要有合理的期待。若某个指标（用于监控）随时间的推进发生了变化，也必须可以被持续收集。
- **有效**。指标必须与分析人员试图预测或评估的最终状态密切相关，必须与所有或至少部分替代解释或结果不相一致，必须精确地衡量待解决的概念或现象。
- **可靠**。当使用可相提并论的方法时，数据资料的搜集必须具有一致性。这些正在观察和搜集的材料，必须用于观察同样的事情。可靠性要求对指标进行准确的定义。
- **稳定**。指标必须是随着时间的推进仍可使用的，只有这样，才能有所比较并对事件进行跟踪。理想状态下，指标应该能够在某种发展演进的早期就被观察到，以便分析人员和决策者有时间做出相应的反应。

以下情况的发展应标志着某种特定情景正在形成。

情景一：动荡

- 总统和政治反对派达成妥协，由一位改革意愿并不强烈的人出任总理。
- 议员全部就职，但议会存在分裂，无法通过主要立法法案。
- 政府达到了国际货币基金组织的基本标准，但没有资格获得预算援助。
- 总统仍然在口头上表示支持现代化，但拒绝采取有力行动。
- 警察有应对零星示威活动的能力，但在发展总体能力方面进展缓慢。

情景二：民主瓦解

- 总统公开表示不再支持结构性的改革。
- 政府违背了与国际货币基金组织达成的协议，导致了其他主要国际资助者急剧削减援助。
- 公众示威吸引了数千人参加并持续数日。
- 极端组织重新抬头，或者是革命组织呼吁政府采取替代办法。
- 警察开始逐步采取镇压策略，或者出现警察大规模离职的相反情况。
- 继任的总理及其内阁先后被迫辞职。
- 即将开始的立法机构选举被取消或无限期推迟。

情景三：出现转机

- 议会接受了一位倾向于改革的总理，立法通过成为常态。
- 部分国有企业实现私有化，政府工作人员相应缩减，从而导致了大部分国际援助开始恢复。
- 现代化及其带来的援助所产生的好处愈发明显，主要的反对派政治人物减少了反对改革的论调。
- 立法选举如期举行，鲜有暴力发生，并被国际专家称作自由和公正。
- 商业领导人宣布新的私有投资计划，可以提供数以万计的永久工作机会。
- 警察侵犯人权的行为大幅减少。

图 6.2b 利用指标来跟踪赞姆比亚正在形成的情景

来源：弗森联合有限责任公司，2009 年。

- **独特**。一个指标应当只衡量某一个事物，并且在与其他指标结合使用时，仅应针对所研究的现象。有价值的指标，不但要与某特定情景或假设一致，同时又应与替代的情景或假设不一致。本章后面讨论的“指标验证因子法 ™”（P166）可用于检验指标的诊断力。

★ 定期监控指标清单，标出发展趋势，察觉变化迹象。

任何用于监控某事是否已发生、正在发生或将要发生的指标清单，意味着它会表明至少某个替代的情景或假设过去没有发生、现在并未发生或将来不会发生。许多表明某情景或假设正在发生的指标，与验证其并未发生的指标正好相反，但有些指标则不是这样。有些指标与两个或更多的情景或假设是一致的。因此，分析人员应该为每种情景或假设准备不同的指标清单。例如，考虑敌人为发动军事攻击做准备的指标时，也许会有 3 种假设——不进攻、进攻和以争取有利谈判解决方案为目的的虚假进攻意图。指明一场进攻迫在眉睫的几乎所有指标，与虚假进攻的各种假设也是一致的。因此，分析人员必须确定那些能够识别真实进攻意图和虚假进攻意图之间差异的指标，而动员后备役就是这样的一个诊断性指标。由于动员后备役的代价巨大，除非有强烈需求，否则通常不会动用后备役。

在设定指标清单后，分析人员或分析团队应定期审查接到的报告，并记录下指标中的任何变化。在尽可能的情况下，分析人员或团队应提前决定哪些关键指标一旦被观察到，就应作为发出预警的决策点。换言之，如果观察到某个（组）指标，就需提交报告，建议分析人员对形势的评估作出修订。

增强一份指标清单的完备性和可信度的方法如下：

★ 建立鉴定每个指标的等级标准。

★ 提供对每个指标的具体定义。

★ 按既定安排（如，每月、每季或每年）对指标进行等级鉴定。

★ 为每一等级鉴定赋予信心度。

★ 对等级鉴定量表的每个点进行简要描述，说明在那个点上预计会观察到什么。

★ 列出在生成该等级鉴定时使用的信息来源。

图 6.2c 是复杂指标图表的范例，它囊括了上文所列的前 3 种方法。

潜在缺陷

指标的质量十分关键，因为拙劣的指标会导致分析失误。正是由于这些原因，分析人员必须定期审查指标清单的有效性和相关性。狭隘或过时的指标会强化分析偏见，致使分析人员丢弃新证据，并用不恰当的信息哄骗用户。随着时间的推进，指标也可能被证明是无效的，或者与它们需要显示的情形相比，它们被证实只是拙劣的“指示器”。通过经常性地检查指标的有效性，分析人员可能还会发现自己原来的假定是有瑕疵的。最后，如果对手知道哪些指标在你的清单中，就可能做出一些可操作性的改变，以隐藏你正在寻找的指标，或者让你只看到相反的指标。

与其他方法的关系

“指标法”与其他大量的方法密切相关。在创建指标时，通常会使用某些形式的头脑风暴，以利用持不同观点和拥有不同专业背景的多名分析人员的意见。设计替代情景时，总是涉及制定并监控可以指出情景正在演变的指标问题。“若则分析法”和“高影响 / 低概率分析法”的使用均有赖于指标的制定与使用，而在使用第七章“假设生成与检验”中所讨论的“竞争性假设分析法”时，这些指标通常会以证据的形式出现。

下一节将讨论的“指标验证因子法™”，是用于检验指标诊断力的一种工具。

		2008年 I	2008年 II	2008年 III	2008年 IV	2009年 I	2009年 II	2009年 III	2009年 IV	2010年 I	2010年 II
社会变革 / 冲突	种族 / 宗教的不满	•	•	•	•	•	•	•	•	•	•
	示威、骚乱、罢工	•	•	○	○	○	◑	■	■	■	●
经济因素	总体恶化	○	○	◑	◑	◑	○	◑	◑	◑	◑
	可用外资减少	○	◑	○	○	○	○	○	○	○	○
	资本外流	○	○	○	◑	◑	○	■	■	■	■
	经济政策改革受挫	○	○	○	○	■	■	■	■	■	■
	食物 / 能源短缺	○	○	○	○	◑	●	■	■	■	■
	通胀	○	○	◑	○	○	◑	■	■	■	■
反对派的活动	组织能力	○	•	•	•	•	•	•	○	○	○
	策划反对活动 / 阴谋	○	○	○	○	○	○	○	○	○	○
	恐怖主义和破坏	○	○	○	○	○	○	○	○	○	○
	叛乱者武装袭击	○	○	○	○	○	○	○	○	○	○
	公众支持	•	•	•	•	•	•	•	•	•	•
军方的态度 / 活动	威胁要维护军方利益 / 尊严	•	•	•	•	•	•	•	○	○	○
	对职业损失、待遇和获利不满	•	•	•	•	•	•	•	○	○	○
	对政府举措 / 政策不满	○	○	○	○	○	○	○	◑	◑	◑
	关于政变阴谋的报告 / 谣言	○	○	○	○	○	○	○	○	○	○
	对政府的外部支持	○	○	○	○	○	○	○	○	○	○
	对反对派的外部支持	○	○	○	○	○	○	○	○	○	○
	爆发军事冲突的威胁	○	○	○	•	•	•	•	•	•	•
政权的举措 / 能力	镇压 / 暴行	◑	○	◑	◑	◑	◑	◑	◑	◑	◑
	安全能力	•	•	•	•	○	○	○	○	○	○
	政治上分裂 / 丧失信心	○	○	○	○	○	○	○	○	○	○
	丧失合法性	●	◑	◑	◑	◑	◑	○	◑	◑	◑

图例：• 可忽略的关注点　○ 低度关注点　◑ 中度关注点　● 实质性的关注点　■ 强烈的关注点

图 6.2c　赞姆比亚政治动荡指标

本方法的起源

对军事攻击指标的识别与监控是情报分析最古老的形式之一。此处的讨论，参考了伦道夫·弗森《分析工具与方法手册》中有关“指标法”的章节，及其《指标手册》（*The Indicators Handbook* [Reston, VA: Pherson Associates, LLC, 2008]）。此外，森塞雅·格拉博（Cynthia M. Grabo）的《预判突袭：战略预警分析》（*Anticipating Surprise: Analysis for Strategic Warning* [Lanham, MD: University Press of America, 2004]），是对指标的制定与使用的经典论著。

三、指标验证因子法™

“指标验证因子法™”是一种评定指标的诊断力的方法过程。该方法是特别设计出来帮助分析人员以最可能高效的方式验证其指标的。

何时使用

为竞争性假设或替代情景设定指标时，“指标验证因子法™”是一种非常重要的工具（见图 6.3a）。分析人员在形成了一组替代情景或竞争性假设后，下一步就是为每个情景（或假设）生成指标——一旦特定前景或假设开始显现将会出现的或被证实是精确的。一个不常被问及的关键问题是：某个既定的指标只在它所分配的那个情景中出现，还是会在某个或更多的替代情景或假设中出现。那些可能会在多个情景或假设中出现的指标被认为不具诊断力，因为这表明它们在确定某个特定情景或假设是否真实方面，并不具有特别价值。理想的指标与它所分配的情景或假设有高度一致性，而与其他所有替代情景或假设具有高度不一致性。

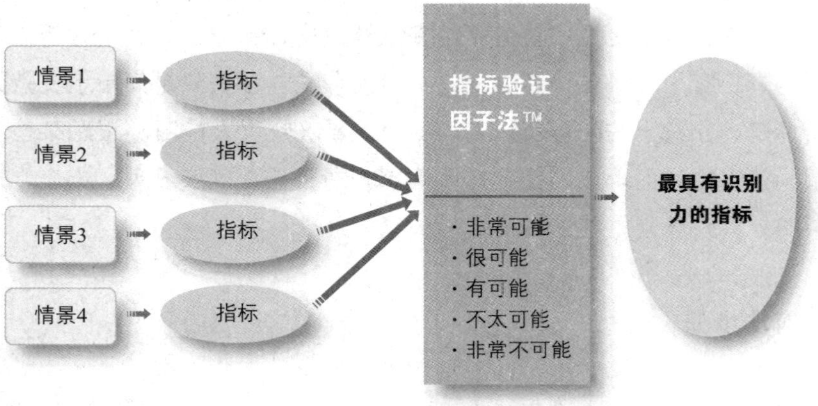

"指标验证因子法™"评估每个指标出现在每个情景中的可能性。最具有识别力的指标是按等级序列或按情景列出的。

图 6.3a "指标验证因子法™"模型

来源：弗森联合有限责任公司，2008 年。

增加的价值

用"指标验证因子法 ™"来识别并剔除那些不具诊断力的指标，可以极大地提升分析的可信度。通过运用该工具，分析人员可按从最具诊断力到最不具诊断力的顺序，对他们列出的指标进行排序，并决定在指标清单何处画线，从而将画线范围内的指标挑选出来运用到分析当中去。在一些情形中，分析人员可能会发现，原准备用于某一既定情景的大部分或所有指标都被剔除掉了，原因就在于这些指标与其他情景相吻合，这迫使他们开展头脑风暴，形成一组新的、更好的指标。如果分析人员发现很难为两个情景各自生成一组具有诊断力的指标清单，可能是因为这两个情景的差异性不够，建议将两者进行合并。

"指标验证因子法 ™"可以通过向分析人员展示一组指向某个情景的指标也可能指向其他情景，以帮助他们克服思维定式。该方法还可以表明，一些指标原本被认为有用或具备诊断力，但事实可能并不是这样。通过将某个指标置于更宽广背景下的多个情景中，该方法有助于分析人员关注那些真正有用和具备诊断力的指标，而非关注那些只是简单地支持某一特定情景的指标。“指标验证因子法 ™”要求分析人员回溯跟踪某些之前为某一特定情景而形成的指标，明确这一情景是否确实显现了出来，这可以帮助分析人员避免过早形成结论。

方法步骤

第一步是制作一个类似于在“竞争性假设分析法”中使用的矩阵。可以手工绘制，或者是通过使用“指标验证因子法 ™”软件（参见图 6.3b）来绘制。该矩阵应：

★ 沿顶部列出替代情况（就像在“竞争性假设分析法”中列出假设那样）。

★ 沿左侧列出已经为所有情景生成的指标（就像在“竞争性假设分析法”中列出相关信息那样）。

★ 在该矩阵的每个单元格中，评估为某特定情景制定的指标是否：

- 非常可能出现
- 很可能出现
- 有可能出现
- 不太可能出现
- 非常不可能出现

★ 为某个特定情景，即原始情景（home scenario）而生成的指标，应当要么是“非常可能”，要么就是“很可能”。如果没有软件，你也可以自己打分。如果对于原始情景而言，指标是“非常可能”，那么对于其他情景：

- “非常可能出现”为 0 分
- “很可能出现”为 1 分
- “有可能出现”为 2 分

- “不太可能出现”为 4 分
- “非常不可能出现”为 6 分

★ 如果对于原始情景而言，指标是“很可能”，那么对于其他情景：

- “非常可能出现”为 0 分
- “很可能出现”为 0 分
- “有可能出现”为 1 分
- “不太可能出现”为 3 分
- “非常不可能出现”为 5 分

★ 汇总算出每行的得分。

★ 在该过程完成后，对这些指标进行再整理，让最有识别力的指标显示在矩阵的顶部，最没有识别力的指标显示在矩阵的底部。

- 最有识别力的指标是那个在某一个情景中出现“非常可能”，并在所有其他情景中出现“非常不可能”的指标。
- 最没有识别力的指标是在所有情景中出现“非常可能”的指标。
- 大部分指标介于上述两者之间。

★ 那些得到最多“非常不可能”和“不太可能”评定的指标，是最有识别力的指标。

★ 重新审查分析人员的评估存在的差异，确定是否需要调整他们的评级。通常情况下，分析人员在评价某个特定指标时产生的差异，可以回溯到他们在评价时针对情景所运用的不同假定。

★ 判断是否应保留或摈弃那些没有“不太可能”或“非常不可能”评价的指标。在某些情况下，如果某个指标与另一组指标结合起来时十分有用，那就值得保留。

★ 在无用的指标被剔除之后，对原始情景之下的指标进行重组。

★ 如果为某个特定情景形成的大量具有诊断力的指标均已被剔除，那么应该重新为该情景形成新的、更具诊断力的指标。

★ 运用“指标验证因子法™”对新指标的诊断价值进行再次核查。

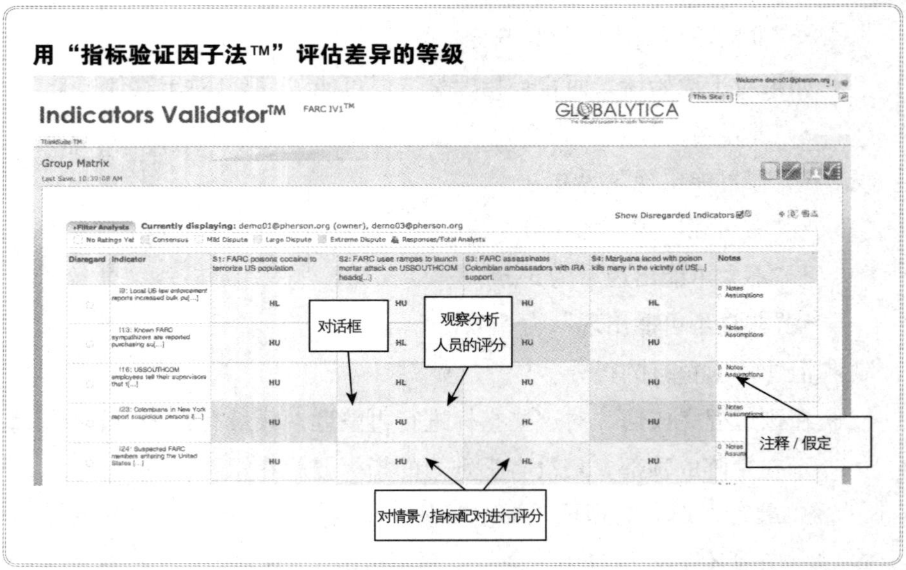

图 6.3b “指标验证因子法™”流程

来源：全球分析有限责任公司，2013 年。

潜在缺陷

在确定某些指标不具有诊断力并准备剔除之前，应当慎重考虑。例如，某个指标也许并不具有诊断价值，但是当它作为一组指标的一部分使用时，却很有用。一个恐怖组织“购买枪支”的指标，在确定以下哪个情景——武装袭击、劫持人质或者绑架——可能会发生时并不具有诊断力；但确认已经购买了枪支这一点，对于指出存在实施某种暴力行动的意图或甚至是警告事件发生的紧迫性，却是至关重要的。

另一个不要剔除不具有诊断力的指标的论点是：对搜集者而言，维持和刊发这样的清单可能具有价值。如果分析人员一开始就相信这些指标有助于确定某个特定情景是否会出现，那么从事该问题或相似问题工作的搜集者和其他分析人员可能也会形成同样的结论。正因为如此，“指标验证因子法™”的指导人员相信，应当刊发这样的不具有诊断力的指标清单，以提醒其他分析人员和搜集者，避免他们可能犯下同样的错误。

本方法的起源

该方法由弗森联合有限责任公司的伦道夫·弗森、格雷斯·斯卡伯卢、艾伦·施瓦茨和萨拉·毕比开发。该方法首次发表在伦道夫·弗森所著的《分析工具与方法手册》一书中。关于“情景分析法”的更多方法，参见安迪·海恩斯写的《情景设计的现状：方法纵览》一文。

[第七章]

假设生成与检验

情报界、执法界和商界从事的分析工作永远无法达到一门真正科学那样的精确度和可预测性，因为分析人员工作时面对的往往是典型的不完整、含糊甚至具有潜在欺骗性的信息。不过，情报分析流程能够从一些科学经验教训中受益，并适应于科学推理的某些原理。

科学的流程包括观察、分类、描述假设，然后检验这些假设。生成并检验假设是结构化分析的核心职能。对过去的可能解释或对未来的判断就是一种假设，需要通过搜集并提出证据进行检验。本章第一部分阐述了生成假设的方法。分析人员可以运用这些方法或其他类似方法为他们的课题设想出新的、替代的解释。生成多个假设的过程可以提供应对若干认知偏见的“解药”：通过促使分析人员生成替代解释，减少“锚定效应”（Anchoring Effect）；通过让分析人员接触到新观点和多种排列组合，减少“证实偏见”的影响，帮助分析人员避免过早下结论。

这些替代解释需要用已获得的现有证据进行检验。本章第二部分将阐述对假设进行检验的方法。这些方法促使分析人员对数据资料的质量更加敏感，并去寻找不仅能证实而且能证伪假设的信息。通过对所有证据进行系统性审查，可以缓解那些过分关注于更加生动形象或是最为熟悉的情景的认知偏见。

生成并检验假设是一种技能，不可能天生就掌握其中的奥妙。它是一种推理形式，人们可以学习掌握以应对高风险的状况。利用现有的知识储备和经验（思维模型）做出直觉判断，是自然天生的方式。[1] 在绝大多数情况下，它在日常生活中都是一种有效的方式，但对情报分析而言，这种方式还不够，因为情报问题往往都很复杂，而出错的风险和代价又极为高昂。此外，情况时时在变，凭借过去的知识和经验做出的直觉判断，很有可能是错误的。

当一个人面对多个选项需要做出艰难选择时，依赖直觉判断就得遵循被称为“满意法则”（satisficing）的习惯并会产生风险。“满意法则”这一术语系诺贝尔奖得主赫伯特·西蒙创造，由“满意”（satisfy）和“足够”（suffice）两词结合而成；[2] 意思是遇到第一个看上去适当的答案就感到满意，而不是评定多个选项以找到最优或最佳答案。那些确实在寻找附加信息的“容易满足的人”（satisficer），可能只会寻找支持这个最初答案的那些信息，而不是针对所有的可能性去寻找更广泛的信息。

针对复杂问题的优质情报分析必须从一系列替代假设开始。经验丰富的情报分析人员从科学家使用的工具中借鉴而来的另一方法是对替代假设进行检验。如果只引述与假设一致的证据，永远也无法确凿地证明假设的正确性，因为同样的证据可能会且常常会与一个或更多的假设一致。科学研究一般通过驳倒或证伪假设来进行。一个不能被驳倒的假设，应与那些看起来有许多证据支持的假设一样，得到认真对待。只要有一条证据与某个假设不一致，就足以成为否决那个假设的依据。最能站得住脚的假设，往往是反对证据最少的那个。

分析人员经常用于检验假设的推理形式是逆证推理（abductive reasoning），它与演绎推理和归纳推理这两种更有名气的推理形式不同。逆证推理从一组事实着手，然后提出假设；如果假设是正确的，则可为这些事实提供最佳解释。最能站得住脚的假设，是对事实做出最佳解释的那个

---

[1] 原注：参见第二章关于系统一（直觉）思维与系统二（分析）思维特征对比的讨论。

[2] 原注：Herbert A. Simon, “A Behavioral Model of Rational Choice,” *Quarterly Journal of Economics* LXIX (February 1955): 99–101.

假设。由于情报分析固有的不确定性，能够对假设进行结论性的证实或证伪是例外而非常态。

本章讨论了专门用于假设生成的3种方法。其他章也包括可以用于生成假设的方法，但还有很多其他目的。其他章中的这类方法包括：第四章中的“维恩分析法”，第五章中的“结构化头脑风暴”“名义团体法”“象限处理法™”，第六章中的“情景分析法”，第九章中的“德尔菲法”，第十一章中的“决策树法”。

本章讨论了4种检验假设的方法。其中之一的“竞争性假设分析法”，是小理查兹·J.霍耶尔开发出来专门用于情报分析的。它是卡尔·波普尔（Karl Popper）的科学理论在情报分析中的应用。[1] 波普尔是20世纪最有影响力的科学哲学家之一。他之所以闻名，其中一个原因就是他认为科学推理应从提出多种假设着手，对假设进行否决或删除，同时暂时接受不能被驳倒的那些假设。

方法概述

“假设生成法”（Hypothesis Generation）是一个类别，包括3种特定方法，即“简单假设法”（Simple Hypothesis）、“多种假设生成程序法™”（Multiple Hypotheses Generator ™）和“象限假设生成法”。“简单假设法”是3者中最容易的方法，但并非总是最佳选择。“多种假设生成程序法™”可用于确定大量的所有可能假设。“象限假设生成法”可在预计只有2种驱动力决定结果时使用，以确定一组假设。后2种方法在确定一组“相互独立、完全穷尽”（mutually exclusive and comprehensively exhaustive，MECE）的假设时非常有用。

“诊断推理法”是指把假设检验应用于对重要的新信息的评估。对此类信息的评估，应在该信息所有看似合理的解释下进行，而不仅是在分析

[1] 原注：Karl Popper, *The Logic of Science* (New York: Basic Books, 1959).

人员已经成型的思维模型下进行。使用“诊断推理法”可减少出现突发意外的风险，因为它可以确保分析人员至少在某种程度上考虑到一些替代结论。“诊断推理法”与“竞争性假设分析法”的不同之处是，前者通常用于评估单项证据，而后者则用于应对整个问题，涉及多项证据和更为复杂的分析过程。

“竞争性假设分析法”是波普尔的科学哲学理论在情报分析领域的应用。它要求识别并随后证伪所有可能合理的假设，这迫使分析人员认识到大多数分析情形下固有的不确定性。同时，“竞争性假设分析法”可帮助分析人员整理并管理相关信息，以找到减少这些不确定性的途径。

“论证图示法”是对单个假设进行严格逻辑检验的方法。论据和证据的结构化可视呈现，使评估任何分析判断都变得更容易。“论证图示法”是“竞争性假设分析法”合乎逻辑的后继步骤。如果说“竞争性假设分析法”是对多种假设进行更综合的分析，那么“论证图示法”则是对支持或反对某个假设的论据的详细呈现。成功使用“论证图示法”对“竞争性假设分析法”所支持的假设进行检验，可以增强对两种分析方法所得结果的信心。

“欺骗识别法”将在本章进行讨论，这是针对可能遭受外国情报机构、经济竞争对手或其他敌对组织欺骗的一种特别的假设类型，分析人员必须经常考虑。存在欺骗的可能性是任何“竞争性假设分析法”都可以包括的一种假设。通过“欺骗识别法”确定的信息可以作为证据记入“竞争性假设分析法”矩阵中。

一、假设生成法

广义而言，假设是可能的解释或结论，需要用搜集和提供的证据进行检验。它是一个尚未确立真实与否的宣示陈述，是基于观察得出的“有根据的推测”，尚需通过更多的观察或实验来获得支持或者被驳倒。

好的假设应当：

- ★ 是记述下来的一个明确陈述，而不是一个被提出的问题。
- ★ 以观察和知识为基础。
- ★ 可以检验并被证明错误。
- ★ 能明确预测预期的结果。
- ★ 包含一个因变量和一个自变量。因变量是要解释的现象，自变量则负责做出解释。

"假设生成法"应当是任何一个严谨的分析过程中不可缺少的组成部分，因为它有助于分析人员广泛地和创造性地思考某个范围的可能性，避免在常规思维被证明是错误的情况下产生意外突发状况。它的目标是形成一份假设清单，并且随后可以用已有的相关信息和未来可能拥有的新数据资料来详细审视和检验这些假设。分析人员应该努力提出互相排斥的假设，这份列表要尽可能全面。

生成假设可以使用的方法很多，包括本书其他章节讨论过的几种方法，如"维恩分析法""结构化头脑风暴""情景分析法""象限处理法™""星爆法""德尔菲法"以及"决策树法"等。本节将对专门为假设生成开发的方法进行讨论，然后对"简单假设法""多种假设生成程序法™"和"象限假设生成法"这3种不同方法进行介绍。

何时使用

在以下情况中，分析人员应该在项目开始阶段使用某些结构化程序，以生成多种假设：

- ★ 研究课题的重要性很高，要求对所有替代假设进行系统性分析。
- ★ 在分析中涉及许多变量。
- ★ 结果具有不确定性。
- ★ 分析人员或者决策者持有相互矛盾的观点。

"简单假设法"经常被用于拓宽看似合理的假设范围。它使用"结构化头脑风暴”，从关系密切的组群之间产生潜在的假设。当问题可以由 2 个关键驱动力来定义时，使用“象限假设生成法”最为有效，可以为每个象限创造一个 2×2 矩阵并生成不同的假设。“多种假设生成程序法 ™”在有一个首要假设占绝对优势时特别有帮助。

增加的价值

“假设生成法”提供了一种生成一组复杂的、相互对立的假设的结构化方式。重要的假设没有被忽视并且有助于减少偏见，这可以增加分析中的信心。当这些方法被适宜运用时，与确保所有可能的解释都得到了考虑相比，选择一个首要假设将变得更加不重要。

这些方法尤其有助于情报分析人员克服如下某些典型的直觉陷阱：

- ★ **引入以往的经验**：分析人员处于压力之下时，可能被诱导去选择某个假设，而原因只是该假设避免了之前犯过的错误或是重复了之前获得的成功。在美国发动伊拉克战争[1]之前，迫切要避免重犯低估萨达姆拥有大规模杀伤性武器能力的错误，就是一个典型的例子。
- ★ **拒绝证据**：即使是面临不断增加的大量与最初结论不一致的科学证据，分析人员也经常会坚持保留某个分析判断长达数月甚至数年。人们原来一直相信人类活动不是造成全球气候变暖的原因，就是一个很好的案例。
- ★ **缺乏足够的“箱子”**：由于分析人员缺少一个合适的类别或“箱子”来归纳信息，导致在分析中未能回忆起这一信息或是未能将其纳入到应当考虑的因素中，是造成美国许多情报失误的原因。在“9·11”袭击之后，我们认识到，美国情报界之所以缺乏想象力，原因之一就在于，无论是将商业航班作为一个大型的可燃导弹

---

[1] 译注：原文是“第二次伊拉克战争”。我国一般是将 1990 年爆发的战争称为“海湾战争”，而将 2003 年的战争直接称为“伊拉克战争”。

使用，或是劫持一架无意降落的飞机，都没有相应的“箱子”把它们归纳进来。

★ **期待最低限度的变化**：另一个经常出现的陷阱是，关注于狭隘范围的替代情况，期望只产生最低限度而非剧烈的变化。可以举的一个例子是，假定叙利亚冲突是阿萨德政权和联合起来的反对派之间的战斗，而没有考虑到更加剧烈变化的情景，如叙利亚分裂为数个国家、崩溃成为失败国家，或是叙利亚由极端伊斯兰势力接管。

方法步骤：“简单假设法”

使用“简单假设法”时，首先应对问题进行定义，并确定在课题项目开始阶段怎样使用这些假设。如，这些假设会作为设计情景的基础，用于“竞争性假设分析法”和其他假设检验项目中吗？或者，这些假设会作为从大量替代结果中选出最需要认真关注的那些结果的手段吗？图 7.1.1 举例说明了这一过程。

召集一个由多样化来源人员组成的团体，审查想要评估的问题、活动或行为的已有信息和解释。组建这个多样化团体时，应考虑的方面包括：需要不同类型的专业知识以应对问题的不同方面，需要不同的文化知识以应对问题所涉及的地理区域，需要来自不同利益方的不同看法，需要不同类型的思维（左脑型 / 右脑型，男性思维 / 女性思维）等。然后：

★ 让团体的每名成员在一个 3 英寸 ×5 英寸卡片上写下 3 个替代的解释或假设。通过以下方法激发创造性思考：
  - **情势逻辑法**：将所有已知的事实、对在特定时间和地点发挥作用的基础性力量的理解等纳入考虑。
  - **历史类比法**：将（历史上）同类型现象的例子纳入考虑。
  - **理论法**：将从基于某特定类型情况如何演进的多个实例中得出的理论纳入考虑。

★ 回收卡片，在白板上写出结果。对清单进行合并，避免重复。

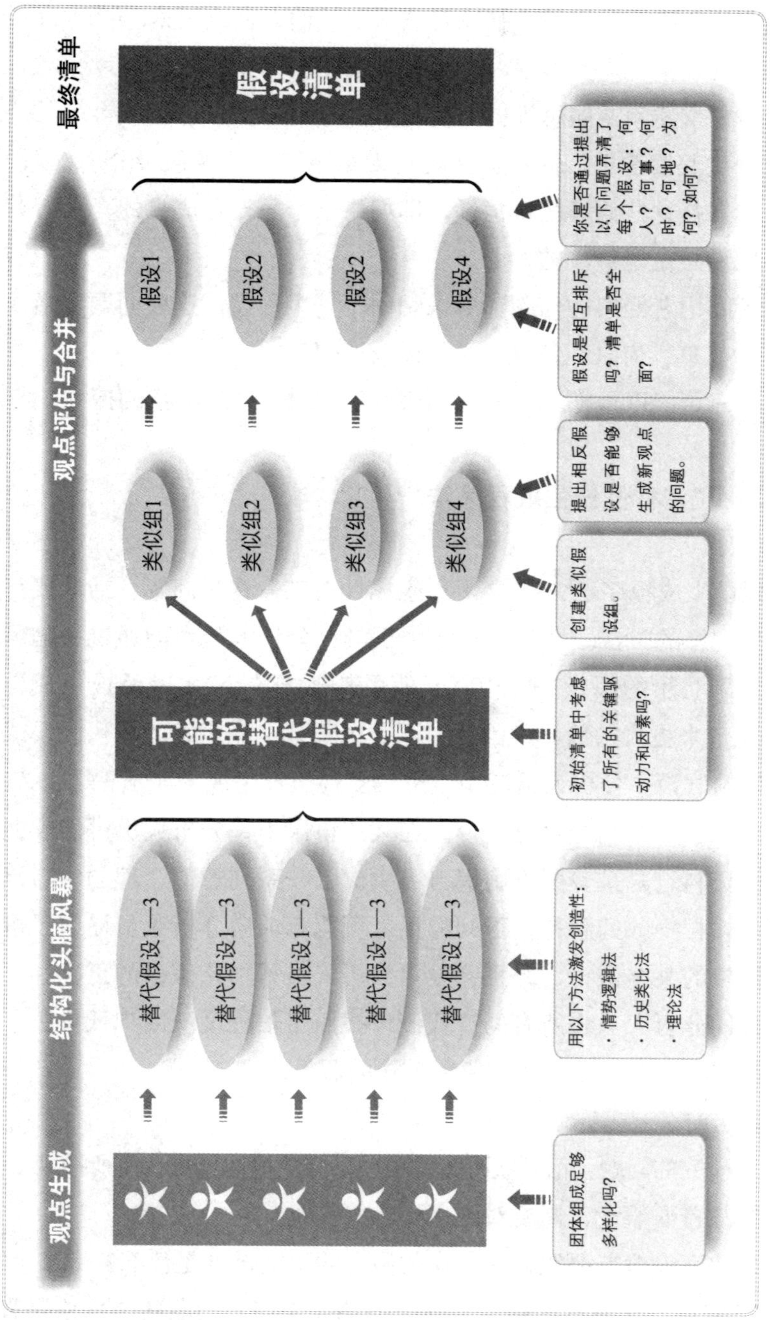

图 7.1.1 简单假设生成法

来源：全球分析有限责任公司，2013 年。

★ 使用额外的团体或个人头脑风暴法识别关键力量或因素。
★ 将所有假设整合进类似组，并为每个组贴上标签。
★ 利用问题重述和逆向思维提出新观点。
★ 更新替代假设清单。如果这些假设要用于“竞争性假设分析法”，应努力保持这些假设的排他性，即如果某个假设是成立的，则所有其他假设必定是错误的。
★ 通过新闻记者经典的问题清单来阐明每一个假设，这些问题包括：何人、何事、何时、何地、为何以及如何等。
★ 选出最有可能以预期方式发展的假设，并对其做进一步的探究。

方法步骤：“多种假设生成程序法™”

“多种假设生成程序法™”是用于生成针对某一特定问题、活动或行为的多种替代解释的方法。即使不用这个工具，分析人员也能通过头脑风暴，得出一系列有用的假设，但相对于使用其他方法，“多种假设生成程序法™”可以带来更大的信心，因为它不会忽略某个决定性的替代假设或某个不被看好的假设。分析人员应当运用“多种假设生成程序法™”以确保自己已经考虑了一系列的可能假设。在某些情况下，分析人员可能掌握了可观的数据资料，并且着眼于确保自己生成了一系列看似合理的、与已掌握的数据资料相一致的解释。否则的话，可能有人向分析人员提供了可以解释所知现象的某个假设，并且会要求分析人员评估该假设的正确性。软件也可以帮助分析人员将所有的替代假设按照可信程度从高到低排序，从而关注那些排序较高、被认为最值得关注的假设。

使用该方法时：

★ 定义待研究的问题、活动或行为。用以下方式提问通常会有所帮助：
  - 要挑战首要假设，需要对定义作哪些变化？
  - 可以快速设置首要假设中包含的假定的可能排列是什么？
★ 按照“何人、何事、如何、何时、何地、为何”的顺序，将首要假设分解为各个相应的组成部分。这 6 个部分的问题不一定都适用，或者它们只针对正在研究的特定问题、活动或行为。通常这些部分中，只有 3 个部分是直接与已有问题相关的。此外，当生成的假设的数量可被掌控时，本方法才最有效。

- 如果你要质疑某个被偏好的假设，就要识别该假设涉及的“何人、何事、如何、何时、何地、为何”。然后针对每个关键的组成部分，生成合理的替代项。

★ 审查每个关键组成部分的替代项清单，努力确保每个清单中的替代项是相互排他的。

★ 如图 7.1.2 所示，生成一份所有可能的排列清单。

★ 抛弃完全没有意义的排列。

★ 通过质疑每个组成部分的关键假定，对剩余排列的可信度进行评估。有些假定可能是可以自检的。为每个排列分配“可信值”，分值在 1—5 分之间；1 代表可信值最低，5 代表可信值最高。

★ 对剩余的排列进行重新整理，按最可信到最不可信进行排列。

★ 将排列作为假设重新陈述，确保每个排列符合一个好的假设的标准。

★ 从清单的顶部选出最值得关注的那些假设。

方法步骤：“象限假设生成法”

当出现 2 个容易确定的关键驱动力决定了问题结果的情况时，可以使用象限技巧确认一组基本的假设。该方法可以确定代表这 2 个关键驱动力的极端情形的 4 种可能情景。它涵盖了这 2 种驱动力的相互关系及相互作用所固有的逻辑可能性，因此能够生成分析人员使用其他方法时可能会忽视的选项。

相较于“多种假设生成程序法™”，“象限假设生成法”更容易使用，也更快捷，但它只局限于形势结果将由 2 种主要驱动力决定的情况，而且取决于这 2 种驱动力被正确识别。如果主要驱动力超过 2 个，或分析人员

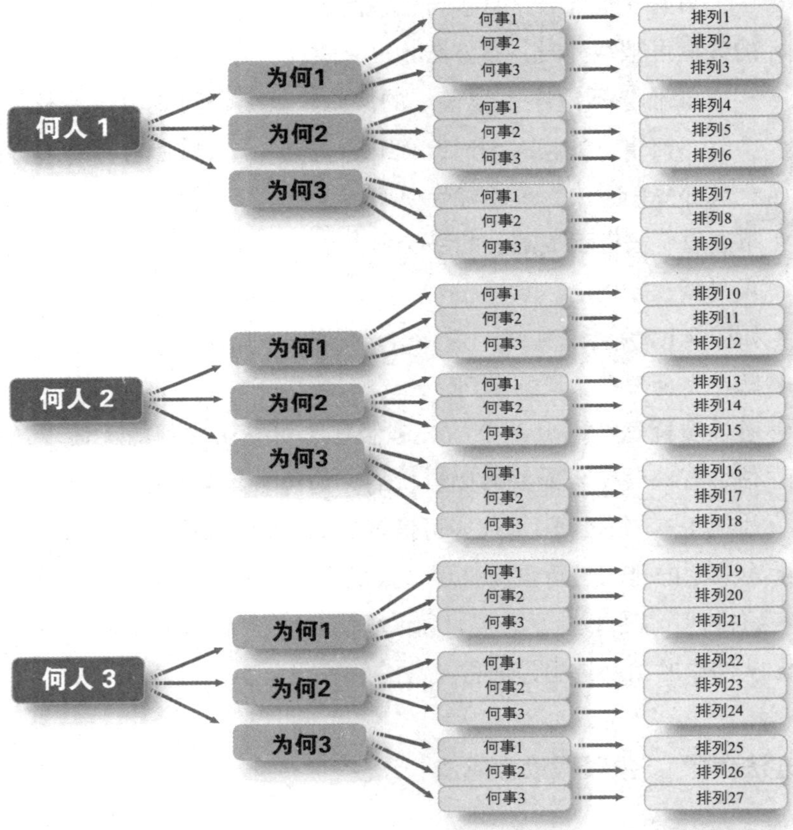

在这个例子中，根据记者列出的“何人、何事、如何、何时、何地、为何”清单，可以用3个问题来生成27个排列。这6个组成部分中的一些可能并不适用于正在研究的某个特定问题、活动或行为。在这种情况下，针对“何人、为何、何事”3个部分各生成3个替代项，就形成了相应的排列。

图 7.1.2　多种假设生成程序法™：生成排列

来源：全球分析有限责任公司，2013 年。

对构成这 2 种主要驱动力的力量产生分歧时，本方法的有效性将大打折扣。

运用“象限假设生成法”的步骤如下：

★ 通过运用“结构化头脑风暴”或向课题专家请教，确定 2 个关键驱动力。确定这 2 个关键驱动力的讨论本身就是很好的操作实践。

★ 利用这 2 个驱动力构建一个 2×2 矩阵。

★ 将每个驱动力视为从一端到另一端连续变化的变量。在纵轴和横轴的两端写下每个驱动力的极端状况。

★ 在每个象限中写出 2 个驱动力塑造的最终状况的细节。

★ 指出显示事件是否正在朝某个假设发展的标志。利用这些标志或指标的变化来制定情报搜集策略或研究的优先次序，以确定事件在朝哪个方向发展。

图 7.1.3 是一个象限图的例子。本例中，分析人员的任务是拟定一篇关于伊拉克可能的未来的报告，报告关注的是政府可能的最终状态。分析人员已经识别并一致认可了左右政府未来的 2 个关键驱动力，即联邦政府

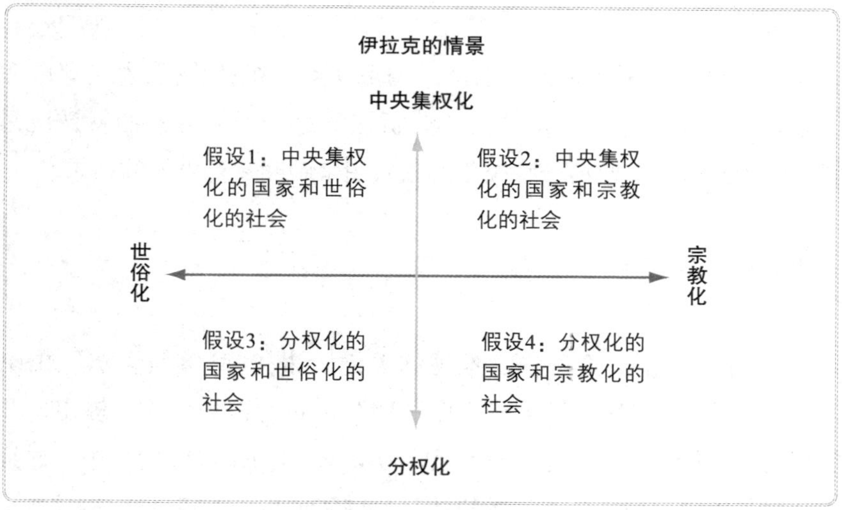

图 7.1.3　象限假设生成法：关于伊拉克未来的 4 种假设

的集权化程度和政府受宗教控制的程度。分析人员制作了象限图，并提出了 4 个合乎逻辑的假设。

从象限图中得出的 4 个假设，可以表述如下：

1. 伊拉克政府最终将成为一个中央集权化的国家和世俗化的社会。
2. 伊拉克政府最终将成为一个中央集权化的国家和宗教化的社会。
3. 伊拉克政府最终将成为一个分权化的国家和世俗化的社会。
4. 伊拉克政府最终将成为一个分权化的国家和宗教化的社会。

潜在缺陷

本方法的价值高低取决于分析人员生成一组基础坚实的替代解释的能力。如果形成分析团队的动力有缺陷，那么产生的结果就会有缺陷。不论分析人员是否能够通过此过程产生或确认正确的假设或“观点”，都会极大地增加这组假设中包含正确的假设前景的可能性。

与其他方法的关系

运用“情景分析法”得出的产品均可视为一组替代假设。“象限假设生成法”是第五章中描述的“形态分析法”这一通用方法的特殊应用。“替代前景分析法”使用一种类似的象限图来阐明 4 种可能的结果。

本方法的起源

假设的生成和检验是科学推理的关键因素。“简单假设法”由伦道夫·弗森开发。“多种假设生成程序法™”也是伦道夫·弗森提出，并在他所著的《分析工具与方法手册》和 www.globalytica.com 网站中有详细的描述。对“象限假设生成法”的描述来自国防情报局的培训教材。

二、诊断推理法

"诊断推理法"是假设检验在对事物新发展、信息或情报的新方面、某个情报来源可靠性进行评估时的具体应用。"诊断推理法"与"竞争性假设分析法"的不同之处在于，前者用于评估相关信息的某个单独方面或是某个单独来源，而后者针对的则是所有的假设和相关信息的众多方面。

何时使用

当分析人员在评估某个事物新发展的意义、某份新报告的重要性或是从某个新的情报来源得到一系列报告的可靠性时，如果发现自己快速作出了直觉判断，就应该使用"诊断推理法"。分析人员经常会发现，支持某个首要假设的许多信息最终也都会和替代假设相一致。在这种情况下，新信息就不应该且不能被用作支持主流观点或首要假设的证据。

本方法同样也可以帮助减少意外突发的概率，因为它确保了分析人员或决策者在此之前已经至少考虑过替代解释。当某个分析人员或决策者正在寻找证据来证实一个已有的思维模型或政策立场时，本方法就显得尤其重要。本方法有助于分析人员评估同样的信息是否与其他合理的结论或替代假设相一致。

增加的价值

面对新出现的信息，人们往往认为它与自己对正在发生的事的理解，即分析人员的思维模型相一致，而"诊断推理法"的价值在于它有助于平衡这种自然倾向。本方法促使分析人员质问自己，这条同样的信息是否与其他的合理结论或替代假设相一致。而通常的情况是：人们会发现，支持他们认为最有可能的结论的许多信息，实际上在证实他们的既有观点方面价值有限，因为同样的信息也可能与替代的结论相一致。应当在该信息包含的所有可能解释的背景下，而不仅仅是在已被接受的思维模型的背景下来评估新的信息。

“诊断推理法”有助于分析人员确定和关注最需要被用来作出决定的信息，避免犯下错误，丢弃或忽视与自已期望预见的情况不一致的信息。在评估证据时，分析人员倾向于将新信息融入到他们当前的感知中去，因此难以关注到逐渐发展的变化。有时候，由于专家有太多的东西难以丢弃，因此过去的经历可能成为障碍，而新的观点可以提供帮助。

“诊断推理法”也有助于分析人员避免落入典型的直觉陷阱，即当某些事情似乎与分析人员的过往经历一致时，他们就据此假定同样的推动力量仍在发挥作用，并且会在面对越来越多的、与最初结论相矛盾的证据时，仍然坚持某个分析判断。通过发现那些与所有可能的替代情况相一致的信息，本方法还有助于减少对不具备诊断力的信息的关注度。

方法步骤

运用“诊断推理法”的过程是全力去驳倒替代判断的过程，而不是去证实自认为某个判断准确无误的过程。其具体步骤如下：

★ 接到一条可能重要的信息后，琢磨一下它蕴含着什么（例如，是对某事为何发生的解释，还是对未来会发生什么的预示）。根据你当前的思维模型，快速做出直觉判断。

★ 定义焦点问题。比如，“诊断推理法”的头脑风暴会议经常以以下问题开始：

- 首要假设（定义为……）是否有替代解释，并且也与新信息、新发展或是新的消息来源相一致？
- 除了首要假设外，是否还有其他的理由？

★ 对替代判断进行单独思考的或是小团体范围的头脑风暴，持有不同观点的其他分析人员也许会认为这些替代判断有可能是正确的。制定出一份此种替代判断的清单。

★ 针对每个替代判断，提出以下问题：如果该替代判断是可靠的或准确的，那么就我看到这条新信息而言，该替代判断的可能性有多大？
★ 基于对这些替代判断的思考，做出暂时性判断。如果该新信息对每个替代判断的一致度都是均等的，那么该信息就没有诊断价值，可以忽略不计。如果该信息明显与某个或多个替代判断相矛盾，则这些替代判断可以被剔除。
★ 针对每个替代判断逐一进行这种模式的思考，以决定哪些替代判断需要进一步关注，哪些可以在新信息出现之前不用再考虑或可以搁置起来。
★ 寻找其他的证据继续进行反驳，而不是证实剩下的替代判断。

潜在缺陷

当分析人员接收到新信息时，需要确定该条信息是准确的、不具有欺骗性质的或是故意误导性质的。有可能出现的情况是：没有哪个关键信息最后是具有诊断力的，或是所有的相关信息都不会被明确。

与其他方法的关系

“诊断推理法”是“竞争性假设分析法”和“指标验证因子法™”（见第六章）这两种方法不可或缺的一部分。之所以作为一种单独的方法提出来，是因为对它的使用不仅仅限于这两种方法。作为批判性推理的一种基本形式，该方法应在情报分析领域得到广泛的应用。

本方法的起源

“诊断推理法”是许多年来解决医学问题的首要方法。关于“诊断推理法”在医学界所发挥的作用，可参见以下论著：艾伯特·埃尔斯坦（Albert S. Elstein）的《对诊断思考的思考：30 年的观察》（“Thinking about Diagnostic Thinking: A Thirty-Year Perspective,” *Advances in Health Science Education*, published online by Springer Science+Business Media, August 11, 2009）一文；帕特·克罗斯克里（Pat Croskerry）的《诊断推理的通用模型》（“A Universal Model of Diagnostic Reasoning,” *Academic Medicine* 84, no. 8 [August 2009]）一文。

三、竞争性假设分析法

“竞争性假设分析法”是明确一组完整的替代假设，系统评估数据资料与每个假设一致与否的分析过程，采用的方式是排除假设而非试图证实哪个假设看似最有可能。在情报分析中应用排除而非证实假设的方法，是卡尔·波普尔这位 20 世纪最具影响力之一的哲学家宣扬的科学原则。[1]

“竞争性假设分析法”的首要步骤是明确一组相互排斥的、被称为“假设”的替代解释或结果。分析人员对每个相关信息与每个假设的一致程度或不一致程度进行评估，然后选出最贴合证据的那个假设。本方法背后的科学原理是证伪尽可能多的合理假设，而非证实最初看来最有可能的那个假设。最有可能成立的假设是反对证据最少同时有支持证据的那个，而不仅仅是支持证据最多的那个。

何时使用

“竞争性假设分析法”适用于任何对已经发生、正在发生或可能会发生的事情的替代解释进行的分析。当你要做出的判断或决定非常重要，

---

[1] 原注：参见 Popper, *The Logic of Science*。

难以承受出错的后果时，可以使用它；当你心里感觉不太好，想用一种系统化的方式防止出现未能预见的情况突然发生时，可以使用它；当面对有争议的问题，想要明确确定不同分析人员的分歧所在，并留下一条审查线索，显示出考虑了哪些相关信息以及不同的分析人员如何形成各自不同的判断时，可以使用它。

当要消化和评估的数据量很大时，使用“竞争性假设分析法”特别有效。例如，该方法非常适合处理有关化学、生物学、放射学以及核领域的技术问题。比如，“这种零部件最有可能是为哪种武器系统进口的”，或“X 国正在进口或研发的导弹系统是什么类型的”。分析人员必须应对可能的拒止和欺骗时，使用“竞争性假设分析法”也特别有帮助，因为它最初就是为了这个目的而开发的。

该方法可以由单个分析人员使用，但小型团队使用起来最为有效，团队成员可以彼此质疑对相关信息的评估。该方法可以构建并推动与不同办公室或机构的同事间交流信息和观点。使用该方法时，分析人员需要投入适度的时间，一旦所有的相关信息已经搜集完成，通常需要至少一天时间制作矩阵，然后再花一天时间分阶段完成整个分析过程，并写出书面的结论报告。通常情况下，需要一名指导人员或曾经专门学过该方法如何使用的同事，来指导完成整个分析过程，尤其是首次使用该方法时，更需要这样的指导人员。

增加的价值

通常情况下，分析人员都会被要求去处理不完整的、含糊的、不规则的，有时甚至具有欺骗性的数据资料。此外，严格的时限要求和“打个电话问一问”的需要经常会与天然的人类认知偏见一起，以至于形成了不精确或不完整的判断。如果分析人员已经对分析的话题相当了解，那么通常的做法就是形成一个带有偏好性的假设，然后再去寻找相关证据来证实这个假设。这被称为“满意法则”策略，即满足于看起来得到了证据支持的第一个答案。

“满意法则”节约了时间，因此很高效，而且绝大多数情况下也发挥了作用。但是，分析人员却未能投入精力去预防突发情况或是所谓的“证实偏见”。这样的策略未能促使分析人员确认并质疑基本的假定。它越过了对替代解释或结果的分析——而这却是任何一个完整分析过程的基础。因此，“满意法则”策略未能区分，许多看起来支持带有偏好性的假设的相关信息，同样也与另一个或多个假设一致。这样的策略通常也无法认识到缺失信息的重要性，比如，如果某个给定的假设是真实的，那么它应当是可以观察到的事物，但却并没有被观察到。

“竞争性假设分析法”通过要求分析人员明确并随后尝试用所有与所面临问题相关的数据资料、假定、空白来证伪尽可能多的合理假设，提高了分析人员克服上述困难的概率。在开始阶段，分析竞争性假设这一方法会耗费时间精力，但却有极大的效益。那些第一次接触到“竞争性假设分析法”的分析人员称本方法十分有用，那是因为关注于确定替代假设以及这些假设如何被证伪的过程，促使分析人员以之前从未有过的态度来认真地考虑证据、解释和结果。

“竞争性假设分析法”的过程要求分析人员将搜集到的信息汇总起来，并以对分析过程有利的方式组织起来，这样才能在分析时使用这些信息。做法就是创建一个矩阵，将相关信息排列在最左列，将假设排列在最上行。每个相关信息都会就该信息是否与每个假设一致而受到评价，而这也会被用来对每个假设获得支持或否定的情况进行评估。这个过程可以手工完成，当然使用为此目的专门开发的“竞争性假设分析法”软件要更容易一些，也能完成得更好一些。不同的“竞争性假设分析法”软件可被用来对数据资料进行分类和分析，依据可以是信息的来源和日期，也可以是数据资料对每个假设的支持和否定程度。

“竞争性假设分析法”可以帮助分析人员生产出更好的分析产品：

★ 维护相关信息的记录，追踪这些信息是如何与每个假设相关的。

★ 当分析人员正在对数据资料编码，并记录下所需的附加信息或者是应当生成什么样的搜集需求时，需要把握住分析人员的关键假定。

★ 在如何得出结论方面，使分析人员可以通过一种更有序组织的、更为透明的方式提出结论，而非其他方式。

★ 为确定可用于监控和验证决定事件发展方向的指标提供基础。

★ 对于如何进行分析、得出结论，以及单个分析人员如何拥有不同的假定和判断，可以留下一条清晰的审查线索。

“竞争性假设分析法”软件

“竞争性假设分析法”于20世纪80年代中期在中央情报局开始使用时，是一种手工运用的方法。第一款专业开发和检验的“竞争性假设分析法”软件于2005年由帕洛阿尔托研究中心（Palo Alto Research Center，PARC）在联邦政府资助下，并在得到了小理查兹·J.霍耶尔和伦道夫·弗森的技术支持的情况下开发出来的。伦道夫·弗森设法将该软件引入到美国情报界。帕洛阿尔托研究中心在开发时就同意该软件可以公开免费使用，它还可以从研究中心网站http://www2.parc.com/istl/projects/ach/ach.html上免费下载。

帕洛阿尔托研究中心的软件版本是为单个分析人员使用而设计的，但在实践中，该软件通常也可以由一组分析人员使用。使用了该软件的分析团队的成员这样报告：

★ 该方法有助于他们更好地理解其他人员或是各个分析处室之间的意见差异。

★ 对“竞争性假设分析法”的矩阵进行审查，能够为发现并讨论那些参与使用的分析人员之间的意见差异提供一个系统的基础。

★ 当存在意见差异时，参考矩阵有助于去除论证中的个人因素。

其他已经出现的各种版本的“竞争性假设分析法”是由不同的研究中心和学术机构开发的。其中一个值得注意的版本，是因在梅西赫斯特学院（Mercyhurst College）讲授课程需要而开发的“结构化竞争性假设分析法”（Structured Analysis of Competing Hypothesis），它基于“竞争性假设分析法”，但在某些方面要求更加深入的分析。

最近的“竞争性假设分析法”是2010年在伦道夫·弗森的指导下，为全球分析有限责任公司开发的“Te@m竞争性假设分析法®”。该版本拥有帕洛阿尔托研究中心“竞争性假设分析法”工具几乎所有的功能，但却是作为协作工具而设计的。它允许在不同地点的分析人员同时处理同一个问题。分析人员可以从多个地点提出假设、在矩阵中输入数据资料，但前提是他们必须同意依据同一组假设和相关信息来开展工作。该软件允许分析人员在网上对话，讨论相互的评估和假定，将自己的分析与其他参与者的进行对比，了解团体对整个问题解决方案达成的一致意见。

“Te@m竞争性假设分析法®”为跨处室和跨机构之间的协作提供了一个工具，它确保了所有分析人员正在处理同样的数据资料证据、论据和假定，确保了团队中每个成员都有机会来表达各自的关于信息是如何与各个假设的可能性相关的。分析人员可以同步或不同步地使用该工具。它还提供了其他有用的功能，诸如用于避免偏见的、在输入数据时进行审查的方法，记录关键假定和搜集需求的能力，以及允许分析人员比较和对照每个人员是如何评价相关信息的筛选功能的。[1]

方法步骤

要保留对3个、4个甚至7个假设的工作记忆，并留意每条信息是如何融入每个假设的，这超出了大多数人的能力范围。它对思维敏捷性的要求，远远超过了寻找支持某个已被认定是最可能假设的证据这一通常做法。不过，“竞争性假设分析法”可以通过以下9个步骤帮助分析人员实现这一目标：

[1] 原注：关于“Te@m竞争性假设分析法®”的更详细描述，可参见http://www.globalytica.com。帕洛阿尔托研究中心的竞争性假设分析法工具也能从该网站获取。

1. 确认要考虑的假设。所有假设都应具有排他性。即，如果某个假设是正确的，则其他所有假设都是错误的。假设清单中应该包括所有合理的可能性。如果合适的话，应该有一个欺骗性假设。为每个假设设定一个简短的、用于描述该假设为何可能是真实的情景或“情节”。

2. 制定一份意义重大的“证据”清单。对于“竞争性假设分析法”而言，这些“证据”指的是与评估假设相关的所有因素，包括证据、假定，以及若某个假设是正确的，应该看到但却缺失了的东西。清单中要包含假定和事实性证据，这一点很重要，因为这个矩阵就是要准确反映分析人员对该主题的思考。如果分析人员的思考是基于假定，而非基于铁一般的事实，显然更需要这样做，因为只有如此，这些假定才可以受到质疑。《夏洛克·福尔摩斯》中有关半夜狗叫的情节，是证据缺失的经典案例。狗没有叫这件事情本身即是有说服力的证据，这表明犯罪嫌疑人不是外人，而是这条狗熟悉的内鬼。

3. 创建一个矩阵，将所有假设列在最上方的横行，将所有相关信息列在最左列。参见图 7.3a 中的例子。分析每个空格中的内容时，提出“该信息与假设一致吗？矛盾吗？不适用或不相关吗？”等问题。这个工作可以通过对矩阵逐行逐格填写来完成，也可以通过随机选择矩阵中的某个单元格的调查方式，让分析人员进行评级（参见图 7.3b 中的例子）。如果信息与该假设一致，在单元格中写下“C”；如果不一致，写上“I”；如果不适用于该假设，就填写“NA”。如果某特定证据、论据或假定特别有说服力，可以在单元格中写“Cs”；如果它会大大降低假设的可能性，则写“Is”。

当你提出某条信息与某特定假设是否一致的问题时，回答往往是“它取决于……”，这表明对假设的评级将基于某个假定做出，无论“取决于”什么假定，你都应写出所有此类假定。在矩阵制作完成后，看看这些假定中有无什么模式，比如在对多项信息排序时，是否做出了同样的假定。在整理并确定了证据的诊断力后，要注意有多少具有高度诊断力且不一致的评级是基于假定做出的。思考一下你对这些假定的信心有多少，然后相应地调整对“竞争性假设分析法”中不一致评分的信心。

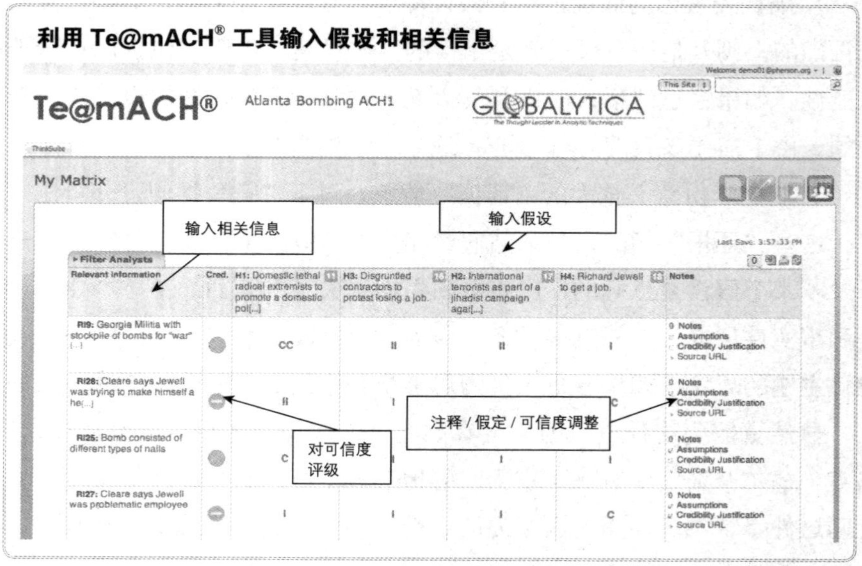

图 7.3a 创建一个“竞争性假设分析法”矩阵

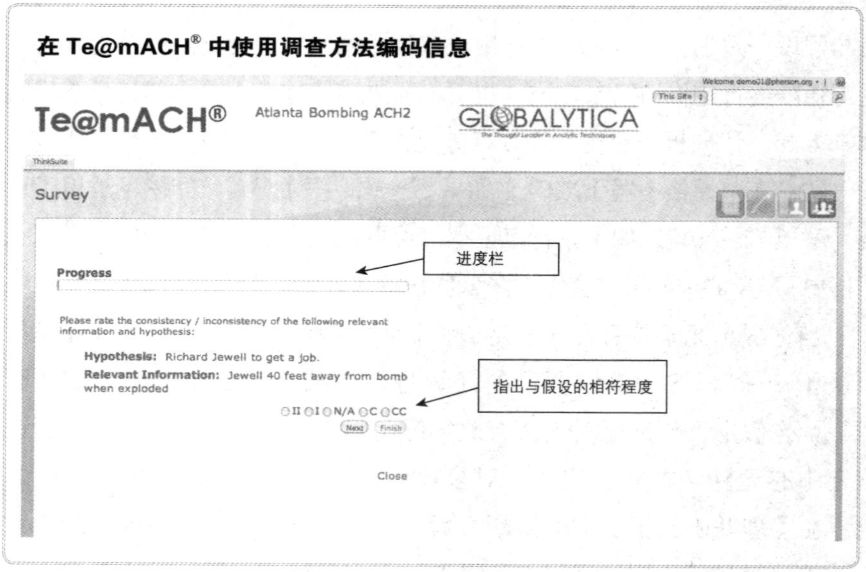

图 7.3b 在“竞争性假设分析法”中编码相关信息

4. 回顾分析人员在评估中持有异议的地方，确定是否需要对评级进行调整（见图 7.3c 中的例子）。一般情况下，分析人员在对某个特定的信息进行评级时存在的差异，可以追溯到他们在评级过程中赋予假设的不同假定。

利用 Te@mACH® 分类信息和显示差异的等级

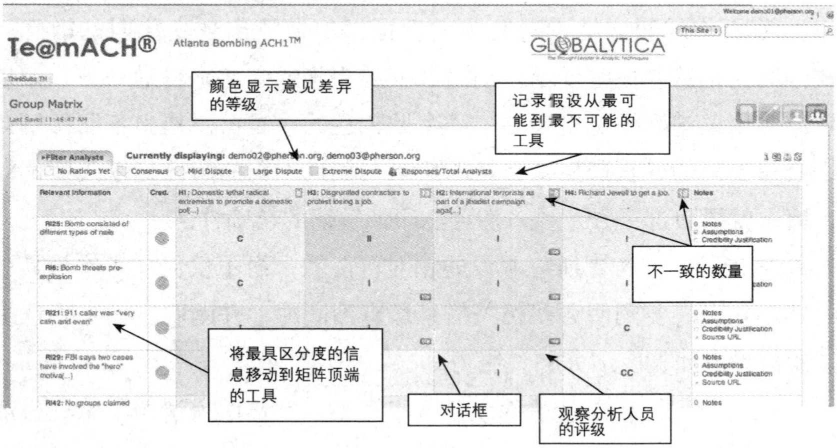

图 7.3c　评估“竞争性假设分析法”中差异的等级

5. 重新考虑这些假设以完善矩阵。若把两项假设合并成一项，或者新添加一项开始时未曾考虑到的假设，是不是更合理呢？如果新增了一项假设，就要回过头去对该假设的所有证据进行评估。你随时都可以再添加新的假设。

6. 基于你对每条相关信息的诊断力进行分析后得出的结论，给出每个假设的相对可能性的暂定结论。软件可帮助分析人员将每个假设的不一致评级的分数相加，从而针对每个假设形成了一个“不一致评分”，然后再将所有的假设按照不一致评分从低到高的顺序排列。得到最低的“不一致评分”的假设，被认定是暂时最有可能的假设；而得分最高的，通常则是最不可能的假设。

"不一致评分"是一个宽泛的概括，并非精确的计算。"竞争性假设分析法"的意图在于帮助分析人员作出预测性的判断，而非为分析人员形成确切的判断。相较于不那么系统的或严谨的方式，本方法产生正确预测的可能性更高，但评分系统却并不意味着分析人员没有必要去运用自己的良好判断。下面谈到本方法的"潜在缺陷"时，也明确了分析人员有必要推翻"不一致评分"的若干情形。

7. 分析你的暂定结论对几项关键证据的解读出现变化时的敏感度，而软件则会把这些关键证据自动地调整到矩阵的上方。考虑一下，如果有一项或多项关键证据是错误的、具有欺骗性的或是可以作出不同的解读，那么会对当前的分析产生什么样的后果。如果不同的解读足以改变你的结论，那么就要回过头去，尽一切可能印证解读的精确性。

8. 报告结论。考虑所有假设的相对可能性，而不仅仅只考虑最具可能性的那个假设。要阐明哪些相关信息最有诊断力，并阐明它们在确认最有可能的假设方面拥有多大的说服力。

9. 确定指标或标志性事件以备未来观察。制作两份清单：第一份清单专注于未来事件或通过更多研究得出的事件可能的发展，它有助于证实你的分析判断的正确性；第二个是一份指标清单，在你的判断正确的可能性不高或形势发生变化时，它会提醒你。定期验证指标并监控这两份清单，对新信息保持警惕，看它是增强还是削弱了你的判断。

潜在缺陷

需要提醒的是："竞争性假设分析法"只有在所有的分析人员以相对开放的思维来处理某一问题时才能发挥作用。一个早已倾向于认为某个想法才是正确答案的分析人员，会经常将相关信息解读为与既有想法一致。换言之，"竞争性假设分析法"就像是对抗"证实偏见"的一剂流感疫苗。注射了流感疫苗，通常就能让你免受感冒之苦，但若是你已经患上了感冒，那疫苗也无济于事。

“竞争性假设分析法”软件为每个假设生成的“不一致评分”不是什么神奇公式的结果，并不能告诉你哪个假设可以相信！“竞争性假设分析法”软件只是可以让你的分析过程系统化，计算机完成的是累加计算，但是由此形成的判断的准确性，仅仅与你选择纳入考虑的相关信息及你对这些信息的评价有关。

因为找到能够证伪假设的信息比找到证实被偏好的假设的信息要难得多，所以替代假设的生成和检验往往会增加而不是减少分析人员对假设的不确定程度。这种不确定性令人沮丧，但往往是真实情形的准确反映。作为一种补偿，“竞争性假设分析法”程序的优势在于可以让你把注意力放在导致这种不确定性的几项关键信息上，或者说，如果可以确定关键信息，就可以减少这种不确定性。“竞争性假设分析法”能够指导未来的搜集、研究和分析，以解决这种不确定性，并形成更为准确的判断。

分析人员应该注意到，有 5 种情况会导致分析人员自己的意见和“不一致评分”之间出现矛盾。在下面描述的前 2 种情况中，“不一致评分”看上去是错的，而事实上是对的。在另 3 种情况中，“不一致评分”可能看上去是对的，而事实上却是错的。分析人员需要识别这些情况，理解问题，并做出相应的调整。

★ **被忽视的假定或逻辑演绎**：如果矩阵中的得分不支持你所认为的最具可能性的假设，那么这个矩阵可能是不完整的。你的思考可能受到了之前未包含在相关信息或论据中的一些假定或逻辑演绎的影响。如果真是这样，这些假定或逻辑演绎就应该被吸纳，以使矩阵能够全面反映所有影响你对问题判断的因素。对所有分析人员而言，认识到那些未阐明的或未被质疑的（有时候是没有认识到的）假定在他们的分析中的作用很重要。例如，在政治或军事分析中，结论的达成，可能源于对另一个国家的能力或意图的假定。运用“竞争性假设分析法”的首要目标，就是要明确所有能够推动分析人员思考问题的因素，如此才能让这些因素都得到质疑，并在适当的情况下进行修改。

- **对不太可能的假设的关注度不够**：如果你认为得分情况显示出一个或多个不太可能的假设却得到了不适当的可信度，那可能是因为你未能收集到足以驳倒这些假设的相关信息。你可能没有足够关注于去获取这样的相关信息，或者这样的信息根本就没出现。当你找不到驳倒某个假设的证据时，有必要调整思路并承认不确定性比你原先想的要大很多。
- **具有决定作用的相关信息**：情报搜集人员有时会从可以信赖的、位高权重的内部人士处获得信息。“竞争性假设分析法”可以将这些信息标记为“高可信度”，但即使如此，也不一定能够反映此类信息具有的决定性意义和本应对分析人员思考假设时产生的影响。换言之，在一些情况下，从可以信赖的、身处某个位置的人士处获得的一两份高度权威性的报告，可能会给予某个假设强有力的支持，同时还足以驳倒所有其他的假设，而不论其他可靠性或确定性低一些的相关信息会呈现出什么。
- **证据量失衡**：证据和论据必须能够代表问题的整体。如果在相关但次要的问题上的证据数量庞大，但与核心问题有关的证据却相对较少，则“不一致评分”可能会具有误导性。
- **回报减弱**：随着证据的累积，相对于稍前获得的相关信息，每条新的不一致的相关信息或论据对“不一致评分”的影响会越来越小。例如，相比于仅仅 10 条相关信息，50 条相关信息中每一条的影响都要更小。要理解这一点，只要试想一下，当你计算 50 个数字的平均值时发生了什么，就会明白。每个数字代表的数量相同，但当加到第 51 个数字时，其对平均值的影响，比开始只有 10 个数字再加上这个数字时要小。换个角度来说，随着时间推移，证据的累积会减慢“不一致评分”响应新的相关信息的变化速度。因此，信息数量的多少，也许并不能反映出你正在分析的情形的真实变化量。当你正在评估一段时间内的变化时，有必要定期删除较旧的相关信息，或者是将相关信息分开，对较旧的和较新的相关信息分别进行分析。

使用“竞争性假设分析法”时需要额外注意的是：

★ 存在所有已确认的相关信息都不具有诊断力的可能性。

★ 不是所有的相关信息都能被确认。

★ 确认的信息可能是不精确的、具有欺骗性的或是误导性的。

★ 评级是主观性的，因此容易为人们的错误所左右。

★ 当分析是由一个团体实施时，结果可能取决于该团体是否有有益的内在动力。

与其他方法的关系

“竞争性假设分析法”常常与其他方法同时使用。比如，“结构化头脑风暴”“名义团体法”“多种假设生成程序法™”或“德尔菲法”等能够用于识别可被纳入“竞争性假设分析法”分析的假设或相关信息，或是用于评价相关信息的重要性。“欺骗识别法”可以识别对手实施欺骗的动机、时机或手段，或是以往实施过的欺骗。与上述情况相关的信息应该被包含在“竞争性假设分析法”相关信息的清单中。“诊断推理法”可以并入“竞争性假设分析法”中。“竞争性假设分析法”的最后一个步骤是，确定用于监控未来发展的指标。

“竞争性假设分析法”矩阵的目的在于反映出会影响分析人员思考一组指定假设时的所有相关信息和论据。这意味着它还应包含由“关键假定检查法”（第八章）确定的假定。反过来看，在对某项相关信息与某特定假设是否一致进行评级时，一般是基于某个假定。分析人员在评定“竞争性假设分析法”矩阵中相关信息的一致情况时，应该问：“如果这个假设是正确的，我会看到这一相关信息吗？”对该问题的回答往往会是：“这完全取决于……”这意味着，无论怎样对该项相关信息的一致情况进行评级，该评级都是以某个假定为基础，而不论这个假定“取决于”什么。应该在矩阵中记录下这些假定，在使用“关键假定检查法”

时再予以考虑。

“德尔菲法”（第九章）可用于印证“竞争性假设分析法”的分析结论：分别咨询大量的外部专家去评估同一组假设的可能性，并阐明所得结论的理由。如果两组不同的分析人员使用不同的分析方法得出了同样的结论，就有理由对得出的结论信心大增。如果他们的意见有分歧，分歧本身也是有用的，因为分析人员可以试着去理解导致出现不同判断的根本原因。

“竞争性假设分析法”和“论证图示法”（将在下一节讨论）都可用在同类型的复杂分析问题上。它们都是对相关信息进行组织的系统方法，但操作方式却大相径庭，最好在分析过程的不同阶段使用。“竞争性假设分析法”可以在分析大量假设的早期阶段使用，以确定哪个假设与相关信息的主体最一致。在稍后阶段，当关注于形成、评估或呈现某个案例的具体结论时，“论证图示法”是合适的方法。每种方法都有利弊，最好的办法是两种方法并用。

本方法的起源

“竞争性假设分析法”是 20 世纪 80 年代中期小理查兹 · J. 霍耶尔在中央情报局为分析苏联是否实施了欺骗行动而开发的分析方法中的一种。本方法在他的论著《情报分析心理学》(1999 年) [1] 中首次公开发表。霍耶尔和伦道夫 · 弗森帮助帕洛阿尔托研究中心在 2004 和 2005 年获得了联邦政府的资助，从而制作出第一款专业的“竞争性假设分析法”软件。伦道夫 · 弗森还将该软件引入美国情报界。最近，在弗森的帮助下，全球分析有限责任公司开发了一款更加具有协作性功能的软件版本“Te@m 竞争性假设分析法®”。

[1] 原注：Richards J. Heuer Jr., *Psychology of Intelligence Analysis* (Washington, DC: CIA Center for the Study of Intelligence, 1999; reprinted by Pherson Associates, LLC, Reston, VA 2007).

四、论证图示法

“论证图示法”是通过逻辑推理检验单个假设的方法。一个论证图始于某单个假设或是暂定分析判断，然后才用图示将主张和证据分开，以帮助分解复杂问题并展示出某个结论背后的推理过程。它是一个始于结论或首要假设的树形图，然后再分叉形成原因、证据，最终是假定。创作论证图的过程有助于明确逻辑中的关键假定和逻辑空白。

一张论证图会让分析人员和收到分析的人更容易理清和组织自己的思路，评估结论的基础是否扎实。它以一种系统性的方式显示出各种不同思路之间的逻辑关系，并让人们能用可视化的方式迅速评估整个论证的效力。这一方法同样也有助于分析人员和收到报告的人关注于关键问题和关键论据，而非过多地关注于细枝末节。

何时使用

直觉判断时，可以使用“论证图示法”来检验自己的推理过程。制作一个显示你的推理过程以及支持这一推理过程的证据的直观图表，这有助于更好地了解自己的论据的效力、弱点和缺失部分。最好在撰写情报产品前使用该方法，以确保论证的质量并加以完善。

“论证图示法”和“竞争性假设分析法”是互为补充的方法，既可单独使用，也可一起使用。“论证图示法”是对支持某个假设的论据的详细呈现，而“竞争性假设分析法”则是对多种假设的更为全面的分析。理想的情况是两者都用。

★ 在绘制论证图前，通过“竞争性假设分析法”详细分析替代假设的可行性，会受益匪浅。对替代假设进行分析后，就可以挑选最合适的假设并进行绘制。

★ 通过“竞争性假设分析法”分析确定了被偏好的假设后，再使用“论证图示法”来检查并帮助呈现选定该假设的理由，这样你会获益良多。

增加的价值

论证图通过显示支持或反对的各种思路之间的逻辑关系，将人们的思考过程组织起来。论证图还可以帮助分析人员识别假定，确定可用知识的空白。论证图对这些关系的直观呈现，可以让人们更轻松地去思考复杂问题，并可以作为一份指南，用于向他人清晰阐明得出这些结论的理由。以可视化的形式呈现出理由，有助于分析人员和接到报告的人专注于关键方面，避免无所适从或是因偏离而转向了无关紧要的方面。

协同使用时，“论证图示法”有助于确保多样的观点得到表述和考虑。将某个论据用可视化的形式表现出来，也会更容易地认识到对立论据的弱点。它可以精确地定位任何不同意见的位置，也能够作为权衡意见分歧的客观基础。

一份论证图是应对因果问题的绝佳工具，是避免假定相关关系即因果关系的认知陷阱的绝佳工具。通过列举出所有支持和反对首要假设的论据，以及每个论据的所有支持证据及其逻辑，人们就可以轻易地评估整个论证过程的基础是否扎实。通过推动分析人员寻找并记录下支持每个猜想的所有相关事实，使用论证图还可以减少忽视基准概率的直觉陷阱。相似的情况是，关注于寻找并记录下所有支持或驳斥论据关键方面的数据资料，也会让分析人员难以犯下从小样本数据资料中作出结论的错误，或是当与初始结论矛盾的证据越来越多时，犯下依然坚持某个分析判断不放的错误。

方法步骤

论证图从一项假设开始，这个假设可以是一句话的陈述、判断或主张，分析人员可在随后的陈述中提出总体论据和详细的正反两方面的证据。在这句陈述的下方，用方框按层级列出各项论据，方框之间用箭头连接。箭头表明方框中某项陈述应该相信或是不该相信的理由。不同类型的方框在推理的过程中具有不同的功能，这些方框可以使用不同的颜色编码、图标、形状、标签的组合，以使人们能快速辨别出支持或反对某项假设的论据。图 7.4 是“论证图示法”的一个非常简单的例子，显示的是对朝鲜是否拥有核武器进行评估的一些论据。

绘制一个一般性的论证图的具体步骤是：[1]

- ★ 在论证树图的顶端写下首要假设，即一句话的陈述、判断或主张。
- ★ 在起始方框的下方画出一组方框，列举出为何该陈述真实的关键原因和该陈述的关键反对理由。
- ★ 用绿色线条将主要观点主张的原因或是它们所支持的其他结论连接起来。
- ★ 用绿色线条将支持关键原因的证据和该原因连接。（提示：陈述原因，然后自问：“是因为……？”而答案就应该是你正在寻找的证据。）
- ★ 找出与原因不符的任何反证。用红色线条把反证及其反驳的理由联系起来。
- ★ 明确针对主要观点主张或关键结论的反对意见或挑战质疑。用红色线条将针对主要观点主张或关键结论的反对意见连接。
- ★ 明确那些支持反对意见或挑战质疑的任何反证。用红色线条将这些反证与所支持的反对意见或挑战质疑连接。
- ★ 如果存在反辩，则用橙色线条标明。任何没有橙色线条标明的反辩的反对意见、挑战质疑或是反证，都说明论据中存在缺陷。
- ★ 评估论据的清晰性和完整性，确保红色线条标明的对立观点主张和证据拥有橙色线条标明的反辩。如果所有的原因都可以被反辩，那么论据就没有任何价值。

---

[1] 编注：“具体步骤”中提及的“绿色线条”“红色线条”“橙色线条”等，是建议读者在实际操作过程中可用各种颜色进行区分。图 7.4 并无此种颜色区分。

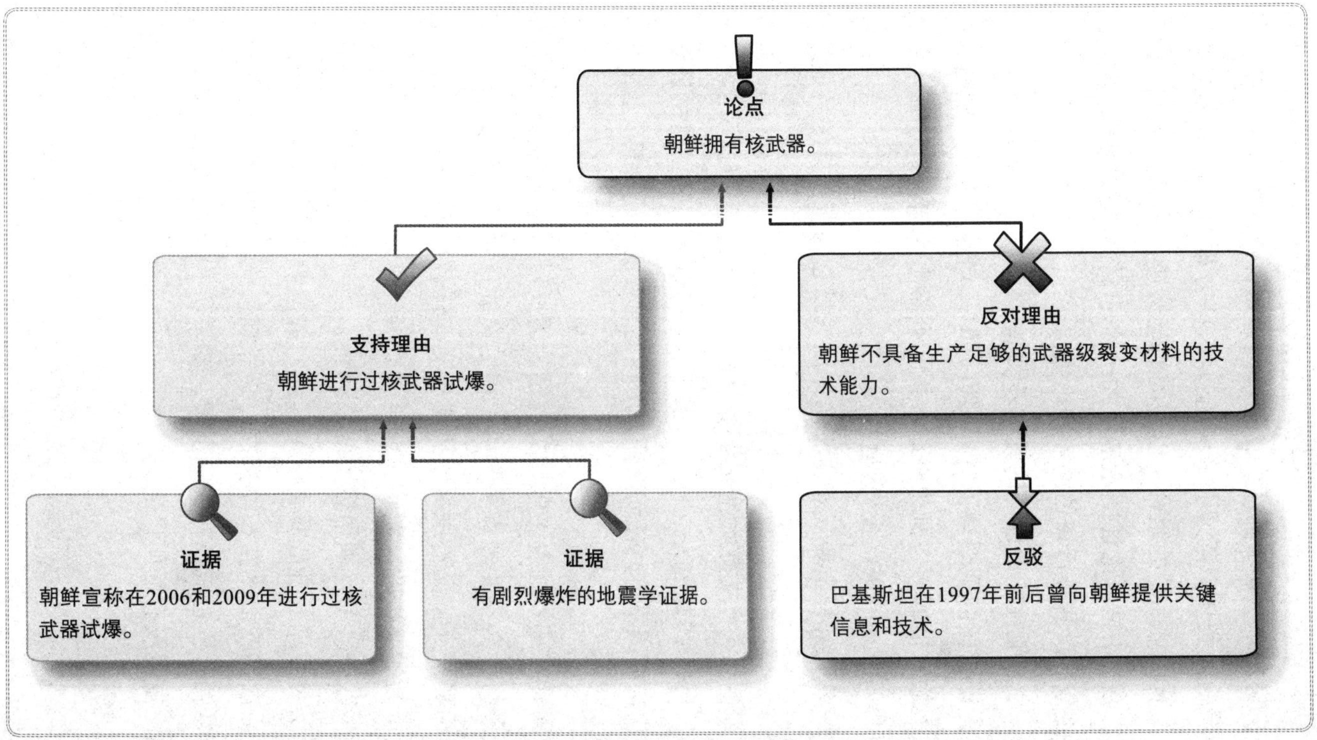

图 7.4 论证图示法：朝鲜拥有核武器吗?

来源：本图使用 Austhink 公司的 bCisive 论证图示软件制作，参见 www.austhink.com。经许可复制。

潜在缺陷

“论证图示法”是一种颇具难度的技巧。要正确使用本方法并从中获益，需要进行培训和实践。可以从下节“本方法的起源”中的网站上获得有效运用本方法的详细介绍。对于初次使用者，有必要从使用过本方法的有经验者那里获得帮助。“论证图示法”有各种不同类型的商业软件和免费软件。如果没有软件，在白板上贴上便利贴来替代画出方框的办法也非常有帮助，这样也方便在图示推进和变化时移动便利贴。

本方法的起源

“论证图示法”的历史可以追溯到 19 世纪初期。20 世纪初期，约翰·亨利·威格摩尔（John Henry Wigmore）首先将之用于法律辩论。20 世纪晚期，利用计算机进行论证图的制作和修改，推动了在澳大利亚各分析领域中使用该方法的广泛兴趣。本文对该方法的简述，主要素材来自 Austhink 公司网站 http://www.austhink.com/critical/pages/argument_mapping.html。

五、欺骗识别法

欺骗是敌对一方主动实施的，通过影响另一方的认知、决策或行动来获得自身优势的行为。“欺骗识别法”是分析人员利用一组清单来确定何时应留意欺骗，如何发现欺骗是否存在，以及该怎么做以避免被欺骗的方法。“在反情报分析中，想准确觉察到欺骗是极为困难的。如果欺骗工作做得好，分析人员不要指望能发现任何迹象；再者，如果分析人员认为可能存在欺骗，即使欺骗没有发生，分析人员往往也能找到欺骗的证据。”[1]

何时使用

在以下情况时，分析人员应留意存在欺骗的可能性：

* 潜在欺骗者过去曾经实施欺骗。
* 在危急时刻，即信息的接收方或可能的欺骗方面临重大利益得失时，获得了关键信息。
* 从信誉可疑的消息人士处获得信息时。
* 分析走向取决于某条关键的信息或报告时。
* 一旦接受了新信息，将导致分析人员改变某项关键假定或关键判断时。
* 一旦接受了该新信息，将导致接受者消耗大量资源或将大量资源移作他用时。
* 潜在的欺骗者可能有某个反馈渠道，能够知晓欺骗信息是否得到了处理、是怎么处理的以及会产生怎样的效果时。

增加的价值

大部分的情报分析人员都明白，不能想当然地以为自己收件箱中的所有东西都是经过证实的，但却很少有人清楚该怎样把这种关切有效地融入到日常工作实践中去。如果一名分析人员认同接收到的某些信息可能存在精心设计的欺骗，就会给自己带来极大的认知负担。针对一些问题的所有证据都摆在那儿，却很难从报告中得出有效的推论。这种本质的两难困境会使分析工作陷入进退维谷的境地，除非有实用的工具可以指导分析人员，让他们能够确定，什么时候应担忧可能存在的欺骗，怎样做才能够识别出报告中的欺骗，将来怎么做才

---

[1] 原注：Richards J. Heuer Jr., “Cognitive Factors in Deception and Counterdeception,” in *Strategic Military Deception*, ed. Donald C. Daniel and Katherine L. Herbig (New York: Pergamon Press, 1982).

> 你只是想了解正在发生什么，但系统内有太多的噪声，工作量太大，不明确的东西又太多，这时候要想应对欺骗是很难的。而如果你把预防欺骗阴谋当成头等大事，又会削弱你的行动力。
>
> ——罗伯特·杰维斯（Robert Jervis），《信息时代的信号与认知》（"Signaling and Perception in the Information Age"），载于《信息革命与国家安全》（*The Information Revolution and National Security*），托马斯·科普兰主编，美国陆军战争学院战略研究所，2000 年 8 月

能够防止受骗。衡量一次好的欺骗行动的标准是，看它如何利用目标受众的认知偏见。欺骗者的策略通常是向被欺骗对象提供某些有价值的情报或信息，期望被欺骗对象认定"所获"已足够并且可以被散布。当新的信息被搜集时，"满意法则"偏见得到了强化，信息接收者对于信息或消息来源的信心通常会增强，这也会进一步阻碍接收者察觉到自己正在被欺骗的可能性。欺骗者知道自己所提供的信息具有高度的价值，但随着时间推移，还是会有人开始质疑消息来源的可信程度。一般而言，这种情况会让开辟了消息来源或获得了信息的人进行辩解，而且他会自然地拒绝任何批评。这样的恶性循环通常只有在运用了诸如"欺骗识别法"等结构化方法时，才会硬性推动对于信息真实品质和潜在欺骗的关键性检查。

方法步骤

分析人员应该经常考虑对手或竞争者试图进行误导或隐藏重要信息的可能性。不能仅仅因为没有迹象就否定欺骗的可能性，因为如果欺骗工作做得好，不要指望能发现任何迹象。欺骗最有可能发生的一些情形在上页"何时使用"部分已有论述。当此类情形发生时，分析人员，或最好是分析团体，应该使用以下 4 个清单来对当时的情形进行评估，这 4 个清单通常以缩略语的形式出现，即 MOM、POP、MOSES 和 EVE（见下页文本框）。

欺骗识别法清单

动机、时机和手段（Motive, Opportunity, and Means，MOM）

* 动机：潜在欺骗者的目标和动机是什么？

* 渠道：潜在欺骗者用什么方法给我们提供信息？

* 风险：如果欺骗被识破，会让对手面临什么样的后果？

* 代价：潜在欺骗者会为了让欺骗渠道变得可信而牺牲敏感信息吗？

* 反馈：潜在欺骗者有监控欺骗行动效果的反馈机制吗？

既往对手做法（Past Opposition Practices，POP）

* 对手有实施欺骗的历史吗？

* 当前的情况适用于其既往的欺骗模式吗？

* 如果不适用，还有其他的历史先例吗？

* 如果不适用，情况的改变是否可以说明现在正在运用这种形式的欺骗？

信息来源的操纵（Manipulability of Sources，MOSES）

* 信息来源是否容易受到潜在欺骗者的控制或操纵？

* 判定信息来源可信的依据是什么？

* 信息来源有直接接触到信息的渠道，还是只有间接渠道？

* 信息来源的跟踪报告记录得有多好？

证据评估（Evaluation of Evidence，EVE）

* 信息来源的报告有多精确？包括翻译文本在内的整个证据链是否已经检查过？

* 关键证据是否印证过？记住，次级信息来源会比信息来源更关键。

* 来自某个信息来源报告（如人力情报）的证据与另一来源（如信号情报或开源情报报告）是否冲突？

* 其他信息来源提供了确凿的证据吗？

* 是否有因为未出现却反而意味着意义重大的证据？

分析人员已经发现，以下“交通规则”对应对欺骗很有帮助：[1]

★ 避免过分依赖单一信息来源。
★ 寻找并留意最接近报告源的那些人的观点。
★ 对于没有亲自会过面的人力情报来源或次级消息提供者，或者不清楚怎样得到或从谁那儿得到这些信息的消息提供者，要持有怀疑态度。
★ 不要完全依赖消息来源说了些什么（口头情报），一定要看实物证据（文件、图片、能够查实的地址或电话号码，或者其他形式的可核实的具体信息）。
★ 某个消息来源的报告乍一看正确，但稍后被证明是错的，而该消息来源能为这种矛盾提供虽缺乏说服力但又似乎有道理的解释。若多次发生这种情况，要找一找这其中是否存在某种模式。
★ 在项目的初始阶段就生成并评估一组看起来合理的假设，若合适的话，可以包括一个欺骗假设。
★ 了解潜在欺骗者的局限性及其能力。

与其他方法的关系

分析人员可结合“欺骗识别法”和“竞争性假设分析法”两种方法来评估欺骗的可能性。分析人员可以明确地将欺骗列为要分析的假设之一，然后把通过 MOM、POP、MOSES 和 EVE 清单确定的信息作为证据，纳入“竞争性假设分析法”的分析过程。

---

[1] 原注：这些规则引自 Richards J. Heuer Jr., “Cognitive Factors in Deception and Counterdeception,” in *Strategic Military Deception*, ed. Donald C. Daniel and Katherine L. Herbig (New York: Pergamon Press, 1982); Michael I. Handel, “Strategic and Operational Deception in Historical Perspective,” in *Strategic and Operational Deception in the Second World War*, ed. Michael I. Handel (London: Frank Cass, 1987)。

本方法的起源

欺骗与识别欺骗一直是国际关系中固有的组成部分。关于这一话题的优秀著作包括迈克尔·贝内特（Michael Bennet）和爱德华·沃茨（Edward Waltz）合著的《国家安全的反欺骗原则与运用》（*Counterdeception Principles and Applications for National Security* [Boston: Artech House, 2007]）。本书中有关“欺骗识别法”的论述，曾在伦道夫·弗森所著的《分析工具与方法手册》中发表过。

[第八章]

因果评估

了解因果是解释过去和预测未来的基础。了解因果是困难的，因为在大多数情况下，情报分析人员研究的各种变量和关系，并不是学术研究中常见的实证分析和理论发展所能处理的。分析人员能做的，莫过于做出明智的判断，但这样的判断取决于分析人员对课题专业知识的掌握和推理能力，且很容易受到各种认知陷阱和推理谬误的影响。

情报失误最常见的原因是“镜像思维”，即无意识地假定其他国家及其领导人在类似形势下会像我们一样行事。另一种倾向是，人们往往把公众、组织或政府的行为归因于行为者的本性，却低估环境因素的影响；而反过来，人们倾向于把自己的行为几乎全部归因于自己所处的形势。这就是通常所说的“基本归因错误”（fundamental attribution error）。

还有一种倾向认为，对手行为导致的结果正是对手想要的；而我们不愿承认，一些小小的错误、事故、无意识的举动、巧合或者微小的原因，却最终产生了巨大的影响。分析人员经常想当然地认为原因只有一个，并且在发现第一个看似充分的理由之后，就会停止寻找其他更充分的原因。对因果关系的认知部分地取决于人的注意力的方向，因此，易得的、易见的、生动形象的信息，更有可能被视为原因所在。小理查兹·J. 霍耶尔所著的《情报分析心理学》一书，对因果认知中的认知局限和常见错误进行了更为详细的讨论。

人们还会犯几种常见的逻辑错误。通常当两件事情同时发生时，或者当一件事情接着另一件事情发生时，人们会说这两者相关。人们常常假定某一事件的发生导致了另一事件的发生，但事实上相关关系不应该与因果关系混为一谈。经常出现的情况是，第三种变量导致前两个事件的发生。“在这方面有一个经典的例子，即夏季冰激淋的销售量与溺亡人员数量的关系。溺亡人数增加时冰激淋的销量也在上升，但并不意味着前面事情是后面事情的诱因。确切地说，可能是第三种因素，如炎热天气引发了这两个事件。”[1]

> 我认为我们应该以某种怀疑的态度来衡量我们的意见。我不希望人们武断地相信任何哲学，即便是我的。
>
> ——伯特兰·罗素，英国哲学家

没有什么单一的简单容易的方法可以减少做因果判断时的失误，因为分析人员往往缺少确定因果关系所需要的信息。此外，情报分析人员所关注的复杂事件中往往存在相互作用的多种原因。不过，恰当应用本章中的方法，有助于减少各种常见认知局限，提高分析人员做出正确判断的机会。

《情报分析心理学》描述了情报分析人员做出判断时可以使用的 3 种主要策略，以解释当前事件发生的原因，或是预测未来可能会发生什么。

- ★ **情势逻辑法**：基于已知的事实和对在特定时间和地点发挥作用的基础性力量的理解，做出专家判断。若分析人员面对的是不完整的、含糊的以及可能具有欺骗性的信息，这些专家判断往往取决于对所关注国家的能力、意图或者处理事情的正常方式的假定。本章将介绍最常用的结构化方法之一“关键假定检查法”。
- ★ **历史情形比较法**（comparison with historical situations）：把对某一特定情形的事实的理解，与对过去类似情形下发生的事情（无论是个人经历，还是历史性事件）的了解相结合。该策略涉及类比法的使用。本章讨论的“结构化类比法”，可以提高这一过程的严谨性和精确度。

[1] 原注：David Roberts, “Reasoning: Errors in Causation,” http://writing2.richmond.edu/WRITING/wweb/reason2b.html.

★ **理论应用法**（applying theory）：基于对同一现象众多例子的系统研究做出判断。实证学术研究的理论或模型，可用于解释某些类型的事件正常情况下会怎样发生、何时发生。许多学术模型过于泛化，不适用于大多数情报问题的特质。而其他一些学术理论或模型涉及定量分析，又超出了本书论述的结构化分析方法的范畴。不过，有一种概念性模型能够简单地识别出相关变量，及这些变量通过结合产生特定结果的不同方式，因而可以作为指导情报搜集和分析某些常见类型问题的实用模板。“由表及里思考法”就是这样一种可被用于解释当前事件或预测未来的模型方法。

方法概述

“关键假定检查法”，是最重要且最常用的方法之一。分析判断总要结合证据和假定，或者说“先入之见”才能作出，而它们都会对如何解读证据产生影响。“关键假定检查法”就是一种理清并质疑那些引导分析人员思考的假定（即思维模型）的系统方法。

“结构化类比法”，通过类比将严谨分析运用于推理。该方法要求分析人员先将所关注问题与多种可能的类似情况进行系统比较，然后选出与所关注问题最相似的情况。做决策或预测时使用类比是很自然的，顾名思义，在类比当中，包含有过去相似情形下发生过的事情的信息。人们习惯识别既有模式，并有意识地采用以往经历中曾经成功的做法，避免过去不成功的做法。不过，分析人员需要避免以下强烈倾向：纠缠于第一个想到的支持他们之前关于问题的观点的类似例子。

“角色扮演法”，在本书中，是针对当前的形势，或刚刚发生的、真实的或是假设的新进展，做出的反应。与大多数军事推演不同，这种类型的“角色扮演法”几乎不需要事先准备，往往在一两天内就可完成。即使是简单的“角色扮演法”演习，也能够激发并产生对当前复杂情势的可能演进方式的创造性、系统化思考。“角色扮演法”还是一种聚集分析人员的有效机制，因为尽管这些分析人员共同致力于解决某个问题，但相互之间可能很少有机会面对面讨论对问题的看法。当需要开展重要的讨论而时间紧张时，本方法可以将分析人员和决策者汇集到同一个房间里积极地解决问题。

“红帽分析法”，是尝试像其他人一样认识威胁和机会的实用方法。情报分析人员往往要预测外国领导人、团体、组织或国家的行为。在做此类预测时，要避免犯常见的“镜像思维”的错误，也就是想当然地认为其他人思考和认识世界的方式与自己的一样。如果没有充分了解有关国家及其民众的文化，使用“红帽分析法”的效果会大打折扣。第九章将讨论该方法与“红队分析法”的区别。

“由表及里思考法”，可以扩展分析人员对影响某特定问题的力量的思考。该方法要求分析人员超越自己的专业领域，思考影响到分析课题的更广泛的社会、组织、经济、环境、技术、政治、法律以及全球力量和趋势。

一、关键假定检查法

分析判断总是以证据和假定的结合为基础，或是基于影响到证据解读的先入之见。[1]“关键假定检查法”是理清并质疑那些引导分析人员解读证据和特定问题推理的假定（思维模型）的一种系统化方法。分析人员在工作时会面对不完整、含糊、有时具有欺骗性的信息，因此，作为填补信息空白的一种手段，做出这些假定往往是必须的、不可避免的。分析人员接受的教育、培训和阅历，以及所在机构的背景，无不影响着这些假定的做出。

“关键假定检查法”是常用的方法之一，因为情报分析人员经常需要做出假定以填补信息空白。在情报工作中，这些假定的内容经常是另一个国的意图或能力、该国政府处理问题的常用方式、各政治力量的相对实

[1] 原注：Stuart K. Card, “The Science of Analytical Reasoning,” in *Illuminating the Path: The Research and Development Agenda for Visual Analytics,* ed. James J. Thomas and Kristin A. Cook (Richland, WA: National Visualization and Analytics Center, Pacific Northwest National Laboratory, 2005), http://nvac.pnl.gov/agenda.stm.

力、关键信息来源的可信度或准确度、之前针对同一主题的分析的正确性、在行为正在发生的背景下相应变化的存在或缺失情况等等。明确指出假定很困难，因为许多社会文化信仰是人们在无意识情况下持有或是坚定支持的，并且被认定是正确的、不容置疑的。

> 一个机构，只有当它最为珍视的假定受到对立假定的质疑时，才能真正开始汲取教训。因此，支撑现行政策和程序的假定应该公开，基于对立假定的替代政策和程序也应该摆到桌面上来。
>
> ——伊恩·米特罗夫（Ian I. Mitroff）、理查德·梅森（Richard O. Mason），《创造一种辩证的社会科学：概念、方法和模型》(*Creating a Dialectical Social Science: Concepts, Methods, and Models*，1981 年)

何时使用

解释当前事件或评估未来发展时，都需要对证据做出解读。如果可用的证据是不完整的或含糊的，那么所关注国家在正常情况下如何处理事情的假定就会影响到解读过程。应该在分析过程的早期就明确提出这些假定。

即使在课题项目开始时没有使用“关键假定检查法”，在协调过程中或者结论提出或提交前使用它，仍旧极具价值。如果“关键假定检查法”是在这一过程的早期进行，那么在该过程的晚些时候，仍值得对假定进行再检查，如在起草报告的前后等，这样可以确定假定是否仍可以继续使用或是否应该进行完善。

增加的价值

在课题项目开始时准备一份要使用的假定的书面清单，这样做有助于分析人员：

★ 确定支撑基本分析路径的具体假定。

★ 更好地理解发挥作用的基本动力。

★ 获得更好的观点并激发对问题的新思考。

★ 发现关键要素之间的隐藏关系和联系。

★ 识别可能会导致放弃某个假定的发展动态。

★ 在新信息导致原来的假定无效时，不至于感到意外。

"关键假定检查法"确保了分析人员避免犯下若干典型的思维错误，这些错误包括：在只有少量的数据资料出现时就过早作出结论；给予第一印象过多的重视；不考虑信息缺失可能对分析带来的影响等。更好地理解分析判断所基于的假定，也就框定了分析人员在作出判断时应有的自信程度。

方法步骤

理论上，"关键假定检查法"的运作过程直接明了，但付诸实践时却颇具挑战性。挑战之一是，分析人员在运用时必须对自己犯错的可能性保持开放心态。在运用过程中，有几名德高望重、对课题很熟悉但之前并未参与确定所面临问题的假定的分析人员，会有帮助。要记住，许多"关键假定"最后往往会成为"关键的不确定性"。伦道夫·弗森作为分析项目主持人有着丰富的阅历，他指出，经过仔细检查之后，会有四分之一左右的关键假定被毙掉。

以下是实施"关键假定检查法"的步骤：

★ 召集一个小团体，团体成员与几名"局外人"一同对问题进行分析。原有的分析团体已经有了既定的思维模型，因此需要"局外人"带来其他新观点。

★ 理想情况下，应要求与会者带着自己的假定清单与会。如果前期没有做这样的要求，就在会议开始时先来一场沉默的头脑风暴会，要求每名与会者在一个 3 英寸 ×5 英寸的卡片上写下几个假定。

★ 收集卡片并把假定列在一个白板上供所有人查看。

★ 引出其他的假定。从主导性的分析路径回溯到支持该路径的关键论据。使用各种工具，刺激与会者的思考：

- 使用标准的新闻记者式发问方式。何人：我们认为自己知道所有的关键参与者吗？何事：我们认为自己知道这些关键参与者的目的吗？何时：我们认为在我们上次提交报告后形势没有变化，或在可预见的未来也不会改变吗？何地：我们认为自己知道真正的行动会在哪儿发生吗？为何：我们认为自己了解关键参与者的动机吗？如何：我们认为自己知道他们将会怎么做吗？
- 使用诸如“永远”“绝不”或“必将”这样的短语，说明某个观点尚未受到质疑。而或许应该质疑它。
- 使用诸如“基于”或“一般而言”这样的短语，说明正在形成一个可被质疑的假定。
- 当提出的假定越来越少时，可以问：“还有什么假定看上去显而易见，正常情况下人们不会想到要质疑它吗？”如果没有人能够提出更多的假定，那么就可以假定不会再有更多的假定了，当然，这样的假定本身就应受到质疑。

★ 在确定了所有的假定后，返回去对每个假定进行批判性检查。问以下问题：

- 为什么我确信该假定是正确的？
- 在什么情况下该假定可能是不正确的？
- 有无可能它在过去曾经是正确的，而今天却已不再正确？
- 我对该假定有效的信心度有多大？
- 如果该假定最终被证明是无效的，会对分析工作产生多大的影响？

★ 将每项假定划归以下三类：

- 基本可靠。
- 在一些说明的限定下是正确的。
- 无支撑或有疑问，即它是“关键的不确定性”。

★ 精简假定清单，删除那些经不起详细审查的假定，加入讨论中新出现的假定。最重要的是，要强调那些一旦错误就会导致分析结论出现改变的假定。

★ 考虑一下，那些关键的不确定性是否应该转变为情报搜集需求或研究课题。

结束分析时要谨记：你的分析结论准确无误的概率，不应该比推理链中最薄弱环节的正确概率更高。重新检查你的假定、证据的质量和信息来源的可靠性，并考虑该问题的总体难度和复杂性。然后，对你的分析结论最后被证明为错误的概率进行大致的评估。利用这个评估数字，去计算你的结论最终被证明为正确的大致概率。例如，错误的概率为四分之一（25%），则正确的概率为四分之三（75%）。关注自己如何以及为何犯下错误，有助于抵消天生的不愿意承认自己会犯错的倾向。

后文的图 8.1 描述的是发生在 20 世纪 90 年代的“李文和间谍案”，在该案中所做的假定，有着明显的缺陷，而进一步的调查，则找到了这些假定的问题所在。在李文和间谍案中，如果运用“关键假定检查法”，可以更早发现这些假定的不足。

与其他方法的关系

“关键假定检查法”经常与其他方法配合使用，因为假定在所有的结构化分析工作中都发挥着重要的作用，确保它们是正确的很重要。例如，如果某假定对某次分析至关重要，而该假定的正确性仍存有疑问，就值得在运用“关键假定检查法”之后，再使用“若则分析法”。想象一旦假定不正确，将来（或当下）会怎样。曾经发生了哪些事情会导致假定是错的？怎么会发生这样的事呢？后果是什么？

“关键假定检查法”和“竞争性假设分析法”之间有一种特别值得注意的互动。关键假定需作为“证据”列入“竞争性假设分析法”矩阵中，以确保该矩阵准确反映出分析人员的思考。分析人员在填写矩阵过程中经常需要明确假定，也就是说，当分析人员评估某条证据与某项假设是一致或不一致，并认定做出这一判断取决于某些因素（往往是一项假定）时，就需要明确假定。“Te@m 竞争性假设分析法®”是唯一一种包含了在分析人员评估反对假设的证据时，可以追溯到假定的领域的“竞争性假设分析法”软件。

“象限处理法™”（第五章）和“简单情景法”（第六章）都使用了假定和对立假定来生成多种解释或结果。

20世纪90年代，美国科学家发现中国在核弹头小型化方面取得了快速发展，而新的设计则与美国的设计十分接近。发现这一情况时，美国正在寻求发展与中国之间的关系，因此，中国针对美国技术目标的间谍活动，特别是在美国国家级实验室中的核武器数据的间谍活动受到了媒体的广泛关注。能源部调查人员开展的询问工作，主要范围是那些拥有国家实验室核数据绝密级别安全许可、接待过中国代表团、在1984至1988年间去过中国的人。调查人员很快就将焦点集中在新墨西哥州洛斯阿拉莫斯国家实验室的核武器专家、华裔美国人李文和身上。这些假定，连同其他一些假定，让调查人员对李文和提出了非法将高度机密信息从阿拉莫斯实验室带出的59项指控。李文和最终只承认对受控文件使用不当这一项罪名，他被判刑，后于2000年9月被释放。

假定	评估
中国与美国科学家之间有良好接触渠道。	**理由充分**。在冷战后的环境下，美国一直强调发展与前对手国家之间战略伙伴关系的意义。
中国有从美国科学家手中搜集信息和情报的积极计划。	**理由充分**。中国人已经形成了一个广泛的科学界同僚和知情人网络，能够公开和秘密搜集数据。
一名华裔美国人会为中国当间谍。	**需要注意**。中国和台湾地区之间是对手，究竟为哪一方服务，要取决于自己的直系亲属居住在哪里，以及过去忠诚于哪一方。
李文和传递过机密信息。	**需要注意**。信息并不是保密信息，而是受保护的内部数据。
李文和是间谍。	**无证据支持**。李文和没有权限接触这些据称被传递过的信息。事实上，这些信息包括他失去权限后又进行过修订的那些。
只有在被窃取机密的帮助下，中国才可能有这样快速的发展；从公开来源或是获批准的科学领域接触渠道中，中国人是无法将信息拼接在一起的。	**无证据支持**。几乎所有的信息都是公开的。
失窃数据只有阿拉莫斯实验室有；其他地方的人不太可能提供这一信息。	**无证据支持**。从其他实验室也可以获得这一信息。信息也可能是来自在这些实验室工作的其他36名中国雇员，或是来自俄罗斯科学家。

图 8.1 关键假定检查法：李文和间谍案

来源：弗森联合有限责任公司，2009 年。

本方法的起源

尽管有关假定的讨论长期以来一直是与分析相关的话题，但专门针对假定问题开发出一种特定分析方法的想法，直到 20 世纪 90 年代末才出现。本书中对“关键假定检查法”的讨论，来自伦道夫·弗森的《分析工具与方法手册》。

二、结构化类比法

“结构化类比法”通过将所关注问题与多种类似情况而非某一种类似情况进行系统化类比，增强了类比推理的严谨性。

何时使用

在做判断或预测时使用类比似乎是自然而然的，因为类比中包含有过去相似情形下所发生事情的信息。人们在日常生活中会这样做，情报分析人员也会用到它。人们认识到相似情形或模式后，会有意识地采用过往经历中成功的做法，或是避免采取过去不成功的做法。由于面对不熟悉或不确定的情形时可用信息不适合使用其他方法，人们经常会求助于类比推理。

> 类比是情报分析中最广泛使用的工具之一。类比作为构建许多预测性模型的基础，是大部分假设的基础，无论对或错，它都解释了另一方将会做什么、将会怎么做的许多普遍性规律。
>
> ——*杰罗姆·克劳泽*（Jerome K. Clauser）、*桑德拉·威尔*（Sandra M. Weir），*《情报研究方法论》*（*Intelligence Research Methodology*），*国防情报学校*（1975 *年*）

类比的原理是：基于两个事件相似，判断出既然它们在某一方面相似，那么可能在分析的其他相关方面也相似。分析人员可能会观察到某新型军用飞机的几种特征与现有某型号飞机相似，因此得出该新型飞机设计用于执行类似任务的结论。更大规模的类比例子还有：把二战后对德国和日本的成功占领，作为深信军事占领伊拉克也将取得成功的理由，或是把苏联占领阿富汗的失败，作为不会对伊拉克采取军事行动的预示。历史记录显示，许多类比在带来正确决策时，也导致了错误决策。

人们在进行类比时，不仅仅要考虑其相似性，更重要的是有必要考虑两种现象之间不同的条件、特质或环境。这应该成为类比推理的标准程式，尤其是在不能承受判断失误的严重后果时，更应该如此。

许多类比在运用时不够严谨，但却对决策者和民众的思考产生了广泛影响。分析的作用之一，就是把他人已经使用过的和产生了某种影响的类比拿过来，然后对这些相似情况进行严格的检查。

对于考虑使用该方法的分析人员，我们推荐阅读理查德·诺伊施塔特（Richard D. Neustadt）和欧内斯特·梅（Ernest R. May）合著的《以史为镜：决策者该怎样快速思考》(*Thinking in Time: The Uses of History for Decision Makers* [New York: Free Press, 1986]) 中第四章“不合理的类比”（“Unreasoning from Analogies”）；也可以阅读吉奥瓦尼·加维蒂（Giovanni Gavetti）和让·瑞弗金（Jan W. Rivkin）的《战略家会怎样思考：借力类比的力量》（“How Strategists Really Think: Tapping the Power of Analogy,” *Harvard Business Review* [April 2005]）一文。

增加的价值

通过把不熟悉的转变为熟悉的，类比推理有助于理解事物。在缺乏数据资料、无法全面理解当前形势的情况下，运用类比推理可能是唯一的选择。不过，分析人员应该意识到，采用这种方法出错的可能性极大，应该使用“结构化类比法”，将犯错的概率减少到最低。使用“结构化类比法”有助于分析人员避免犯以下错误，即从小规模数据中过早得出结论，以及在

> 借助类比时，（人们）往往会抓住脑海中显现的第一个例子不放。他们既不会进行更深入的研究，也不会停下来分析案例、检验其适切性，或甚至询问可能以何种方式被误导。
>
> ——欧内斯特·梅，《过往的教训：美国外交政策中运用和误用历史实例》（*Lessons of the Past: The Use and Misuse of History in American Foreign Policy*, 1975年）

第一眼看到时就认为，由于某些方面似乎和过去经历一致，从而认定同样的内在动力仍然在发挥作用。

“结构化类比法”的优势在于避免了快速认定某一个类比，随后只关注于那些支持类比相似性方面的证据。分析人员应该把需要花费的时间考虑在内，只在出错的代价很高的情况下，才选择使用该方法。

“结构化类比法”是一种已被实证研究证实其有效性的方法。在一系列的实验中，要求对8种冲突情形下所做出的决策进行预测，并对“结构化类比法”和独立判断得出的预测结果进行对比。对相关决策的预测是很难的，未受任何协助的专家预测的准确率只有32%，仅比随机概率高一点；使用“结构化类比法”得出预测的准确率却达到46%。而那些能够独自思考两个及以上类比，并在对最接近情况类比有直接经历的专家中，预测的准确率有60%。（见P224“本方法的起源”。）

方法步骤

建议在使用本方法前要先接受培训。训练课程见http://www.academia.edu/1070109/Structured_Analogies_for_Forecasting。

本方法的操作步骤是：

★ 阐明问题及需要做出的判断或决定。

★ 确定一组专家，他们对这个问题很熟悉，阅历广，能够识别相似的情形。这些专家的阅历越多样化越好，通常应至少有5名专家。

★ 要求这组专家尽可能多地确定可类比的例子，而不必过于关注它们与当前的情形有多么相似。许多大学和国际机构建立的数据库可以进行此类研究。例如，麻省理工学院的“分析国际冲突的 Cascon 系统”包含了经分类和编码的、二战后发生的 85 场冲突的数据库，方便使用者将之与当前利益冲突进行比较。马里兰州大学的“国际危机行为项目”数据库则囊括了 1918 至 2006 年间发生的 452 场国际危机，每个案例都用 81 条描述性变量进行了编码。

★ 对潜在的可类比清单进行审查，就需进一步检查的类比例子达成一致意见。

★ 制定一份对这些类比进行比较的初步类别清单，以确定哪个可类比的例子与当前的问题最为接近。例如，麻省理工学院的冲突数据库根据以下大类别及更精细的子类别，对每个案例进行了编码：双方以前的关系或总体关系、卷入的大国或盟国、总体对外关系、军事战略、国际组织（联合国、法律、公众意见）、种族（难民、少数民族）、经济/资源、各方的内部政治、通信与信息、在有争议地区的行动等。

★ 为每个选出的类比例子写一段说明，给予包括相似之处和不同之处等在内的各个方面均等的关注。为所有类比写说明的任务应该划分给专家，每个说明都可以贴在一个维基网站上，这样团体中的每个成员都能够看到并进行评论。

★ 对照审查这些类似情形的初步类别清单，确保它们仍旧是合适的。然后，要求每名专家给每个可类比的例子与所关注问题的相似性打分。专家打分应该秘密进行，分值从 0 到 10 分不等，其中 0 分代表“全无相似之处”，5 分代表“有些相似之处”，而 10 分则代表“非常相似”。

★ 在合计评分并计算出每项类比例子的平均分值后，对结果进行讨论，并对现在关注的问题做出预测。这个预测的结果通常与最相似的类比例子的结果相同。从基于相似情形的多样化结果中确定几种可能的结果或情景。然后，利用相似的案例，确定可能会影响当前情形的结果的驱动力或政策措施。

本方法的起源

对本方法的更详尽论述可参见科斯滕·格林（Kesten C. Green）和斯科特·阿姆斯特朗（J. Scott Armstrong）所写的《用于预测的结构化类比法》（"Structured Analogies for Forecasting," in *Principles of Forecasting: A Handbook for Researchers and Practitioners,* ed. J. Scott Armstrong [New York: Springer Science+Business Media, 2001]）一文，网址为 www.forecastingprinciples.com/paperpdf/Structured_Analogies.pdf。

三、角色扮演法

在进行角色扮演时，分析人员扮演自己所分析项目的领导人并对事情的发展做出反应。该方法还被称为推演，但在这里我们仍使用"角色扮演法"这个名字，以区别于军事推演这一更复杂的形式。这一方法只涉及简单的角色扮演，启动情景就是指当前存在的情形，也许还有刚刚发生的、真实的或假设的新发展动态，而角色扮演者必须对此做出反应。

何时使用

"角色扮演法"常常用于改善人们对以下情况的理解：两个及以上的人、组织或国家相互影响时会发生什么，特别是在冲突形势下或谈判情况下可能会发生什么。它可以显示，一方对来自另一方的声明或行动可能会做出怎样的反应。多年前，小理查兹·J. 霍耶尔参与过几次角色扮演，其中一次是与来自情报界的苏联分析人员一起扮演苏共政治局成员，讨论决定苏联领导人列昂尼德·伊里奇·勃列日涅夫的继承人。伦道夫·弗森也曾组织过几次由情报分析人员和资深政策官员参与的涉及拉丁美洲问题的角色扮演。角色扮演会带来理想的“副产品”，也许是人们使用该方法的原因之一，即该方法是一种将分析人员聚在一起的实用机制，在此之前，他们虽然致力于解决同一个问题，但可能极少有机会碰面，讨论各自对该问题的观点。一次角色扮演，可以带来长远的好处，增进相互间的了解和持续协作等。为使好处最大化，推演的组织者应该允许参与者们在非正式场合待在一起。

增加的价值

“角色扮演法”是一种从其他人的角度观察问题的好方式，可以让参与者了解他人是怎样思考问题的，或者了解他人会对美国的行动做出怎样的反应。扮演一个参与者，等于允许分析人员以不同的方式进行思考和付诸行动。分析人员经常会努力想象其他国家或其领导人思考问题和做出反应的方式，但这并不是“角色扮演”，而且效果可能也不及使用“角色扮演法”好。参与者必须真正像所扮演角色本人那样行事，从某种意义上讲，就是要成为所扮演的人。扮演者“演活”角色，就能够打开思维模型，以不同于惯性模式的方式将事实和观点联系起来。

“角色扮演法”在理解冲突形势的可能结果方面特别实用。冲突各方往往会频繁采取行动及应对措施，并基于互动而改变。大量研究表明，在预测此类冲突的结果方面，专家在没有辅助判断支持下的表现比随机概率好不了多少，但如果使用“模拟的互动”（角色扮演）来推演冲突，情况就会有极大改观。[1]

“角色扮演法”不一定非要得出“正确的”答案，但往往能够让角色扮演者从新角度看待事物。角色扮演者会更深刻地理解“屁股决定脑袋”

[1] 原注：Kesten C. Green, “Game Theory, Simulated Interaction, and Unaided Judgment for Forecasting Decisions in Conflicts,” *International Journal of Forecasting* 21 (July–September 2005): 463–472; Kesten C. Green, “Forecasting Decisions in Conflict Situations: A Comparison of Game Theory, Role-Playing, and Unaided Judgment,” *International Journal of Forecasting* 18 (July–September 2002): 321–344.

这句话。通过互换角色，参与者可以从不同的角度观察问题。大部分参与者认为，角色扮演的经历有助于获得新信息和见识。[1] 不同处室和机构的分析人员聚在一起，每名参与者都有了真实检验自己观点的适当机会。参与者被迫以一种相当直接的方式，直面一个现实：自己对问题做出的假定并非必然得到他人认同。本方法有助于参与者避免落入过分重视第一印象和凭空想象出并不存在的模式的陷阱中。

方法步骤

国防部和学术界进行的大部分角色扮演推演都是精心设计的，因此需要进行大量的准备工作。不过也可以不用这么做。准备工作（如书面脚本）可以省略，从分析人员熟悉的当前情形开始推演即可，没必要非得弄出一个参与者都必须花时间去了解的虚构情景。只要有一条想象的新闻或情报报告，就可以开始角色扮演活动。以作者的经验来看，只需在准备工作上投入适当精力，就有可能在一天之内完成一次有益的政治推演。

只要有可能，就应把角色扮演安排在办公地点之外进行，并要求参与人员关闭手机。远离办公室有利于排除干扰，使参与者能够更容易想象自己处于一个不同的环境中，有着不同的职责、兴趣、雄心、恐惧和历史记忆。

正常情况下，每名参与者只扮演一名外国领导人或利益相关方，有些情况下，可能需要做些准备，在推演开始前研究一下自己要扮演的参与者的职责、兴趣和个性等。这种角色扮演，可以模拟某个国家或集团的领导层内部的决策过程，或是模拟两个或更多国家或集团领导人之间的互动。

---

[1] 原注：Kesten C. Green, "Game Theory, Simulated Interaction, and Unaided Judgment for Forecasting Decisions in Conflicts," *International Journal of Forecasting* 21 (July–September 2005): 463–472; Kesten C. Green, "Forecasting Decisions in Conflict Situations: A Comparison of Game Theory, Role-Playing, and Unaided Judgment," *International Journal of Forecasting* 18 (July–September 2002): 321–344.

要使团体的规模保持在一个易于管理的范围内，为所有参与者提供一个可扮演的活跃角色，当然，也可以让一个人扮演两个甚至更多的不太活跃的角色。

负责推演计划和组织的分析人员，要领导一个导调组。这个组不但要监控时间，让推演按计划进行，还要作为各组间传递信息的沟通渠道，并且要组织事后审查、协助撰写事后报告，对发生的一切和获得的经验教训进行总结。该组还须扮演事先未曾料到但又必要的角色，例如联合国调停员等。为了让推演正常进行或引导其朝希望的方向发展，在必要时，导调组还可以加入新事件，如一次激起了民众愤怒的恐怖袭击，或美国总统发表的新政策声明等。

在推演结束后或次日，有必要进行一次事后审查。如果大家认为所有参与者演得都很好，那么可能就会自然产生一种倾向，认为推演结果是对现实中最终将会发生什么的合理预测。在事后审查中，有必要对这种支持推演结果的自然偏见进行检查。在推演过程中，导调组需要对看上去决定了推演演进方向的任何参与者的声明或行动做好记录。此后，团体应该对每一个转折点进行讨论，包括这个扮演者还可以采取哪些其他的合理行动，以及其他行动是否会导致整个推演出现不同的结果等。

潜在缺陷

"角色扮演法"的局限性在于，把推演中的结论延伸到真实世界中的难度。这是因为，在角色扮演游戏中发生的事情，不一定意味着未来也会那样演进。这个事实看似明显，但却真的很成问题。由于角色扮演带来的亲身体验和个人印象，模拟结果对参与者的思考产生的影响，可能比该案例的已知事实的影响还要强烈。正如我们讨论的，角色扮演者的这种反应，需要在事后审查中妥善应对。

斯科特·阿姆斯特朗是预测方法论方面的著名专家，他对"角色扮演法"作为决策预测方法的有效性的相关文献资料有着深入的研究。他发现，实证证据支持这样的假设：在冲突结果预测方面，“角色扮演法”可以提供比单个专家意见更高的准确性。根据 5 项不同的研究，“角色扮演法”在 143 次预测中对结果预测的准确率高达 56%，而无任何辅助的专家在 172 次预测中的准确率只有 16%（参见“本方法的起源”）。冲突形势的最终结果是很难预测的，因为它们涉及一系列的行动和反应，而且每一次行动都取决于另一方对己方前一次行动的反应，以此类推。人们的大脑并不具备推演如此复杂形势的认知能力。而通过角色扮演来推导形势和反应会很有帮助，因为它能够模拟此类连续性的互动。

阿姆斯特朗的发现，证实了“角色扮演法”可以成为情报分析的一种实用工具，但却没有确认可以把角色扮演的结果视为可靠的预测。尽管阿姆斯特朗发现使用“角色扮演法”得出的结论比专家意见的准确性更高，但其错误率仍旧相当高。此外，在情报分析中使用“角色扮演法”的条件，与阿姆斯特朗审查和实施研究时的条件差别较大。当该方法用于情报分析时，目标不是做出明确的预测，而是更好地理解形势和可能的结果。该方法并不会随着角色扮演得出的结论而结束，而是必须对关键转折点进行事后审查，以明确如果在推演过程的关键点上做出了不同选择，会产生什么样的不同结果。

本方法的起源

“角色扮演法”在许多不同的分析领域都是一种基本的方法。本书对该方法的描写，基于小理查兹 · J. 霍耶尔和伦道夫 · 弗森的个人阅历，以及以下来源的信息：罗伯特 · 曼德尔（Robert Mandel）的《危机期间的政治推演和外交决策》（“Political Gaming and Foreign Policy Making During Crises,” *World Politics* 29, no. 4 [July 1977]）一文；斯科特 · 阿姆斯特朗的《角色扮演法：预测决策的一种方法》（“Role Playing: A Method to Forecast Decisions,” in *Principles of Forecasting: A Handbook for Researchers and Practitioners*, ed. J. Scott Armstrong [New York: Springer Science+Business Media, 2001]）一文。

四、红帽分析法

情报分析人员经常要努力预测某个对手或竞争者的行为。做此类预测时，要避免犯“镜像思维”这样的常见错误，即天然倾向于认为其他人对世界的思考和认知与自己的一样。“红帽分析法”[1]是一种努力像其他人一样认知威胁和机会的实用方法，但如果对其他国家及其人民的文化没有深入了解，该方法自身的价值是有限的。

何时使用

当对有权决策的特定人物的行为进行预测时，使用“红帽分析法”的预测准确率更高一些。显然，独裁领导人和诸如小而有凝聚力的恐怖组织，是这种类型分析的适用对象。当对手或竞争者的决策受到立法机构约束或相互冲突的利益团体影响时，要对其决策作出精确预测的概率就会

> 要从外国领导人的角度出发去审视其面对的各种选择，分析人员必须准确理解其价值观、设想，甚至他们的认知错误和理解错误。没有此种认识，对外国领导人关于当前决定及未来决策预测的解释可能就是基于不充分证据之上的臆测。外国领导者的行为经常会表现出“不理智”或“不符合其最大利益”。作出如此结论，往往说明分析人员将美国价值观和概念框架强加在外国领导人和社会之上，而没有真正理解他们面临的情势逻辑。
>
> ——小理查兹·J. 霍耶尔，《情报分析心理学》（1999 年）

[1] 原注：这一方法不应与爱德华·德·博诺（Edward de Bono）的“六顶思考帽”（Six Thinking Hats）方法相混淆。

显著降低。在执法领域，使用“红帽分析法”，可以有效地模拟罪犯或毒枭的可能行为。

增加的价值

“屁股决定脑袋”这句谚语所言不虚。“红帽分析法”是一种重构方法[1]，要求分析人员遵循某个外国领导人、有凝聚力的组织、罪犯或竞争对手的文化，并做出与之协调一致的决定。这种有意地像目标对象感知形势一样去想象形势的尝试，有助于分析人员获得对问题或难题的不同但通常更准确的观点。对问题进行重构，可以改变分析人员观察问题的角度，使其不再从一名观察或预测对手行为的分析人员的角度出发看待问题，而是把自己想象成一名在那种文化环境下必须做出某项艰难决定的领导人。这种重构问题的过程，常常会产生新的不同的刺激作用，而在传统分析中这种刺激因素可能是无法出现的。例如，在红帽分析实践中，参与者可能会问自己以下问题：“我的支持者希望我怎么做？”“我真的需要马上做出这个决定吗？”“如果我的决定是错误的，会有什么后果？”“美国会做出怎样的反应？”

方法步骤

★ 召集一个专家团体，他们对目标对象、操作环境及高级决策者的个性、动机和思考风格有着深入了解。如果有可能，尽量把深谙对手文化、母语相同、民族背景相同，或曾在该地区长期生活的专家召入团体中。

★ 向专家们提出一种情形或一个刺激因素，询问专家们在面对这样的情况时如何去做。例如，可以要求专家们对“美国宣布对贵国实施制裁”的情形做出反应，或者情形是“我们即将发布一种新产品，主要

[1] 原注：参见第九章导语中对重构的讨论。

竞争对手将会有什么样的反应”。之所以首先询问专家们的反应，目的是要为评估对手是否可能做出不同的反应来建立一个基准。[1]

★ 一旦专家明确了他们将如何回应或行动，就请他们解释为什么他们认为自己会那样做。请专家列出哪些核心价值或核心假设激励了他们的行为或行动。同样，这一步骤建立了一个基准，来评估为什么对手有可能做出不同的反应。

★ 一旦专家们以令人信服的方式解释出他们反应方式的原因，就要求他们以对手或竞争者的角度，模拟后者会如何反应。在这个时候，专家们应当自问：“我们的对手或竞争者是否与我们拥有同样的价值观、动机或行事方式？”如果答案是否定的，那么这些方面的差异将会如何让对手或竞争者以一种之前我们可能无法预料到的方式来做出反应呢？

★ 如果试图预测某个团体或组织的行为，可考虑使用“角色扮演法”。要获得可能会缺失的文化知识，可考虑使用“德尔菲法”（见第九章）将在地理位置上分散的专家们聚集起来。

★ 在提交结果时，要把所考虑的替代项和对象或对象团体最可能选择的路径的理由列出来，并做出说明。还可以考虑以不太常规的方式提交给你的分析结果，如：
  - 以第一人称的语气，虚构该领导人和其他人讨论该问题的一段谈话。
  - 起草一份对手或竞争者可能会制定的文件（如指令、军事命令、政策文件或指示等）。

图 8.4 展示的是如何利用“红帽分析法”来抓捕银行劫匪。

[1] 原注：本书自第 1 版出版以来，为领悟前国防情报局分析师托德·西尔斯的洞见，对如何进行“红帽分析法”的描述已做过更新。西尔斯指出，镜像思维不太可能仅仅通过对问题保持敏感分析来克服。“红帽分析法”等结构化方法的价值在于，它要求分析人员首先考虑什么能激励他们采取行动，然后才清楚地说明为什么外国对手会采取不同的行动。

大多数银行机构都利用监控摄像头来慑止潜在抢劫行为，抓捕银行劫匪，避免内部损失。通常情况下，在天花板附近会安装多部摄像头，这样可以对所有公共空间形成全景图像；有些银行还会把摄像头安装在柜员的身后，这样能够更好地捕捉银行劫匪的面部图像。这些摄像头安装的位置都有合理之处。不过，如果在制定监控策略时使用"红帽分析法"，许多银行会发现，要捕获劫匪的面部图像，及更佳的安装摄像头的位置，必须认真考虑。

如果以劫匪的身份设身处地地思考，银行就能更好地明白他们会遭遇什么样的状况。比如，大多数劫匪都知道银行装有监控摄像头，所以他们经常会戴着有帽舌的棒球帽，低着头，进入银行时还会遮挡面部以掩盖或模糊自己的图像。通常情况下，在他们靠近柜员时，会继续一直低着头，避免把脸露出来。拿到钱后，他们会转身并抬头观察，以评估是否有人阻挡了他们的出路。

通过使用"红帽分析法"，银行的安全顾问们更有可能得出这样的结论：邻近门口、高度与肩部平齐的位置，最适宜安装银行监控摄像头（用于识别抢劫嫌疑犯）。安装在此处的摄像头，虽然在开始时只能捕捉到进入银行的劫匪的背影，但却更容易捕捉到劫匪在离开时、没有遮掩的面部图像。因为劫匪在抢到钱后，关心的是自己怎样才能快速逃脱，眼睛不会再一直只盯着地面了。

图 8.4 利用"红帽分析法"抓捕银行劫匪

来源：MorphoTrak 公司高级生物测定产品经理埃里克·赫斯（Eric Hess），未公开发表文章《刑事调查中的面部识别》（"Facial Recognition for Criminal Investigations"）。该文是 2009 年内华达州拉斯维加斯国际执法情报分析师协会（International Association of Law Enforcements Intelligence Analysts）会上交流材料。经作者同意使用。

潜在缺陷

即使在最佳的情况之下，对人的决定或复杂组织流程结果做出预测也是非常困难的。例如，要预测美国总统或者你所在地的市长的艰难决策，你认为自己预测成功的概率有多大？当你要面对的是外国文化，而可用信息又有巨大空白时，做出预测会更加困难。"镜像思维"之所以难以避免，原因是在对外国形势和文化缺乏全面了解的情况下，你自己的认知将是看待该问题的唯一合理方式。

我们在认知其他人、组织或政府的各类行为时往往会犯下的错误，在评估外国领导人或团体的行为时会变得更为常见。这是一种将人、组织或政府的行为归结于行为人的本性，但却低估形势因素影响的倾向。当我们认为行为人有恶意企图，但对行为人承受的压力了解不够时，就特别容易犯这种错误。相反，我们往往认为自己的行为几乎都是因为自身所处的环境所致。我们很少把自己当作坏人，但却常常认为他人用心险恶。这就是认知心理学家所说的“基本归因错误”[1]。

分析人员应该始终努力从对方的视角思考形势，但如果对研究课题的复杂文化背景和运作环境缺少了解，就会经常犯错误，犯下“镜像思维”的错误。承认这种不确定性，可促使分析人员在汇报“红帽分析法”的结果时考虑使用“也许会”（possibly）或“可能发生”（could happen）这样的模糊字眼，而不是“有可能”（likely）或“很可能”（probably）这样较明确的措辞。避免“镜像思维”的关键首要步骤就是确定你行为的模式和其中的原因。一旦确立这些基本标准，分析人员就应当询问对手是否会有不同的行为表现，以及为什么有可能会这样。是对手被不同的事件刺激推动了，或是对手拥有不同的核心价值观？然后，“红帽分析法”的任务是阐明这样的差异会如何导致不同的政策或行为。

与其他方法的关系

“红帽分析法”与“红队分析法”的不同之处在于，它可以被任何需要了解或预测对手行为的分析人员，以及任何具备或能够接触所需文化知识的人实施或组织。“红队分析法”是一种质疑式的分析方法，我们将在第九章进行讨论。它通常由一个永久性的组织部门实施，或由能够

[1] 原注：Richards J. Heuer Jr., *Psychology of Intelligence Analysis* (Washington, DC: CIA Center for the Study of Intelligence, 1999; reprinted by Pherson Associates, LLC, 2007), 134–138.

像对手那样思考或扮演对手角色的人组成临时团体实施。“红帽分析法”的目标是充分利用可用资源，对对手或竞争者的行为进行最佳分析。“红队分析法”的目标则是对传统观点或对立团队发起挑战。

本方法的起源

“红帽”、“红组”（Red Cell）、“红队”等分析方法，是在“红色”象征着苏联的冷战时期流行起来的，它们一直保持着广泛的适用性。本书对“红帽分析法”的阐述，根据伦道夫·弗森《分析工具与方法手册》一书中的内容进行了修订。

五、由表及里思考法

“由表及里思考法”可以识别全球范围的广泛的政治、环境、技术、经济或者社会的力量或趋势，这些力量或趋势超出了分析人员的专业领域，但却可能对需要关注的问题产生深刻影响。许多分析人员倾向于由内而外地进行思考，把关注点放在他们最熟悉的特定职责领域内的因素上。

何时使用

本方法在分析过程的早期阶段最为实用，此时，分析人员需要识别对某个事件做出解释或对某特定情形如何发展会产生影响的所有关键因素。这应该成为任何涉及分析未来可能走向的课题项目的标准流程环节，因为该方法能够涵盖更为广泛的环境背景，而在这样的大背景下，经常会出现令人惊讶、意料之外的结果。

在建设一个大型数据库，且需要核实数据库框架中有无重要字段被遗漏时，“由表及里思考法”也非常实用。大多数情况下，在研究工作的早期，很容易确认重要的信息类型（或数据库字段），但分析人员或分析团体对课题深入研究后，总会发现有一两个额外的字段会显现出来，迫使他们再回头去审查所有以前的文档，重新编码这些新字段。被忽视的字段，通常处在分析人员很难控制的更广泛环境下。通过运用“由表及里思考法”，分析人员可以在研究工作的早期阶段更好地设定所有的数据库字段。

增加的价值

大多数分析人员会专注于自己的专业领域内熟悉的因素，但我们生活在一个复杂而相互关联的世界里，在我们生活的小环境中发生的事件，往往会受我们无法掌控的更大环境中的因素的影响。“由表及里思考法”的目标，就是要帮助分析人员获得对全景的把握，而不仅仅是掌握自己已经熟悉的那部分场景。

通过关注于范围狭窄、只有最低限度变化的替代情况，“由表及里思考法”可以减少在分析过程早期漏掉重要变量的风险。该方法鼓励分析人员在运用一个更大的概念框架的同时，对问题或难题进行再思考。图 8.5 对该方法进行了阐述。分析人员在开始阶段大面积撒网，才更有可能观察到某个重要的内在动力，或者吸纳某个相关的替代假设。在这个过程中，能够激发出新的见地，从情报报告中找到不明显的关系。这样一来，该方法就能够帮助分析人员超越日常看到的报告进行思考。它能激励他们处理缺失的信息，并识别出应该纳入考虑的更基础的力量或因素。

反恐分析的一个关键问题是："恐怖团伙的成员们相互之间如何联系？"运用"由内而外分析法"的分析人员在回答这个问题时，通常会再检查一下收到的报告，以便确定使用了哪些技术，以及是否采用了新的方法。运用这一方法的一个问题就是，官方报告中出现这种线索往往需要数月甚至数年的时间。而运用"由表及里思考法"能帮助分析人员克服这样的困难。我们建议分析人员同时使用这两种方法。

"由内而外分析法"

- 监控所有来源的报告，以发现所研究的恐怖主义组织正在使用的新系统或技术的秘密、首要信息或证据。
- 重新审查历史记录，查找其他恐怖主义组织使用这些技术的案例。

"由表及里分析法"

- 开展头脑风暴，讨论哪些正在兴起的新技术会被恐怖主义分子使用。（比如，I-Pod、网络电话、"第二人生"网游、社交网站。）
- 探究每项技术究竟如何被运用，被谁运用，以及在何种环境下被运用。
- 一旦确定了该技术的性能和脆弱点，就应要求情报搜集人员检查是否有使用这一技术的证据存在。

图 8.5　由内而外分析法 vs 由表及里分析法

来源：弗森联合有限责任公司，2009 年。

方法步骤

★ 对要研究的问题或现象做出一般性的描述。

★ 组建一个团体，对本应当对所分析议题产生影响，但却很少或不能影响到的关键力量和因素进行头脑风暴，这些力量和因素涵盖全球化、新技术的兴起、历史先例和社交媒体日益增长的影响力等。

★ 运用 STEEP+2 记忆术以激发新的观点（STEEP，即社会、技术、经济、环境、政治；2 代表军事和心理）。

★ 将分析深入一层，列出那些有专家意见可供参考的关键因素。

★ 详细评估每种力量或因素是怎样对问题产生影响的。

★ 根据从已有证据得出的结论，确定这些力量和因素是否确实会对正在研究的问题产生影响。
★ 形成新的情报搜集任务或优先研究任务以填补信息空白。

与其他方法的关系

“由表及里思考法”本质上与一种商业分析方法是相同的，这种商业分析方法有不同的缩略语，如 STEEP、STEEPLED、PEST 或 PESTLE 等。例如，PEST 是“政治、经济、社会和技术”4 个英文单词的首字母组合，STEEPLED 还包括“法律、伦理和人口”几个英文单词的首字母。所有这些方法，都要求分析可能对某组织产生有利或不利影响的外部因素。

本方法的起源

本方法一直在规划和管理环境中使用，以确定那些可能影响结果的外部因素。本节中讨论的“由表及里思考法”的内容，来自伦道夫·弗森所著的《分析工具与方法手册》。

[第九章]

质疑分析

质疑分析包含一系列的分析方法，这些方法也被称为逆向分析、替代分析、竞争分析、红队分析和魔鬼代言人。这些方法的共同目标是，为了扩大需要认真考虑的可能解释或评估的范围，对既定的思维模型或分析共识进行质疑。同一活动被冠以多个不同的名字，表明在这些方法如何使用、为何使用以及可能完成什么任务等问题上，存在着概念上的差异。

美国情报界内部普遍认为，未能对达成共识的判断或长期以来形成的思维模型提出质疑，一直是大多数重大情报失误的一致特征。对珍珠港事件以来美国每次重大情报失误的事后调查分析表明，分析过程中的思维模型（思维定式）是导致重大情报失误的一个关键因素。形势已经发生了变化，但是，分析人员基于既往经验的思维模型却没有跟上变化的步伐，或者没有意识到变化带来的所有影响。

> 让我们陷入困境的不是无知，而是我们看似正确的谬误论断。
>
> ——马克·吐温，美国幽默作家

这类分析失误导致了“专家意见自相矛盾”(paradox of expertise)的争论。[1] 专家们可能不会意识到变化了的现实及其重要性。例如，

[1] 原注：Rob Johnston, *Analytic Culture in the U.S. Intelligence Community* (Washington, DC: CIA Center for the Study of Intelligence, 2005), 64.

几乎没有中东专家预见到“阿拉伯之春”，苏联问题专家几乎没有预见到苏联解体，德国问题专家直到最后才承认德国即将统一。如果再回顾一下朝鲜战争，当时的中国问题专家在中国入朝作战之前还一直在叫嚷中国不会参战。

我们在第一章中指出，分析人员的思维模型，可以看作是对分析人员获知的、有关某个国家或某个科学领域事情正常运行的全部信息的提炼。思维模型有时是下意识的，它告诉分析人员需要寻找什么、什么是重要的，以及如何解释他们的所见。基于教育和经验而形成的思维模型具有一个基本的功能：使分析人员能够经常性地对正在发生的或可能发生的事情提供合理、直观的评估或预测。

问题在于，在面对不断发生的变化时，多年来曾经提供过准确评估和预测的思维模型可能会裹足不前。随时间推进逐渐接收到的新信息，很容易被吸收到现有思维模型中，因此，随时间发生渐变的重要意义很容易被忽略。把未来视为过去的延续，这是人的本性。一般来说，大的趋势和重大事件演变缓慢，而技能娴熟的情报分析人员经常可以预测未来。但是，现实并不始终都是这样。最严重的情报失误是，在历史发展方向改变时未能预测历史的非连续性。2010 年当经济专家没有预见到美国金融危机时，道理也是一样的。

除非一开始就被想象到了，并且人们也会因此从另一个角度来审视世界，否则，类似的突发事件是无法预知的。这正是本章要探讨的内容，即可以使分析人员，以及最终的情报用户或商业客户从不同的视角评估事件的方法，或者换言之，采取不同的思维模型。

还有一个不断挑战传统思维的逻辑理论。前中央情报局局长迈克尔·海登（Michael Hayden）曾经说过：“我们的职业是与那些天生含糊不清、通常被刻意隐藏的对象打交道。即便我们在游戏中处于上风，我们可以向决策者提供建议，介绍背景情况，可以为他们提供相关问题的较为清晰的轮廓，然而我们不敢说我们对自己的判断有把握。”他接着表示，10 次中能判断对 7 次，可能是比较现实的预期。[1]

[1] 原注：Paul Bedard, “CIA Chief Claims Progress with Intelligence Reforms,” *U.S. News and World Report*, May 16, 2008.

快速浏览情报报告中使用的有关可能性的措辞表述，你就会发现海登局长关于情报预测的“三七开”理论能得到支持。“很可能”（probable）似乎是人们对可能发生的事件进行评估或预测时最常用的表述。遗憾的是，一旦把“很可能”转换为数字百分比时，对于“很可能”或其他关于可能性的表述到底意味着什么，情报界内部仍然没有达成共识。为便于讨论，我们采用谢尔曼·肯特关于“很可能”的定义，即“75%±12%”。[1] 这意味着，被描述为“很可能”的分析判断，其在当时可能正确的概率大约为 75%，因此，在当时预测错误或偏离目标的概率大约为 25%。

因此，从逻辑上讲，人们可以认为，情报分析人员做出的每 4 个“很可能”的判断，其中就有 1 个最终被证实是错误的。这种看法拓宽了质疑分析可以完成的任务范围。质疑工作不应局限于质疑主流观点，以确保它是正确的。即使质疑分析证实了对可能性的最初判断，也应当深入了解其他 25% 的情况。在什么情况下可能出现不同的评估或结果？评估或结果是什么？什么证据能够证明事件朝替代方向发展？其可能性如何？结果会怎样？在下一章“冲突管理”中，我们将对此进行讨论，而了解这些可能性，可以减少对立观点之间发生无谓冲突的频率。那些认可有四分之一的出错概率的分析人员，至少应该同意对另外 25% 的替代评估或预测进行考虑。

本章阐述了 3 种类型的质疑分析方法：自我批判、批判他人和他人批判。

★ **自我批判**：帮助分析人员质疑自身思维的两种方法是“事前分析法”和“结构化自我批判法”。这两种方法均可以抵消在分析团体或团队内压制不同意见的人云亦云或强调共识的压力。我们采纳商业领域使用的“事前分析法”，并将其应用到领域更广的分析工作中。

★ **批判他人**：分析人员可以使用“若则分析法”或“高影响 / 低概率分析法”，充分利用替代解释或结果，巧妙地质疑传统观点。

★ **他人批判**：有多种方法可用于征求他人的批判意见。“魔鬼代言

[1] 原注：Donald P. Steury, ed., *Sherman Kent and the Board of National Estimates: Collected Essays* (Washington, DC: CIA Center for the Study of Intelligence, 1994), 133.

人”是其中最为著名的一种。“红队”是指专门持相反观点的一方。“德尔菲法”则是获取一组外部专家观点的结构化过程。

重构法

本章讨论的 3 种方法，通常会在一种被称为“重构”（reframing）的过程中发挥作用。“框架”（frame）即指导人们感知和解读所见的一种认知架构。关于事物通常如何发展的思维模型，可被视为分析人员观察和解读证据的一种框架。仅仅通过改变提出的问题或者提出问题的角度，个人或团队可以改变他们的参考框架，由此质疑他们自己对某个问题的看法。在需要形成新的观点，或希望从新的角度看待旧观点，或需要新思维的任何其他时候，分析人员都可以使用这种重构法。[1]

通过激活大脑中各种不同的突触，重构法可以帮助分析人员摆脱思维定式（mental rut）。若想了解重构法的威力以及它为何能发挥作用，有必要了解一点人的大脑如何工作的知识。据信，人的大脑有大约 1000 亿个神经元，每个神经元类似于能够储存信息的计算机芯片。每个神经元拥有被称为轴突和树突、形似章鱼的触须。电脉冲流经这些触须，神经传导化学物在神经元之间的突触缝隙间传输。无论何时，只要激活两个神经元，它们之间的联系或突触即增强。同样的神经元被激活得越频繁，它们之间的通道就越强大。

一旦一个人以某种方式开始思考某个问题时，每次思考都可以激活和增强相同的神经电路或传导通道。这样做的好处是可以帮助检索某人希望记住的信息。但负面影响是，这些神经传导通道会形成思维定式，让人难以从不同的角度分析信息。当一名分析人员做出一次判断或决定时，该

[1] 原注：“重构法”与“问题重述法”相似，后者在摩根·琼斯所著的《思考者的工具包》一书中有描述。琼斯观察到：“我们在给某个问题下定义的那一刻，我们对该问题的思考即在快速变窄。”通过观察问题，我们形成了一种框架，而这种框架会遮掩对该问题的其他解释。但通过对问题进行重新定义，一个团队就能够改变那个参考框架，对其自身的思考进行质疑。

思维过程也被嵌入大脑。每次分析人员思考该问题时，就会触发同样的突触，而分析人员的思维往往会采用大脑中相同的、旧的神经传导通道。每次思考获得同样的答案，可以建立信心，而且经常会对该答案过度自信。

要理解这个过程，另一个好办法就是将思维定式与滑雪者寻找从山顶到山脚的最佳路线进行对比（见图 9.0）。在经过几轮滑行后，滑雪者已经明确了最佳路线并且会坚持这个想法，除非其他刺激因素或阻碍因素强迫他打破思维定式去发掘新的机会。

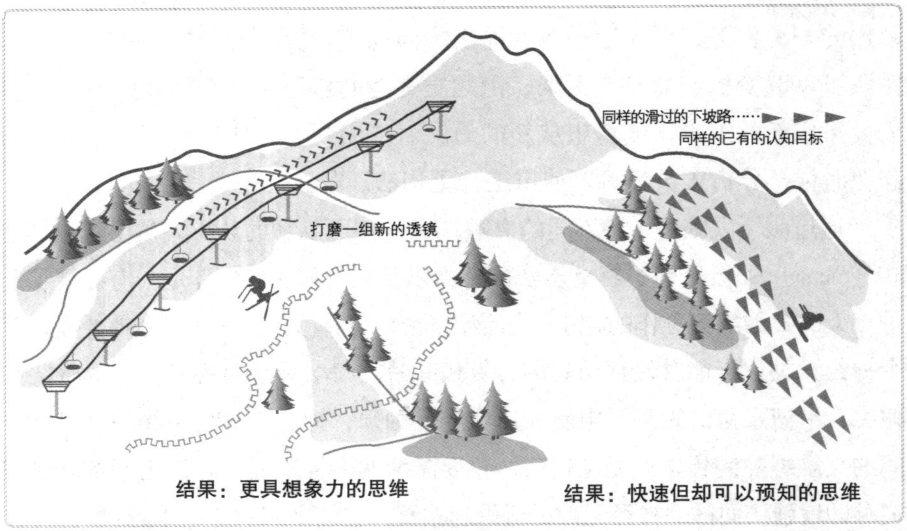

图 9.0 大脑山：生成思维定式

幸运的是，打开思路、用不同的方式进行思考还是比较容易的，本章所描述的方法均是为服务于这一功能而设计的。这些方法的作用是，从不同的角度重述提问、任务或问题，刺激大脑内不同类型的突触。本章阐述的重构法的 3 种应用，均采用了不同方式来思考问题。“事前分析法”要求分析人员，一旦了解到以往的分析结果完全错误时，就设想自己处在未来某个时间点。随后的任务是弄清楚分析结果是如何出错的以及为什么会出错。“结构化自我批判法”要求分析团体转变参与者的角色，由支持者变为批判者，从而探索先前分析中潜在的薄弱环节。角色转变可以让分析人员表达出原先可能被压制的、对于一致观点的关注。“若则分析法”则要求分析人员想象某些不太可能发生的事情发生了，然后再解释它是如何发生的以及该事件的影响。

通常，小团队采用这些方法要比单个分析人员更加有效。这些方法的效果，在很大程度上取决于团队内的参与者如何完全地、充满热情地运用想象力或扮演替代角色。如果只是走走过场，价值将是有限的。

方法概述

“事前分析法”可在潜在失误发生前对其进行识别和分析，从而降低分析失误的风险。设想一下未来数年后的情形。你突然从可靠来源了解到你的分析、评估或战略计划是错误的。然后设想究竟是过去的什么原因导致了估计错误。从未来回首去解释过去发生的事情，要比展望未来去预测将要发生的事情容易得多。这种实践操作有助于发现未曾预见到的问题。

“结构化自我批判法”是团队或团体用于发现自身分析薄弱环节的一种程序。团体或团队的所有成员“戴上”一顶假想的黑色帽子，成为自身分析观点的批判者而不是支持者：从相反的观点出发，回答关于不确定性的来源、使用的分析流程、关键假定、证据的诊断力、异常证据、信息空白、事件所发生的大环境的变化、替代决策模型、文化知识的可用性，以及可能存在欺骗的指标等一系列问题。然后，团队根据对这些问题的回答，再评估对判断的整体信心。

“若则分析法”是警示决策者事件可能发生或已经发生——即便当时看似不太可能——的一种重要方法。它是向决策者委婉表示他们的决策可能有误的一种方式。“若则分析法”的作用与“情景分析法”类似，它可以引起分析人员的注意，做好识别重大变化早期征兆的心理准备，也可以帮助决策者在意外事件发生之前早做打算。分析人员设想事件已经发生，然后考虑事件如何发展。

“高影响／低概率分析法”使分析人员和决策者对低概率事件真实发生的可能性保持警惕，促使他们思考一旦事件发生时应如何管控风险或利用其中的机会。分析人员假定事件已经发生,然后思考事件究竟是如何发生的及其可能的后果。

“魔鬼代言人”是一种由指定唱反调者对提出的分析判断、计划或决策进行反驳的方法。该人通常由负责单位指定。

“红队分析法”在此处指的是任何由管理部门发起的项目，旨在汇集实质性的、文化的或分析方面的专门技能，用于质疑关于对手或竞争者如何思考问题的传统思维。参见第八章中的“红帽分析法”。

“德尔菲法”是一种通过电子渠道方式获取地理位置分散的专家组的意见、判断或预测的程序。它是一种经过时间检验、极其灵活的程序，可用于专家能参与的任何课题或问题。之所以将该方法包括在本章中，是因为它可以用于明确那些质疑传统思维的多样化意见，也可以用来对研究成果进行复核印证。如果不同的分析人员使用不同的分析方法开展的两项分析工作得出了同样的结论，那么，就为大幅增强对该结论的信心提供了依据。如果两种结论不一致，同样可以为开辟新的研究道路提供有价值的信息。

一、事前分析法

“事前分析法”的目标是降低发生意外的风险，避免随之而来的对错误判断进行事后调查的需要。这是一种易于使用的方法，可以使任何共同致力于以未来为导向的分析或项目的团队有效质疑其结论的准确性。它是重构法的具体应用。重构法从不同的角度重述提问、任务或问题，使研究人员以不同的方式看待情况，得出不同的观点。

何时使用

当分析人员可以花费数小时质疑自己关于未来的分析结论，以发现自己错在什么地方时，就应该使用“事前分析法”。这种方法可以由单个分析人员使用，不过，与所有的结构化分析方法一样，小团体使用起来最为有效。

“事前分析法”作为一种分析辅助工具，最先由加里·克莱恩（Gary Klein）在其 1998 年的著作《力量的源泉：人们如何决策》（*Sources of Power: How People Make Decisions*）中的决策分析部分提出。据他称，他将“事前分析法”用于培训项目，向决策者们展示他们往往对自己的决策和计划的作用过于自信。在受训人员制订出一份行动计划之后，他要求他们想象一下未来数月或数年之后，他们实施的计划惨遭失败。随后，受训人员被要求描述出决策是如何失败的，而不论当初对计划是如何自信的。受训人员能够轻松地举出失败的多个原因，但当最初提出和制订计划时，却没有考虑过这些原因中的任何一个。

这种任务旨在让受训人员看到自己过于自信的证据，同时也表明，事前分析策略可用于扩大决策者所考虑的解释和阐述的数量。克莱恩解释说，“我们设计这样一项练习，旨在将他们拉出为自己的计划辩护和为自己的错误开脱的怪圈。我们试图给他们提供这样一种视角，即主动寻找自己计划中的缺陷。”[1] 克莱恩报告称，相比其他试图让他们自我批判其计划的被动方法，在完成事前分析练习之后，他的学员们在评估自己的计划时会“更加坦率”。[2]

增加的价值

“事前分析法”可以帮助分析人员发现以前错误被忽视的潜在原因。了解这一点非常重要。简言之，这里有两种有效的创造性方法过程。首

---

[1] 原注：Gary Klein, *Sources of Power: How People Make Decisions* (Cambridge, MA: MIT Press, 1998), 71.

[2] 原注：Gary Klein, *Intuition at Work: Why Developing Your Gut Instinct Will Make You Better at What You Do* (New York: Doubleday, 2002), 91.

先，问题被重构，这种练习通常可以引出与原来不同的答案。正如我们在本章导语部分所指出的那样，针对同样的主题但从不同的角度提出问题，为思考开辟了新的途径。其次，事前分析的方式可以证明不同意见的合理性。基于各种原因，小团体中的许多成员习惯于压制不同的意见，导致达成不成熟的一致性意见。在运用“事前分析法”时，要求所有的分析人员通过发现以前分析中的弱点，为实现团体的目标做出积极贡献。

研究证明，形成糟糕的集体决定的一个重要原因是力求达成一致意见。这种愿望会导致不成熟的结论及附和大多数人的观点，而不考虑对错。提高集体创造力和决策水平的关键，是向他们提供范围更加广泛的信息和意见，并予以考虑。[1]

> 确保我们是正确的并不是偏执，无法想象我们可能是怎么出错的才是偏执。
>
> ——切斯特顿（G. K. Chesterton），英国作家

团体成员倾向于赞同团体负责人或团体第一位成员表明的立场，或是赞同大多数人都同意的观点，这样做的原因有很多。当我们没有肯定的意见时，往往会从其他人的观点中获取线索，这是常见的经验法则。我们附和他人，因为我们（经常地）认为他们知道自己在干什么。分析人员也可能担心别人会批判自己的观点，或者，不同的意见会被视为不忠诚或被视为取得进展的障碍，只会让会议持续更长时间。

在成为中央情报局局长以前，莱昂·帕内塔（Leon Panetta）在一个报纸专栏中直言不讳地写道：“官僚机构的一个潜规是‘继续吧，继续进行吧’。换言之，即使明知已经犯了错误，但由于担心遭受惩罚或陷入窘境，往往不愿意报告错误。这一点在各级均是如此，包括总统的顾问们。结果是形成了一种‘不惹事’的心态……而这是在庞大的官僚机构中你不

[1] 原注：Charlan J. Nemeth and Brendan Nemeth-Brown, “Better Than Individuals? The Potential Benefits of Dissent and Diversity for Group Creativity,” in *Group Creativity: Innovation through Collaboration*, ed. Paul B. Paulus and Bernard A. Nijstad (New York: Oxford University Press, 2003), 63.

得不逆来顺受的另一个现实。”[1]

“事前分析法”的重要价值在于，它能够使不同意见合法化。团队成员之前由于缺乏信心可能压制自己的质疑或疑问，用这种方法可将之前隐藏的分歧想法表达出来。如果这种角度的变化能够被适宜运用，每个团队成员都将知道，正是自己对之前判断的批判而非支持，才产生了增加的价值。

方法步骤

运用“事前分析法”的最佳时间是，团体就行动计划得出结论后不久、决定正式起草报告之前。如果团体成员还不熟悉事前分析的技巧，团体的负责人、团体中的一名成员或主持人可以站出来，做出如下说明：“好吧，现在我们认为已经知道了正确答案，但是我们需要复核。为广开思路，考虑其他可能性，让我们设想一下，我们已经做出了这种判断，报告已上报并被批准，数月或数年之后，我们拿到了‘水晶球’。通过‘水晶球’，我们意识到自己的分析是错误的，事情的发展与我们期望的大相径庭。现在，我们从未来的角度入手，发挥我们的想象，头脑风暴一下，究竟发生了什么事情导致我们的分析大错特错。”

理想的办法是，在进行事前分析研讨前先召开一次单独的会议，使与会人员在开会之前就有时间思考到底发生什么会导致分析判断出错。可以要求他们将一系列与预期结果不同的事情拿到会上讨论。为了给事前分析会议定调，应当建议分析人员不要只盯着已经在集体会议上讨论过的假设、假定和关键证据。更合理的做法是，他们从自身生活经验的角度考虑问题。他们应当考虑世界的变化究竟有多快，政府有多少项目不成功或事与愿违，或者，从外国文化的角度来分析问题究竟有多难。当分析人员琢磨自己的分析错在什么地方时，就可以让他们大脑的不同部分发挥作用。

---

[1] 原注：Leon Panetta, “Government: A Plague of Incompetence,” *Monterey County Herald*, March 11, 2007, F1.

“由表及里思考法”（见第八章）也有助于实现这个目的。

在事前分析会上，团队负责人或主持人将这些观点写在白板或活动挂图上。为确保观点不是被单个人主导，可以使用“名义团体法”版本的头脑风暴方法。使用这种方法，主持人在会议室内来回走动，依次听取每个与会者的意见，直到将每一个观点都写在清单上（参见第五章“名义团体法”）。在所有意见都已陈列在白板上并且所有人都能看到这些意见之后，团队将谈论每个人对这种练习的心得体会，以及团队应当采取什么措施。通常只用两个小时的会议即可完成观点生成与最初讨论，这是一种投入较少时间即可对团体迷思提出系统性质疑的方法。

这样做，其中一个预期结果是，可以更好地理解未来评估中所固有的不确定性。另外一个结果可能是，识别出那些可以警示事件未朝预期方向发展的指标。类似的发现可能会导致对现有分析框架的修改。

如果运用“事前分析法”能够引导团队重新考虑并修改其分析判断，那么，图 9.1 中所示的问题就是一个良好的开端。对于一系列更加彻底的自我批判问题，参见对“结构化自我批判法”的阐述，其中涉及个人角色的转变，即从支持者变为自己以前分析的批评者。

运用“事前分析法”可以发现问题、条件或替代方案，推动对团体原有立场的再思考。在这种情况下，事前分析达到警示团体其分析出现了问题的效果，但并不一定能告诉团体究竟是什么问题或者如何解决这个问题。这些超出了事前分析的范畴。事前分析仅仅是个开始，它警示团体分析出了问题，但它既不系统地评估这些事情发生的可能性，也不评估导致分析错误的其他可能原因，或者对替代行动方案做出综合评估。

与其他方法的关系

如果说“事前分析法”可以发现重要的问题，那么，下节中叙述的“结构化自我批判法”自然而然就是解决这些问题的一个后续方法。

图 9.1 结构化自我批判法：关键问题

来源：弗森联合有限责任公司，2009 年。

本方法的起源

“事前分析法”最初由加里·克莱恩开发，用于培训管理人员认识到他们习惯于过于自信，自以为他们的计划和决策注定成功。本书的作者们采纳了“事前分析法”并将其重新定义为一种情报分析方法。关于此主题的原始资料，请参考克莱恩的《力量的源泉：人们如何决策》(*Sources of Power: How People Make Decisions* [Cambridge, MA: MIT Press, 1998]、《直觉的作用：为什么培养你的直觉会让你做得更好》(*Intuition at Work: Why Developing Your Gut Instinct Will Make You Better at What You Do* [New York:Doubleday, 2002])，及《事前分析项目的实施》(“Performing a Project PreMortem,” *Harvard Business Review* [September 2007])。

二、结构化自我批判法

> 从质疑自己的假定入手。你的假定是打开世界的窗户。每隔一段时间就要擦洗一下，否则，阳光就不会进来。
>
> ——艾伦·艾尔达（Alan Alda），美国演员

“结构化自我批判法”是小型团队或团体用于发现自身分析薄弱环节的一种系统性程序。团体或团队的所有成员“戴上”一顶假想的黑色帽子，成为自身分析观点的批判者而不是支持者。从相反的观点出发，回答关于不确定性的来源、使用的分析流程、关键假定、证据的诊断力、异常的证据、信息空白、事件所发生的大环境的变化、替代决策模型、文化知识的可用性，以及可能存在欺骗的指标等一系列问题。团队根据对这些问题的回答，评估对判断的整体信心。

何时使用

使用“结构化自我批判法”，你可以有效地找到对事件的分析解释或未来评估的薄弱环节。特别建议按照如下方式使用 ：

- ★ 在“事前分析法”提出对未来结果或事件的未解决问题后，把该方法作为下一个步骤。
- ★ 作为发布诸如《国家情报评估》或企业战略计划等重要报告前的复核印证程序。
- ★ 作为化解意见冲突的一种方法（如第十章“对抗性协作法”中探讨的那样）。

运用“结构化自我批判法”所需的时间量差别会相当大，主要看以往已完成分析的详细程度。本节稍后阐述的方法中所列出的问题，实际上恰好是严谨分析的一剂良方。如果在最初的分析中探讨了同样的问题，

进行结构化自我批判所需的时间会减少。如果这些问题是首次提出，整个过程将花费稍长时间。在分析人员通过自我批判获得经验的同时，他们也许不太需要其中的某些部分，因其在最初分析阶段已被消化吸收并将会完成（理应如此）。

增加的价值

当从不同角度就同一主题提问时，通常人们给出的答案与之前的截然不同。例如，如果询问一名团队成员是否支持本团队的结论，答案通常是肯定的。然而，如果要求团队的所有成员寻找团队论据中的薄弱环节，成员们给出的答案会截然不同。

这种参照系的变化旨在改变团体的内在动力。批判的观点理应产生更多的批判性观点。以前，团队成员因为缺乏信心或者希望与团队其他成员搞好关系，可能会压制自己的质疑或疑问；现在，他们则被推动去表达不同想法。如果角度的变化处理适宜，团队的所有成员将会发现，他们会由于批判而不是支持过去的判断而获得同事们的好感。

方法步骤

该方法从再次强调团队中所有分析人员现在均戴上了一顶黑帽开始。现在，他们是批判者而不是支持者，评判他们的依据是其发现以前分析中的薄弱环节的能力，而不是他们对以前分析的支持力度。然后讨论下面的主题或问题：

* **不确定性的来源**：指出不确定性的来源及其类型，以便为团队希望实现的目标设定合理预期。假定期望发现：（1）一个正确的或者最可能的答案；（2）一个最可能的答案，以及同时必须考虑的一个或多个替代答案；（3）有关未来发展的一些可能的解释或情景。为判断不确定性，不妨回答这些问题：

- 被分析的问题是一个拼图式问题（puzzle）或是一个谜式问题（mystery）？拼图式问题有答案，如果能够发现足够多的片段，就可以找到正确的答案。而谜式问题没有一个确定的答案，它取决于未来诸多因素的相互作用，某些因素是已知的，另外一些因素是未知的。分析人员只有“通过发现关键因素，并对它们过去如何相互影响以及未来将如何相互影响做出直观判断”，才能框定该谜式问题答案的范围。[1]
- 团队如何评价其证据的质量和时效性？
- 是否因证据不足或情况复杂而出现比寻常情况多得多的假定？
- 团队是否在对相对稳定的形势、正在演进的形势或可能会发生的重大变化进行研究？

★ **分析流程**：在最初分析中，团队是否完成了如下工作——团队是否找到替代假设并获得了有关这些假设的信息？团队是否找到关键假定？团队是否征求了广泛的意见，包括其他办公室、机构、学术界或私营机构分析人员正在审议的意见？如果没有采取这些措施，团队出现错误或不完整分析的概率将会增加。要么考虑现在开始做一些这样的事情，要么降低团队对自己判断的信心度。

★ **关键假定**：假设团队已经确定了关键假定，下一步是找到一两个一旦错误就会对分析判断产生最重大影响的假定。换言之，如果这一两个假定错误，则整个判断将是错误的。支持这样一个假定的证据是不是最新的且有大量可证实材料？对可能导致假定错误的环境进行头脑风暴，并评估假定出错对团队分析判断的影响。如果反转这些假定，是否可以支持替代假设？如果团队此前没有确定关键假定，那么现在就应当实施“关键假定检查法”。

★ **证据的诊断力**：确定替代假设，并找出能够让团队否决替代假设的几项最具诊断力的证据。逐项进行头脑风暴，找出那些与替代假设

---

[1] 原注：Gregory F. Treverton, “Risks and Riddles,” *Smithsonian Magazine,* June 1, 2007.

一致的、证据合理的替代解释。参考第七章的“诊断推理法”。

★ **信息空白**：可用的信息是否存在空白，或者某些信息时间过久以至于可能不再有效？是否可以轻易地解释信息缺失？信息缺失会如何影响团队对其结论的信心？

★ **缺失的证据**：如果分析判断是正确的，有无预期在正常的情报流或开源报告中可以看到但最终却没有出现的证据？

★ **异常的证据**：有无什么异常的证据，即那些一旦被相信或曾与所关注问题相关联就会变得重要，但却由于未被相信或其重要性未明而被视为不重要的证据？如果有，试想一下，该证据会如何成为新出现的替代假设的一个关键线索？

★ **大环境的变化**：在技术和全球化的推动下，世界作为一个整体，看起来正在以史无前例的高速度经历社会、技术、经济、环境和政治上的变革。其中任何一项变革都可能对正在发生或将要发生的事情产生影响吗？更广泛地说，与这个要分析的问题无关，但可能会对证明分析的对错产生重要影响的关键力量、因素或可能发生的事件是什么？

★ **替代决策模型**：如果是对外国政府或非政府组织的决策进行分析，团体对外国行为的判断是否基于理性行为者的假定？如果如此，可考虑其他决策模型的潜在适用性，特别是：其行为过去或将来都是政治或官僚势力间讨价还价的结果，还是标准组织程序的结果，或是独裁领导者的心血来潮。[1] 如果缺乏开展更加全面的分析的信息，就需考虑这一点对团队判断的信心所产生的影响。

★ **文化知识**：如果分析的主题涉及外国文化或者其他不太熟悉的文化或亚文化，团队是否有或已经获得了有关该文化中思维过程的文化知识？[2]

[1] 原注：关于这 3 种决策模型的内容，可参见 Graham T. Allison and Philip Zelikov, *Essence of Decision,* 2nd ed. (New York: Longman, 1999)。

[2] 原注：关于在不同文化中人们思维方式的本质区别的内容，可参见 Richard Nisbett, *The Geography of Thought: How Asians and Westerners Think Differently and Why* (New York: Free Press, 2003)。

★ **欺骗**：团队正在分析判断的其他国家、非政府组织或商业竞争者，是否具有通过欺骗影响美国政策或者改变你行为的动机、机会或手段？这样的国家、非政府组织或竞争者是否有实施拒止、欺骗或影响行动的既往史？

回答完这些问题后，分析人员就可以脱下“黑帽”，重新考虑对团队先前判断的相应的信心度。是否应当重申或修改最初的判断呢？

潜在缺陷

这种方法能否成功，很大程度上取决于团队成员从自己意见的支持者转变为批判者的意愿和能力。一些人缺乏智力上的灵活性去这样做。所有的成员必须非常明确，他们将不再发挥与过去同样的作用。他们的新任务是批判“其他”团队（实际上是他们自己，无非是戴了一顶不同的帽子而已）所持的分析立场。

要强调分析人员目前扮演的不同角色，必须专门为此召开结构化自我批判会议。会议应当由不同于平时领导者的人员主持，而且最好在不同的地点举行。如果能够有一名经验丰富的协调者指导会议，那将会大有裨益。对分析人员角色从支持者到批判者的正式重构，是帮助分析人员从不同角度看待问题的一个重要部分。

与其他方法的关系

曾被称为“魔鬼代言人”的一个版本与“结构化自我批判法”类似。在这种方法里，团队的一名成员被指定扮演“魔鬼代言人”的角色。该成员拿出团队的一个关键假定，推翻它，然后从与团队结论相反的角度进行论证。我们认为，要是整个团队都“戴上”假想的黑帽并扮演批判者，那会更有效。当只有一个团队成员“戴上”黑帽并且试图说服其他成员接受他们自己是错误的，整个团队几乎总是会自我辩护，且不会作出任何改变。一般情况下，“魔鬼代言人”也会发现他们正在扮演自己并没有真正认同的角色。参考本章稍后有关“魔鬼代言人”的内容。

本方法的起源

小理查兹·J. 霍耶尔和伦道夫·弗森创造了“结构化自我批判法”。该方法的一个简易版本出现在伦道夫·弗森的《分析工具与方法手册》一书中有关“事前评估”的章节。

三、若则分析法

“若则分析法”通过想象某个可能会产生重大积极或消极影响的事件已经发生，然后分析人员借助于“后见之明”，评估该事件是如何发生的及其可能的后果。

何时使用

这种方法应当成为每个分析人员的必备工具。它是警示决策者的一种重要方法，即尽管某事件目前看似不太可能，但的确有可能发生。“若则分析法”的功能与“情景分析法”相似，都旨在建立一种意识，让分析人员做好认识重大变化早期征兆的心理准备，它可以使决策者在发生意外事件之前制订出计划。当以下任何一个条件出现，使用这种方法最合适：

★ 在分析界或用户中，某件事情不会发生的思维模型根深蒂固。
★ 在分析界或决策者中对问题有高度争议，没有人关注应当考虑什么样的行动来应对或阻止事件。
★ 感觉有必要让其他人关注事件确实会发生的可能性，并考虑一旦发生的后果。

"若则分析法"是运用"关键假定检查法"后的一个合乎逻辑的后续方法，后者确定了对重要预估十分关键的假定，但对该假定可能仍有疑虑。在这种情况下，"若则分析法"设想该假定的对立面是真的，接着把分析重点放在研究这种结果究竟如何发生以及后果是什么上面。

> 当分析人员对威胁的预估判断过于谨慎时，他们将承受未能发出警告的指责。而当他们在发布警告上过于大胆时，他们将承受"谎报军情"的批评。
>
> ——杰克·戴维斯，《提高中央情报局的分析能力：战略预警》（"Improving CIA Analytic Performance: Strategic Warning"），谢尔曼·肯特情报分析学校，2002 年 9 月

增加的价值

从重点探究某个事件是否发生，转向假设该事件已经发生，然后去解释该事件究竟如何发生，从而打开了思路，便于用不同的方式进行思考。"若则分析法"会把讨论从"发生的可能性有多大"转移到以下问题上来：

- 事件可能会怎样发生？
- 事件会以不止一种方式出现吗？
- 其影响是什么？
- 事件发生的可能性已经增加了吗？

本方法还为决策者提供如下额外的帮助：

- 更好地意识到现在能够做些什么去预防不利事件的发生，或者现在能够做什么去增加他们获取利益的机会。
- 一系列具体的监控指标有助于确定事件实际发生的概率是否在增加。

"若则分析法"是研究那些处于可能性范畴之内，但未曾预料到的或可能性不高的情景的有效工具，而这些情景一旦发生可能会产生严重的后果。图 9.3 就是这样一个例子。它先假定一项出人意料的发展，即印度将

印度成功的故事

2008年晚期全球经济出现低迷后，印度始终独善其身，与世界其他地区形成了鲜明对照。到2015年，出乎所有人的意料，印度被认为是世界最强大的经济体之一，因其持续增长和稳定而闻名。尽管印度尚未主宰全球贸易，经济政策也较保守，但凭借对自身金融市场的谨慎呵护，印度已成为一个新的国际金融中心。

这是如何发生的？

印度经济政策一向保守并受到新德里的强力控制。因此，印度各行各业并未完全参与全球贸易，而是更多地关注于国内市场。20世纪90年代和21世纪头10年，由于政府放宽了国内竞争的限制，印度的经济才得以大幅增长。当2008年全球经济出现下滑时，印度动用了大规模外汇储备支撑卢比，并实施了进口管制，这直接影响了中国和韩国这两个向印度出口移动电话、冰箱、电风扇、空调和电视机等消费商品的国家。由于进口中止，生产同类商品的印度厂商得以因竞争消失而获利。印度国内对消费商品质量的要求快速增长，迫使印度厂商提高其生产水平和质量标准。

直到2004年，外国银行在苛刻的条件下，才被允许进入印度金融领域。只有少数印度人开始逐步在银行储蓄存款。抵押贷款很不常见。绝大多数印度人继续使用非正式的金融机制。到2009年，印度在很大程度上置身于全球银行危机之外。

与此同时，欧洲和北美的金融危机肆虐了数年。救助和刺激计划在初期显示出效果，但无法刺激经济持续复苏。由于失业率高企、购买力丧失、市场信心消退，企业关闭、破产盛行，服务业不断衰退。20世纪90年代和21世纪早期中国经济增长的关键部分——中国出口制造业消亡，工人大批返乡务农，原先新兴繁荣的城市难以为继。

尽管这些变化削弱了印度作为西方公司外包中心的作用，但大批失业的、受过西方良好训练的人才却让印度企业得以仅用之前开支的一部分集聚劳动力。由于拥有巨大的商品和服务内需，印度企业有了增长的空间，也确实实现了增长。

图 9.3 “若则分析”情景：印度在全球经济危机中意外获利

来源：这个例子由雷·康沃斯（Ray Converse）与伊丽莎白·马纳克（Elizabeth Manak）提供，弗森联合有限责任公司。

作为新的国际金融中心出现，然后研究这种情景是如何发生的。在这个例子中，该方法激励分析人员质疑传统分析方法，反思出现这种局面的基础性动力。

方法步骤

- “若则分析法”既可以由个人实施，也可以作为团队项目实施。分析所需的时间大致与起草一份简短的报告相当。通常，头脑风暴会议会被用来启动本方法，或是被插入到不同阶段中去。
- 该方法从假想可能发生的某事真的发生了开始。通常最好以“据《纽约时报》昨天报道……”这种方式提出问题。在阐述事件及其影响时要精确。有时假定新的突发事件是特定触发事件的结果，如生动地揭示出某关键分析假定不再有效的自然灾害、经济危机、重大政治误判或者未曾预料的新机会等，这样做非常有用。
- 在证据和逻辑的基础上，形成至少一组连贯的论据来解释如何才能产生这种结果。在设计情景时，重点放在过程的每个阶段中什么必须真的发生。即从未来事件回溯到今天，进行逆向分析。这又叫“逆向思维”。努力想象出不止一个情景或一组论据。
- 为每个情景生成一系列指标或“可观察点”，帮助判明事件是否开始按照那个情景预想的方式继续进行。
- 评估负面情景造成的损失或破坏程度，估计克服或减轻损失的难度。如果是新出现的机会，则评估怎样才能出现向好的发展，以及需要采取什么措施才能确保真的出现这样的积极情景。
- 根据关注程度，综合考虑实施的难度及其影响的潜在意义，对这些情景进行排序。
- 形成并验证情景的指标或“可观察点”，定期监控。
- 定期报告预期的情景是否正在形成及其原因。

与其他方法的关系

有时“若则分析法”容易与“高影响 / 低概率分析法”混淆，因为这两种方法针对的都是低概率事件。但是，只有“若则分析法”使用重构法假设未来的事件已经发生，然后及时逆序思考，想象事件是如何发生的。“高影响 / 低概率分析法”需要新的或异常的信息作为触发源，然后正向预测会发生什么事件以及事件发生的后果。

警　示

“若则分析法”和“高影响 / 低概率分析法”设计出的情景经常包含高度敏感性的数据资料，需要严格控制最终产品的分发范围。比如，这些数据资料有：恐怖组织如何对美国基础设施的关键点发动致命的袭击？如何成功发起针对友好国家政府的政变？如何能够破坏或干扰全球金融网络？显然，如果某个分析人员发现了可被对手利用的一个关键弱点，那就应当采取高度谨慎的措施，防止这一弱点的细节描述落入对手手中。此外，还要注意，情景越“高明”、越刺激，就越能吸引注意，越容易被分享，越有可能被泄露。

本方法的起源

长期以来，“若则分析法”这个术语被应用于各种不同的方法之中。此处所述的版本，是基于伦道夫·弗森在《分析工具与方法手册》中提到的“若则分析法”，以及国土安全部情报与分析办公室的培训教材。

四、高影响/低概率分析法

“高影响 / 低概率分析法”用于向决策者们提供预警，即那些看似不太可能发生但对政策与资源能产生重大影响的事件，实际上可能会发生。

何时使用

当分析人员认为，对政策和资源能够产生重大影响的远景发展比先前预料的更有可能发生并需要警示决策者时，就应当使用“高影响 / 低概率分析法”。以下这些事件发生之前就应当这样处理：1989 年德国统一、1991 年苏联解体，及美国历史上损失最大的自然灾害——2005 年 8 月新奥尔良的卡特里娜飓风。“高影响 / 低概率分析法”的另一种形式也可以用于说明 H5N1(禽流感) 爆发的潜在影响，或者是用于已经知道了其意图但存在多种实施方式的恐怖袭击的可能影响。

> 一位颇有见地的高级政策官员曾认为，对美国利益最有可能构成灾难性威胁的情报，在最初评估时都被认为是不太可能的。战略预警中有效的情报—政策关系的关键在于，分析人员要帮助政策官员们确定，哪些看似不太可能发生的威胁实际上是值得审慎考虑的。
>
> ——杰克·戴维斯，《提高中央情报局的分析能力：战略预警》，谢尔曼·肯特情报分析学校，2002 年 9 月

通常情况下，在收到新的、通常是零碎的信息，且这些信息表明以前未曾预料的事件实际上可能发生时，会启动“高影响 / 低概率”研究。例如，可以想象，决策者可能收到这样的警告，即美国可能在某个法定假日遭到大规模信息战攻击或恐怖袭击。这种方法还可用于使分析人员和决策者们对低概率事件的可能影响保持敏感，并促使他们提前考虑可能采取的措施，以应对威胁或者利用这次机会。

增加的价值

“高影响 / 低概率分析法”可以让分析人员在不质疑主流判断或与他人就某一事件发生的可能性进行争论的情况下，研究某事件，特别是传统

思维认为不太可能发生的事件的后果。换言之，这种方法提供了一种得体的沟通方式，从而可以向某些接受者传递其可能不愿认同的观点。

分析的重点不是事情是否会发生，而是假设能产生重大的、预想不到的影响的某个事件可能会发生。目的是研究不太可能发生的事件发生的可信度是否在增加，而这种事件一旦发生可能会造成的主要危险或者提供的重大机会。分析人员对通往似是而非的威胁路径的描述越细微越具体，决策者就越容易制定一揽子政策，保护或促进美国的关键利益。

方法步骤

有效的“高影响 / 低概率分析法”涉及以下步骤：

★ 清晰描述不太可能发生的事件。

★ 确定事件发生带来的高影响后果。考虑实际事件以及事件的次级影响。

★ 识别那些意味着不太可能发生事件的发生概率在增加的近期信息或报告。

★ 对推动事件朝不太可能发生的方向发展或使其加速发展的因素做出假设，如政府的一次拙劣反应、一名强力挑战者的出现、一场严重的恐怖袭击或出现了一次有利于美国利益的意外选举结果等。

★ 设计一个或更多可以解释看似不太可能发生的事件如何发展的合理路径。重点放在一系列事件发展过程中每个阶段必须要发生的事件上。

★ 生成并验证可以帮助分析人员和决策者认识到事件开始朝这个方向发展的指标清单。

★ 识别可转向不利结果或促进积极结果的因素。

★ 定期报告预计情景是否正在发生及其原因。

分析人员定期审查这些指标很重要。类似的定期审查有助于分析人员克服常见的思维模型，即认为事件不太可能发生，所以不予认真关注。

潜在缺陷

分析人员必须谨慎表达不太可能发生事件的可能性。“不太可能”（unlikely）一词的含义可以解读为从 1% 到 25% 的发生概率中的任意一点，而“高度不可能”（highly unlikely）意味着概率为 1% 至 10%。[1] 情报用户收到使用了“非常不可能”（very unlikely）这类预测概率的字眼的情报报告后，往往会把该报告解读为与自己先前的思考是一致的。如果报告判断下一年度恐怖分子对美国驻外某使馆发动袭击“不太可能”，很有可能出现的情况是，分析人员也许认为概率为 10% 左右，而决策者却视该报告与自己的看法一致，即概率不足 1%。这种在概率方面的差异，决定着是否会做出付出高昂应急准备代价或采取主动预防性对策的决策。当分析人员描述一件不太可能发生事件发生的概率时，最好的办法是使用数字来表示，要么是某个范围（如不到 5%，或者 10% 至 20%），要么是赌徒们使用的比率表示法（如 10 比 1）。

图 9.4 是一件不太可能发生事件的例子——在北冰洋爆发冲突——可能给美国和其他邻近国家带来的严重地缘政治后果。分析人员可以使用这种方法，提醒决策者们北冰洋冰层融化的可能影响，并促使他们考虑可能采取的措施以应对威胁。

与其他方法的关系

“高影响 / 低概率分析法”常常与“若则分析法”混淆。这两种方法均用来处理低概率或不太可能发生的事件。“高影响 / 低概率分析法”是警示决策者的一种主要手段，警示的内容是最新的、未曾预料的发展

---

[1] 原注：Richards J. Heuer Jr., *Psychology of Intelligence Analysis* (Washington, DC: CIA Center for the Study of Intelligence, 1999; reprinted by Pherson Associates, LLC, 2007), 155.

表明先前认为高度不可能发生的事件实际上可能发生。该方法从最新的证据或信息出发，推动去讨论可能发生什么样的事件，以及事件一旦发生所导致的后果。这种方法是对传统思维的挑战。“若则分析法”不需要新的或异常信息作为触发源。它假设意外事件已经发生，据此对问题进行重构。然后，对该意外事件进行逆序推理，绘制出导致事件发生的多种路径。“若则分析法”还可用于确定那些一旦及时实施便可阻止意外事件发生的行动。

不太可能的事件

北极地区最近的事态，在未来5年内会刺激地区竞争者因对北极资源相互矛盾的主张而爆发一场军事冲突。

背景

联合国《海洋法公约》禁止任何国家拥有北极或其周边的北冰洋地区。该条约允许每个毗邻国家（加拿大、丹麦、挪威、俄罗斯和美国），若其大陆架与北极海床有地理上的连接，可以对其合法的200海里专属经济区进行扩展。美国还没有批准该条约，不认可任何超出200海里专属经济区的权利，也不认可加拿大关于西北航道代表其内陆水域、限制其他国家通行的主张。

事件与诱因

2001年，俄罗斯企图占领北极更多区域但未能如愿以偿，随后加拿大和丹麦提出了对该地区的领土主张。自2006年开始，北约部队，包括挪威和荷兰的部队每年都在北极地区进行训练演习。2007年，俄罗斯将国旗插在北极海床上，引发其他国家对俄罗斯企图占领更多领土的担忧。

北极冰层融化，打开了通往未曾开发的能源和矿藏的航道；在这个资源匮乏的世界，能源价格不断上涨，这些未曾开发的能源和矿藏对北极和非北极国家的吸引力越来越强。由于越来越容易进入北冰洋地区，长期的过度捕捞可能会刺激依赖鱼类蛋白质源的国家开始进入该地区捕鱼。北冰洋冰层的融化，有可能会让未来数年间的西北航道全年通航，削弱巴拿马运河的商业作用。

通向不太可能结果的路径

一场开发北极新资源的竞赛几乎不可避免，这将增加因一次暴力事件而引发战争的概率。例如，对资源有迫切需求的非北极国家均对北冰洋水下的能源储备提出主张。加拿大可能要求使用西北航道的船只支付高额通行费；某些北极国家的渔船可能会骚扰其他国家的渔船，比如日本的渔船等。

武装冲突可能以多种形式出现，如：俄罗斯对北约，美国对加拿大，以及北极国家对非北极国家等。围绕资源和航道控制权的武装争夺一旦发生，将破坏现有的结盟关系，为其他国家争夺资源打开大门。如果不同国家的媒体都吹响"为北极而战"的嘹亮号角，所有相关国家维护自己"主权"的压力将会增加，国家间关系紧张和冲突的新时代可能会因此到来。

需要关注的指标

- 俄罗斯呼吁重新就限制北极地区领土主张的条约展开谈判。
- 加拿大增大在北极水域巡逻力度，开始派搜索船宣示该地区为其内陆航道。
- 毗邻国家常年向北极关键地点派遣"科考队"。
- 更多的国家在北极水域插上国旗。
- 为北极地区建造专用的油船和钻井平台。

有利于产生积极结果的因素

- 国际机构或区域国家建议制定新的法律准则，以应对因海洋冰层融化导致的客观情况的变化。
- 建立国际生态区，确定资源共享范围的支持增强。

图 9.4　高影响 / 低概率情景：北极地区冲突

来源：迈克尔·班尼斯特与雷·康沃斯开发，弗森联合有限责任公司。

本方法的起源

对本方法的描述，来自伦道夫·弗森《分析工具与方法手册》中的"高影响 / 低概率分析法"，以及国土安全部情报与分析办公室培训教材。

五、魔鬼代言人

"魔鬼代言人"是一种对提出的分析判断、计划或决策进行批判的方法过程，批判者通常是事先未参与判断、计划或决策思考过程的单个分析人员。“魔鬼代言人”源自 16 世纪初期罗马天主教会的一种做法：当为逝者行宣福礼或追封其为圣者时，有人被指定来扮演批判审查逝者生活与奇事的角色，其职责是专门提出对逝者不利的事实。[1]

何时使用

当管理人员为了确保替代方案得到充分考虑时，使用“魔鬼代言人”方法最为有效。下面是沿用已久的“魔鬼代言人”的例子：

★ 在做出决策之前，决策者或军事指挥员要求对可能出现的错误进行“魔鬼代言人”分析。

★ 情报机构指定一名高级管理人员作为魔鬼代言人，负责监督审查和质疑被选定的评估的过程，或是建立一个有时被称为“红组”的特别单位来履行上述职责。

★ 当管理人员对整个情报界就某个关键性问题达成了看似广泛的一致意见时，或者当管理人员怀疑长期以来致力于某一问题的分析人员的思维模型已经根深蒂固，以至于他们不能看到近期变化的重要性时，可以授权使用“魔鬼代言人”进行分析。

增加的价值

此处所述的“魔鬼代言人”的独特属性和价值在于，批判由管理层发起，旨在检验支持受推荐的分析判断、计划或决策的论据是否过硬。它的目的是寻找错误，通常关注的焦点是有疑问的假定、证据或会削弱公认结论的论证过程，或者是得出此结论的现有证据尚有不足。

---

[1] 原注：Nemeth and Nemeth-Brown, “Better Than Individuals?,” 75–76.

方法步骤

“魔鬼代言人”通过构建与受推荐的判断最为对立的可能案例，来进行质疑。选用这种方法没有既定的程序可循。分析人员选择“魔鬼代言人”，可能是因为他们具备运用某种方法的专业知识，或他们想使用与最初分析时不同的方法，或者使用一系列不同的假定。他们也许仅仅是想对证据和分析过程进行审查以找到论证过程中的弱点。在后一种情况下，理想的方法是提出本章“结构化自我批判法”中关于如何进行分析的问题。这些问题包括不确定性的来源、使用的分析流程、批判性假定、证据的诊断力、异常的证据、信息空白、事件发生时大环境的变化、替代决策模型、文化知识的可用性，以及可能存在欺骗的指标等。

潜在缺陷

“魔鬼代言人”有时被作为一种自我批判的形式。工作并非由局外人实施，而是由分析团队成员自愿或被指定来扮演魔鬼代言人。我们认为，这样的方式不能有效发挥“魔鬼代言人”的作用，原因是：

- ★ 将这种方法称为“魔鬼代言人”，与主张由独立的局外人进行调查的传统“魔鬼代言人”概念不一致。
- ★ 研究表明，扮演魔鬼代言人角色的个人，如果实际上不相信结论有错，其效率远远低于真正相信结论有错者，甚至可能会产生相反的效果。显然，有勇气坚持自己的少数派观点的人，比那些知道自己仅仅是在扮演魔鬼代言人角色的人，更值得关注和尊重。如果团队成员视“魔鬼代言人”为他们必须容忍的分析练习，而不是真正相信他们当中有足够勇气大胆讲出自己观点的成员，这种练习可能反而会增强多数人的最初信念：“由于认为已经考虑到其他可能性，所以会自以为是而事实上几乎没有认真思考过其他可能性。”[1] 团队从运用“魔鬼代言人”中学到的，可能仅仅是如何更好地辩护团队确立的立场。

自我批判法还有其他的形式，特别是本章所述的“事前分析法”和“结构化自我批判法”。这类方法在推动有凝聚力但意见不一致的团队质疑他们的思维模型和分析替代观点方面，更为有效。

本方法的起源

如前所述，本方法可以追溯到罗马天主教会在16世纪时的做法。此后，这种方法以各种方式被使用，服务于各种不同目的。此处探讨的“魔鬼代言人”基于作者对美国情报界当前实践的分析；查兰·珍妮·奈米斯（Charlan Jeanne Nemeth）和布伦丹·奈米斯－布朗（Brendan Nemeth-Brown）的《优于个人分析？异议与差异对团体创造力的潜在好处》（“Better Than Individuals? The Potential Benefits of Dissent and Diversity for Group Creativity,” in *Group Creativity: Innovation through Collaboration,* ed. Paul B. Paulus and Bernard A. Nijstad [New York: Oxford University Press, 2003]）一文；亚历山大·乔治（Alexander L. George）与埃里克·斯特恩（Eric K. Stern）的《外交政策制定中的冲突管理：从唱反调者到支持者》（“Harnessing Conflict in Foreign Policy Making: From Devil’s to Multiple Advocacy,” *Presidential Studies Quarterly* 32 [September 2002]）一文。

[1] 原注：Nemeth and Nemeth-Brown, “Better Than Individuals?,” 77–78.

六、红队分析法

术语“红队”或“红队判研”[1]有多种含义。有一种定义是，“红队判研”是“从对手或竞争者的角度看待问题的方法”。[2]这是情报分析人员对红队判研的共同看法。

美国国防科学委员会特别工作组对于国防部内部的红队判研活动有更广义的定义，即红队判研是在战略、战役和战术各个层级对一个机构的计划、项目和假定进行质疑的策略。它“不仅包括‘扮演’对手或竞争者，而且充当魔鬼代言人，提供替代解释（B 队）以及其他方式，来挑战一个机构内部的既定思想”。[3]在这里，红队判研指的是一种管理策略，而不是一种具体的分析方法。在这样的定义中，红队判研有时是各种形式的质疑分析或替代分析的同义词。

为包含上述两种不同的使用红队判研的方式，在本书中，我们明确了两种独立的方法，即“红队分析法”和“红帽分析法”。

- ✶ 本节所述的“红队分析法”是一种质疑分析方法。通常由负责人决定启动，建立起一个专门的课题项目、团队或办公室，其分析人员具备的文化和分析技能使他们能处理这种特定类型的分析。作为一项原则，“红队分析法”通常从质疑传统思维开始，从而确保认真考虑了其他合理的替代方案。实际上，它是现代版的“魔鬼代言人”。

---

[1] 译注：Red Teaming 系指对敌方行动过程的模拟，适用于决策活动，能使情报发挥应有的效用。通过 Red Teaming，不仅可以不断找出团队在思维中存在的问题，避免错误的意见、偏见和小团体思想，还可以避免在设计问题和制订计划时犯经验主义的错误，通过从不同的视角发现未来行动和当前行动中存在的弱点、机遇，预测行动的结果，并找出解决问题的方案。鉴此，译者将其译为“红队判研”。

[2] 原注：该定义源自 *Red Team Journal,* http://redteamjournal.com。

[3] 原注：Defense Science Board Task Force, *The Role and Status of DoD Red Teaming Activities* (Washington, DC: Office of the Under Secretary of Defense for Acquisition, Technology, and Logistics, September 2003).

★ 第八章中所述的“红帽分析法”，是一种从文化角度对对手或竞争者的行为和决策进行的敏感性分析，通常由常规分析流程中的分析人员或团队发起。这种方法可以而且应当最大限度地作为标准分析实践的一部分。

何时使用

无论何时，只要感到有必要在重大问题上质疑传统思维，或者认为承担分析责任的机构缺乏完全理解对手或竞争者的观点所需的文化知识，管理层就应当启动“红队分析法”。

增加的价值

“红队分析法”有助于将分析人员从自身形成的完备的思维模型，即自身的理性意识、文化规范和个人价值观中摆脱出来。“红队分析法”要求分析人员在分析对手时改变其参照系，从对对手或竞争者的“观察者”，转变成对手文化和政治环境中的“行为者”。在分析人员试图再现（那些行为准则或动机与绝大多数美国人的习惯截然不同的）独裁领导人、恐怖分子团队或非西方人团体的思维模型时，这种重构和角色扮演方式特别有用。

方法步骤

“红队分析法”的作用是通过构建最有可能的反对案例，对提议的或现有的判断进行质疑。如果目标是了解对手或竞争者的思想，这种方法就与第八章“红帽分析法”所述的相似。不同点在于，运用“红队分析法”时，可以利用更多的文化、实质性的知识和分析技能等资源。鼓励使用“角色扮演法”或“德尔菲法”，以对“红队分析法”进行印证或补充。

与其他方法的关系

"红队分析法"与第八章所述的"红帽分析法"关系紧密。

本方法的起源

术语"红队"起源于冷战时期，"红色"代表任何共产主义对手。在探讨"红队分析法"时使用了下述材料：《红队》杂志（*Red Team Journal*），http://redteamjournal.com；国防科学委员会特别工作组的《国防部红队判研活动的作用与现状》（*The Role and Status of DoD Red Teaming Activities* [Washington, DC: Office of the Under Secretary of Defense for Acquisition, Technology, and Logistics, September 2003]）；迈克尔·基汉（Michael K. Keehan）的《用于执法的红队判研》（"Red Teaming for Law Enforcement," *Police Chief* 74, no. 2 [February 2007]）；国土安全部的培训教材。

七、德尔菲法

"德尔菲法"是一种从地理位置上分散的专家处获得观点、判断或预测的方法。它与调查的不同处在于，它要进行两轮或更多轮提问。在第一轮提问之后，主持人通常会将所有的答案及其解释以匿名方式分发给所有参与者。如果有必要，可以让参与专家们在参阅其他参与者答案的基础上，对自己以前的回答做一次修改或阐明。第二轮提问建立在第一轮结果的基础上，深入探究更多细节，或者转向一个相关的主题。该方法具有极大的灵活性，可以进行数轮提问。

何时使用

“德尔菲法”是20世纪50年代冷战初期，由兰德公司开发用于预测新技术对战争影响的一种方法。该方法还用于评估未来敌方进攻的概率、强度或频率。20世纪60年代和70年代，“德尔菲法”作为一种研究未来，特别是预测科技长远发展趋势的方法而广为人知。未来研究与情报分析的相似之处在于，分析人员必须面对不确定性和复杂性，因此排除了使用传统统计方法的可能，而解释和预测必须基于专家的经验和明智的判断。

多年来，“德尔菲法”以各种方式被使用，广泛服务于各种目的。尽管许多“德尔菲法”课题项目的重点是形成一致的专家判断，但有一种被称为“政策德尔菲法”（Policy Delphi）的方法，前提却是决策者并不在意让一个团体做出一致性决策，而只是想让专家们找到替代的政策选项，并明确赞成和反对每个选项的所有支持性证据。这也是在有关质疑分析的本章中收录“德尔菲法”的根本原因。这种方法可用于识别出值得研究的分歧性意见。

一组研究“德尔菲法”的学者建议，只要问题不是太复杂或太新潮，以至于不能使用专家判断，该方法“可用于几乎所有涉及预报、预测或决策的问题”。这些“德尔菲法”的支持者们报告称，他们将这种方法用于各种不同的目的，范围涵盖“从地区发展选项的选择，到预测选举结果、决定聘用学术岗位人选，再到预测该为会议订多少份午餐等等”。[1]

一些软件程序被开发出来以处理这些任务，其中一个程序是供公众使用的（http://armstrong.wharton.upenn.edu/delphi2）。分布式决策支持系统现在可公开用于支持虚拟团队，包括（作为分析工具一部分的）“德尔菲法”具备的一些或所有必要的功能。

[1] 原注：Kesten C. Green, J. Scott Armstrong, and Andreas Graefe, “Methods to Elicit Forecasts from Groups: Delphi and Prediction Markets Compared,” *Foresight: The International Journal of Applied Forecasting* (Fall 2007), www.forecastingprinciples.com/paperpdf/Delphi-WPlatestV.pdf.

增加的价值

2008 年 7 月份的情报界第 205 号指令“跨越分析局限”（Analytic Outreach）鼓励咨询学术界、商界和非政府机构的相关专家。我们相信，发展在关键关注领域的德尔菲专家组的做法，应当是咨询任何组织的分析部门之外专家的标准程序。在情报界更是如此，因为情报界的工作环境更加封闭。

作为获取外部专家信息的有效方法，“德尔菲法”具有如下优势：

- 外部专家在家就可以参与其中，减少了使用外部咨询专家相关的时间和出差费用。
- “德尔菲法”可以提供外部专家能够参与的任何主题的分析判断。这意味着，“德尔菲法”可用来对内部达成的结论进行独立印证。如果两次分析使用不同的分析人员和不同的分析方法，但达成了同样的结论，这就为显著增强对该结论的信心提供了依据。如果得出的结论不一致，同样可以为开辟新的研究途径提供有价值的信息。
- “德尔菲法”可以识别持有与众不同立场的局外人。当研究人员认识到多数人意见不一定总是正确时，就可以集中精力，更好地了解那些与共识有严重分歧的观点的依据所在。实际上，找出拥有另一种观点并有资格为之辩护的专家，恐怕才是“德尔菲法”项目的目标。
- 专家组成员可以参考其他成员的反馈意见并有机会修改其回答，这样的程序使专家们可以很容易根据新证据调整自己以前的判断。
- 在众多“德尔菲法”项目中，专家组成员之间始终保持匿名，这样就可以避免任何人利用自身的职权、声誉或个性对其他人施加影响。匿名还可以方便人们表达与传统思维不同的意见，而在其他情况下可能无人愿意说出这样的意见。

“德尔菲法”的匿名特点极大地减少了“团体迷思”的可能性，同时也让任何基于既往经历和自身世界观而持有强硬观点的参与者难以将观点强加于群体中的其他人。让专家群体进行多轮信息共享的要求也有助于降低“满意法则”的可能性。“德尔菲法”还可以帮助分析人员避免陷入一些分析陷阱，这些陷阱包括：

- ★ 过分重视第一印象或是初始数据资料，特别是当它们吸引了我们的注意力并且看起来重要时。
- ★ 在面对与初始结论相矛盾的越来越多的证据时，依然坚持某个分析判断。

方法步骤

在实施“德尔菲法”项目时，主持人（分析人员）会向可能位于不同地点的专家组成员发送调查问卷。专家们回答这些问题，通常还被要求对答案做出简要解释。主持人整理第一份调查问卷的结果，再将整理后的答案发回给所有专家组成员，要求他们根据自己从其他专家的答案与解释中领会和学到的来重新考虑自己的答案。专家组成员也可能被要求回答另外一些问题。这种使用同样或相关问题的提问、回答和反馈的循环将持续数轮。通常最可取的做法是专家组成员一直保持匿名，这样他们就不会受到资深专家答案的过度影响。图 9.7 对该方法进行了说明。

范例

为了说明如何将“德尔菲法”用于情报分析，我们设计了 3 个说明性应用案例：

- ★ **对别国政策选项进行评估**：“德尔菲法”项目主管或主持人先确定某国可能选择的若干个政策选项。然后，主持人要求该国专家组从该国的观点出发，采取 5 分制为每个选项的合意性和可行性评

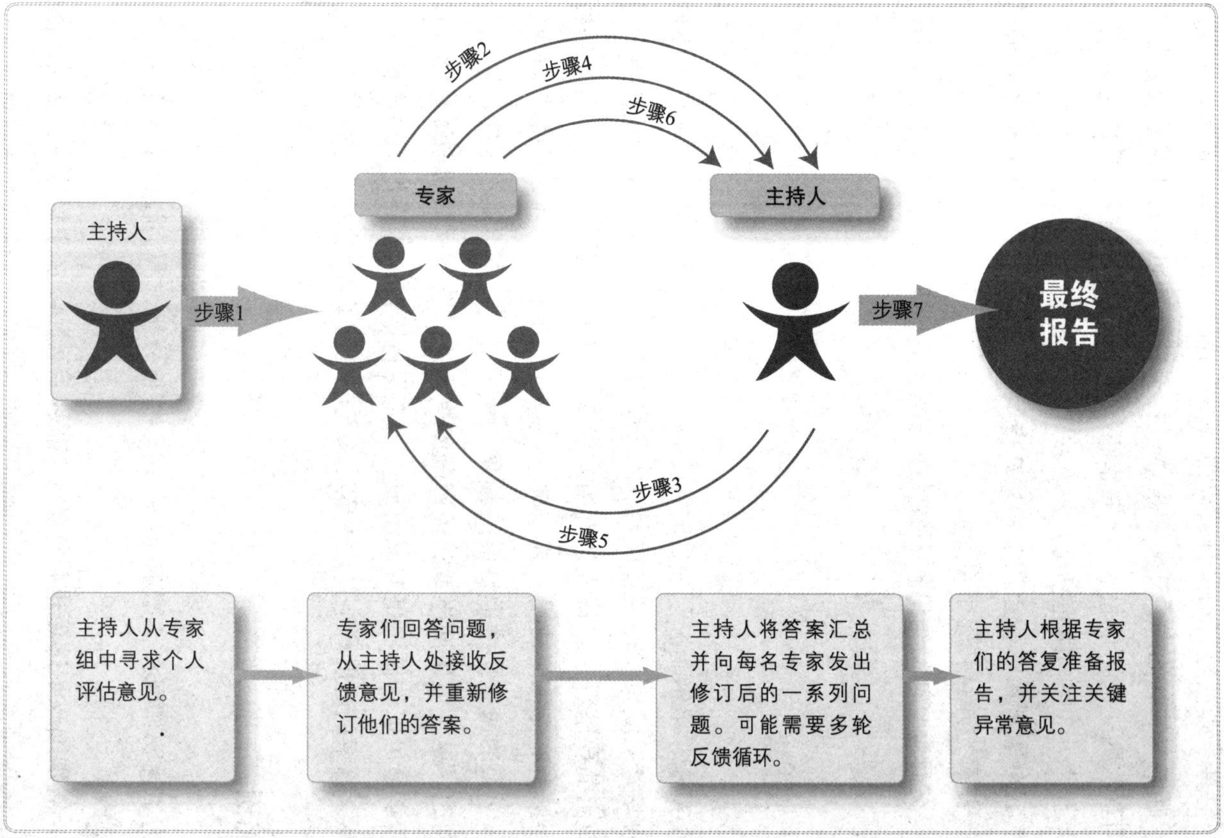
主持人
步骤1
专家
步骤2
步骤4
步骤6
主持人
步骤3
步骤5
步骤7
最终
报告
主持人从专家组中寻求个人评估意见。
专家们回答问题，从主持人处接收反馈意见，并重新修订他们的答案。
主持人将答案汇总并向每名专家发出修订后的一系列问题。可能需要多轮反馈循环。
主持人根据专家们的答复准备报告，并关注关键异常意见。

图 9.7　德尔菲法

分，按照“非常合意”或“可行”，到“非常不合意”或“绝对不可行”进行打分。同时，专家组成员还被要求确定和评估任何其他应当考虑的政策选项，并确定2至3个能引导他们判断的最有力的论据或证据。将所有回答的整理结果寄回专家组，同时要求专家组成员完成下列工作之一：借鉴他人的回答重新考虑自己的立场，对自己的判断做出进一步的解释，或是再次确认以前的回答。在第二轮提问中，最好列出关键论据和证据，并要求专家组再次站在他国的立场上，对这些论据和证据的有效性和重要性进行打分。

★ **进行替代假设分析**：要求外部专家组对一系列相互排斥的假设逐一进行概率评估，这些假设的概率加起来必须是100%。这和方法可以作为一个独立的项目实施，也可以用于印证已完成的“竞争性假设分析”（见第七章）。如果两组不同的分析人员使用不同方法得出了同样的分析结论，就有理由显著增强对该结论的信心。即使分析结论不一致，这种做法仍然有用，分析人员接下来可以试着去了解导致不同判断的根本原因。

★ **进行预警分析或监控一段时间内的情况**：分析人员要求专家组对某个未来事件发生的概率做出预测。这既可能是分析人员正在监控预警指标的某个单一事件，也可能是分析人员正在监控转折点，以确定事件发展可能方向的一系列情景。有两种方法可以管理一段时间内监控事态变化的德尔菲项目。一种方法是定期展开新一轮的问答，以评估变化的程度；另一种方法被称为“动态德尔菲法”（Dynamic Delphi）或“实时德尔菲法”（Real Time Delphi），只要新事件发生或有参与者提交了新信息，所有参与者都可以随时修改他们的回答。[1] 把“德尔菲法”专家组提供的概率评估累加在一起，可以衡量随着时间推进这些变化发生的程度。还可以用这些方

[1] 原注：参见“实时德尔菲法”，www.realtimedelphi.org。

法找出专家观点之间的区别，为进一步质询提供依据。

潜在缺陷

“德尔菲法”项目涉及确定专家、与专家组成员沟通、数轮提问后整理和汇总专家的回答等行政工作。情报界可能会变成额外的障碍，比如明确要求专家持有适当的安全许可，或是要求专家在专门整理出来的办公室内与分析人员会面等。另一个潜在的缺陷是，过度热切地使用本方法会导致在更适合阐述两个竞争性假设及其支持证据时，强制形成了一致意见。

与其他方法的关系

“德尔菲法”可以很容易地与其他方法，如“虚拟头脑风暴”，以及信息列表的优先次序区分、排序或标定等结合使用。

本方法的起源

作为一种分析方法，“德尔菲法”的起源在“何时使用”（P271）一节已进行过描述。对研究该主题有帮助的参考文献有：默里·图罗夫（Murray Turoff）和斯塔尔·罗克珊·希尔茨（Starr Roxanne Hiltz）的《基于计算机的德尔菲流程》（“Computer-Based Delphi Processes,” 1996, http://web.njit.edu/~turoff/Papers/delphi3.html）。哈罗德·林斯顿（Harold A. Linstone）与默里·图罗夫的《德尔菲法：技巧与应用》（*The Delphi Method: Techniques and Applications* [Reading, MA: Addison-Wesley, 1975]）；该书 2002 年出了电子版，获取网址为：http://is.njit.edu/pubs/delphibook，可以重点关注该书中图罗夫所写的“政策德尔菲法”（“The Policy Delphi”）这个章节，网址是 http://is.njit.edu/pubs/delphibook/ch3b1.

pdf。更多有关实施“德尔菲法”项目的有效和最佳方法的最新信息，请参考吉恩·罗（Gene Rowe）和乔治·赖特（George Wright）合写的《预测时的专家意见：德尔菲法的作用》（“Expert Opinions in Forecasting: The Role of the Delphi Technique,” in *Principles of Forecasting*, ed. J. Scott Armstrong [New York: Springer Science+Business Media, 2001]）一文。

[第十章]

冲突管理

正如我们在上章中所探讨的，质疑分析常常导致对立意见的识别与对抗。毕竟，那是质疑分析法的目的，但它同时也引出了两个重要问题。其一，如何管理对抗，使之成为一种学习经验，而不是已知对手之间的较量？其二，在分析不确定性程度较高的主题时，如何确定一种观点是错误的，或两种观点均有价值并需要在分析报告中加以讨论？本章为处理此类分析冲突提供了一个概念框架和几种有用方法。

《哈佛商业评论》上一篇广为流传的文章强调，只有接受并主动管理拥有不同利益的机构或机构内部门之间不可避免的但又迫切需要的冲突，才能提升它们之间的协作：

> 分歧是由观点、能力、信息获取、战略关注点等方面的差异引发的……实际上产生了打破机构界限、进行协作而带来的大量价值。各方之间的冲突是形成创造性解决方案的熔炉……因此，对于高级主管而言，与其只想减少分歧，倒不如接受冲突，而同样重要的是实现分歧管理机制的制度化。[1]

---

[1] 原注：Jeff Weiss and Jonathan Hughes, "Want Collaboration? Accept—and Actively Manage—Conflict," *Harvard Business Review*, March 2005.

一直以来，情报界处理意见分歧最常见的程序就是强促共识、淡化分歧，或者是像在美国情报界中那样，在评估报告中加脚注说明异议。我们相信，这种做法最多也就是权宜之计；我们希望，随着不同分析团体在分析过程早期采取更大程度的协作，而不是在各方确定立场之后的分析过程结束阶段参与强制性协调，这种做法会越来越少。跨处室和跨机构间协作时使用结构化分析方法的主要好处之一是，利用这些方法可以在分析过程的初期发现意见分歧。这样，即使管理层介入前在工作层面解决不了分歧，但至少有时间去了解这些分歧。

如何处理相互矛盾的分析评估或预测，部分取决于人们期望能达成何种效果。马克·洛文塔尔（Mark Lowenthal）曾撰文劝说，必须重新调整我们对情报分析作用的期望值。[1] 情报分析人员通常与不完整的、含糊的、具有潜在欺骗性的证据打交道，情报分析中的这种情况超过了在任何其他专业学科中的。此外，另一个事实就是：情报分析人员要试图理解人的行为，而即使在我们自己的文化中，人的行为往往都是很难预测的，而且当情报分析的结果最终被证明“错误”时，一点也不奇怪。情报分析人员不能确定，这其实没什么，因为他们是在与不确定的事情打交道；接受了这一基本原理，有助于为妥善管理冲突创造条件。在某些情况下，某种立场会遭到反驳和抵制；在另一些情况下，两种或两种以上的立场也许才是合理的评估或预测，而往往其中一种相较其他的更有可能。在这种情况下，一旦认识到每种立场都对形成全面的意见有一定的价值，冲突就会有所缓解。

在前一章中我们指出，被恰当描述为“很可能”（probable）的评估或预测出现错误的概率是四分之一。当分析人员持有的观点相互抵触时，就会明显影响到如何采取适当措施。如果一名分析人员满足了苛刻的标准，但是相互抵触的观点仍然存在，那么，提交一份直面这种不确

[1] 原注：Mark M. Lowenthal, “Towards a Reasonable Standard for Analysis: How Right, How Often on Which Issues?” *Intelligence and National Security* 23 (June 2008).

定性而不是减小或压制分歧的分析产品，才最符合决策者的需要。不确定的程度越高，就越适合提供一份在探讨最有可能的评估或预测的同时，又附有一个或更多替代可能性的情报产品。在评估不确定的程度时应考虑的因素包括：

- ★ 对未来所做的评估通常比对过去或当前事件所做的评估更具不确定性；
- ★ 没有可知答案的谜式问题，相比于拼图式问题更具不确定性，因为对于后者而言，答案的确存在，只是需要人们去发现。[1]
- ★ 提出的假定越多，不确定性就越高。有关意图或能力及其是否已经变化的假定尤其关键。
- ★ 分析人的行为或决策时的不确定性，要比分析技术数据时高。
- ★ 复杂动态系统的行为，要比简单系统的更加不确定。系统涉及的变量和利益相关者越多，预测可能会发生什么就越发困难。

如果决策时面对的是替代评估或预测的讨论，下一步也许是要采取以下行为中的一个：

- ★ 在一份报告中对对立观点进行比较分析。这要求分析人员明确不确定性的来源和原因（如假定、模棱两可、知识空白等），考虑替代评估或预测的潜在影响，确定解决不确定性应采取的措施，提出未来可监控的、就哪个替代评估或预测是正确的可发出预警的指标。
- ★ 实施第六章中所述的“替代情景分析法”。
- ★ 实施第九章中所述的“若则分析法”或“高影响 / 低概率分析法”。
- ★ 提供一份明确说明是“补充性意见”的报告。

方法概述

“对抗性协作法”实质上是对立双方间就如何共同努力化解分歧，更

---

[1] 原注：Gregory F. Treverton, “Risks and Riddles,” *Smithsonian*, June 2007.

好地理解为何出现了分歧，或协作起草一份解释分歧的联合报告等达成的一致意见。本章将介绍 6 种进行对抗性协作的方法。

“结构化辩论法”是在“同行专家评判组”（jury of peers）、高级分析师或管理人员到场的情况下，就某具体问题的对立观点进行的预先计划的辩论。第一步，各方写出最能说明其立场的论据，并将论据概要提交给对方。第二步是口头辩论，重点是反驳对方的论据，而不是进一步支持己方的论据。目的是阐明和比较己方与对方的论据。如果双方的论据均无法驳倒，也许应在分析报告中适当考虑双方的观点。

一、对抗性协作法

对抗性协作实际上是对立双方就如何合作解决，或至少是更好地了解他们之间的分歧而达成的一致意见。“对抗性协作法”是一个相对较新的概念，由心理学家丹尼尔·卡尼曼提出。卡尼曼还与阿莫斯·特沃斯基一起，最早对小理查兹·J. 霍耶尔《情报分析心理学》中谈到的认知偏见进行过大量研究。2002 年，卡尼曼因对行为经济学的研究而获得诺贝尔经济学奖，他还写了一部与此有关的思想自传，书中对“对抗性协作法”有如下评论：

> 在我所做的一系列工作中，我希望能发挥影响力的是我开发的“对抗性协作法”程序。我主张将其作为目前社会科学领域存在争论的“批判—回应—再反驳”这种形式的替代物。既是参与者又是旁观者的我，对这种荒谬的交流的对抗性实质感到震惊。在这种交流中，几乎没有任何人承认自己有错误或承认从对方那里学到了什么。对抗性协作涉及为了联合研究而进行辩论的真诚努力——在某些情况下，也许需要一名双方认可的仲裁人来主持项目并搜集数据。由于并不期望辩论者在结束时达成完全一致，

所以，采用“对抗性协作法”通常会生成一份不同于以往类型的联合出版物，意见分歧将出现在联合撰写的报告之中。[1]

> 朋友之辩，真理自现。
>
> ——大卫·休谟（David Hume），苏格兰哲学家

卡尼曼的“对抗性协作法”涉及就解决争论并在一名公正的仲裁人的帮助下进行实证检验。联合报告中会对这些检验做出描述，阐明双方都认同的从中学到的东西，并对他们有分歧的检验结果做出解释。[2]

虽然通过实证研究很少能解决情报判断方面的意见分歧，但“对抗性协作”理念是适用于情报分析的。分析人员可能会同意使用诸多方法，以减少、解决、更加明确地确定或解释他们之间的分歧。此处，将这些方法汇集在一起，统统置于“对抗性协作法”的总名称之下。

何时使用

只有双方开诚布公地讨论某个问题时，才能够使用“对抗性协作法”。如果一方完全坚持己方立场，并一再反对对方的论据，这种方法就不太可能取得成功。在那种情况下，使用“结构化辩论法”更为合适，因为会有一个独立的仲裁人在听取双方意见之后做出决定。

---

[1] 原注：Daniel Kahneman, *Autobiography*, 2002，可在诺贝尔奖网站找到：http://nobelprize.org/nobel_prizes/economics/laureates/2002/kahneman-autobio.html。关于“对抗性协作法”报告的一个开创性的例子，可参见 Barbara Mellers, Ralph Hertwig, and Daniel Kahneman, “Do Frequency Representations Eliminate Conjunction Effects? An Exercise in Adversarial Collaboration,” *Psychological Science* 12 (July 2001)。

[2] 原注：霍耶尔对斯蒂文·里伯（Steven Rieber）表示感谢，后者服务于国家情报总监办公室、分析完整性和标准化办公室，让前者接触到卡尼曼的“对抗性协作法”。

增加的价值

“对抗性协作法”有助于持反对意见的分析人员发现另一方观点的长处。如果这种方法运用成功，则可以帮助双方更好地了解某个问题对立观点背后的假定或论据，为解决这些分歧找到最佳办法。在关于这一课题的报告中可以显示一方的判断是错误的吗？或者双方的立场都应该写在报告中吗？双方能够就可以显示事件发展方向的指标达成一致吗？

“对抗性协作法”的关键优势在于，有助于将对方并未吸纳进其分析中的关键证据、逻辑和假定展现出来。尤其是在某证据与任意一方的首要假设不一致或无法支持这些假设时，这一点尤为有效。

方法步骤

下文将介绍开展“对抗性协作法”的 6 种方法。这些方法的共同点是，都强制性要求了解和讨论对方的观点，而不是简单地驳回对方的观点。彼此了解对方的立场是开展富有成效的协作的桥梁。这 6 种方法并非彼此排斥；换言之，在具体项目中，有时可使用其中的多个方法。

“关键假定检查法”：要了解构成冲突性判断的基础，第一步是进行第八章中所述的“关键假定检查法”。对证据的解读始终受思维模型的影响，如在特定国家或者形势之下，事情正常情况下如何发生；而“关键假定检查法”就是使思维模型明确化的一种方法。如果还没有实施“关键假定检查法”，每一方均可使用，然后与另一方共享使用这种方法的结果。

然后，讨论的重点应该放在每个假定的合理性，以及对这个假定如何得到支持或应被驳倒的建议上。如果讨论的重点是假定 A 和假定 B 成立的概率，用数值范围表示出来通常更有用，例如成立的概率为 65% 至 85% 等。当完成这些步骤后，分析人员有时会发现结果与他们原来所想的并没有太远。讨论应当集中在反驳对方的假定而不是支持己方的假定上。

“竞争性假设分析法”：当对立双方处理汇总后出现的观点分歧，而任何一方都不顽固坚持自己的立场时，第七章中所述的“竞争性假设分析法”也许是有助于找出并讨论他们之间分歧的一种不错的结构化方法。“竞争性假设分析法”的一个重要好处是，可以准确地找出分歧所在。双方首先就一系列假设达成一致，然后按照每项论据或相关信息与每个假设的一致与否进行评分。当分析人员对一致性评分持有不同意见时，这种分歧通常很快就能被解决。如果不能解决，这些分歧通常会指向以前未被注意的假定，或者指向导致对证据的不同解读的某些值得关注的原因。使用“竞争性假设分析法”，还可以发现每个相关信息对于得出整个结论的重要程度。

使用“竞争性假设分析法”并不一定能够消除所有意见分歧，但是，它向了解这些分歧并通过进一步的情报搜集或研究调解这些分歧迈出了一大步。然后，分析人员就可以对旨在解决分歧的进一步努力的潜在成效做出判断。但是，如果双方坚持各自立场不变，使用“竞争性假设分析法”也许毫无帮助。因为在使用“竞争性假设分析法”时，任何一方都能很容易地以故意支持其既定立场的方式来解释证据并提出假定。要想挑战根深蒂固的思维模型，更适合使用其他质疑方法或冲突管理方法。

“论证图示法”：第七章讨论过的“论证图示法”，绘制出了某论据各要素间的逻辑关系。双方可能会同意合作，共同绘制出一张带有支持和反对某既定结论的理由的简单论证图。这样一张论证图将显示双方的共识、分歧所在及其原因。这种对论据的直观呈现，让识别对立论据的弱点变得更为容易。这种方法可准确发现分歧所在，也可作为调解分歧的客观基础。

另外一种方式是，将讨论的重点放在替代的对比论证图上。

“相互了解法”（Mutual Understanding）：当不同办公室或机构的分析人员有意见分歧时，由于他们对对方的立场和逻辑推理的了解有限，这种分歧往往会被夸大。“相互了解法”可以直接解决这个问题。在交流了各自的立场后，双方在主持人、协调人或决策者到场的情况下聚集在一起。甲方要向乙方解释其对乙方立场的了解。甲方解释的方式，必须让乙方满意地感到其对乙方立场的陈述是贴切的。然后双方角色调换，由乙方向甲方解释其对甲方立场的了解。如果不认真听取和了解对方的

> 有两种办法可以衡量辩论的好坏：提出的问题的类型和倾听问题的专注程度。
>
> ——戴维·加尔文（David A. Garvin）、迈克尔·罗伯托（Michael A. Roberto），《决策中你所不知道的》（"What You Don't Know about Making Decisions"），载于《哈佛商业评论》，2001 年 9 月

观点及其依据，这种彼此交流的方法通常很难实施。一旦所有的分析人员准确地了解到各方的立场之后，就会以更加理性的方式探讨彼此间的分歧，情绪化的成分就更少。经验表明，这种方法通常可以推动对立双方向共同的立场迈进。[1]

"联名上交矛盾法"（Joint Escalation）：如果分析团队内部出现分歧，常会把分歧提交给高一级主管部门。这种上交矛盾[2]的做法往往会使事情变得更糟。时常发生的情况是，一名沮丧的分析人员把问题上交给上司，在简要解释矛盾冲突所在时，明显支持自己的立场。然后，分析人员带着上司的支持回到分析团队。然而，持对立观点的分析人员也去找上司，回来时也带着上司的支持。于是，每个分析人员都会受困于在该问题上"我的老板的观点"。已经棘手的问题，现在变得更加难以解决了。如果上司直接与双方打交道，双方都将很快意识到自己缺乏对问题的完整理解，因此要解决问题，必须首先将对方了解的因素考虑进来。

可以通过团队成员间达成一致的方式，或是通过既定的组织政策，来避免这种局面，如此就需要采用"联名上交矛盾法"。[3]应要求分析人员起草一份描述分歧的联合声明，并联名提交给上级。这需要每位分析人员了解并提

---

[1] 原注：霍耶尔感谢美国国防情报局的杰伊·希尔默，后者分享了他利用这一方法解决协作争端的经验。

[2] 译注：Escalation 是客服行业的术语，一线客服解决不了的疑难问题，就会逐级上交给专家座席或二线客服，由其进行更专业的处理或答复。此处结合上下文意译为"上交矛盾"。

[3] 原注：Weiss and Hughes, "Want Collaboration?"

出分歧，而不仅仅是不接受对方的立场。这样做还可以确保管理层了解与冲突有关的各种观点、冲突的原因以及解决冲突的各种可能的办法。

也许准备这样一份联合声明的要求，会使分析人员打消上交矛盾的念头，并因此而常常达成一致意见。这种方法的支持者称，他们的经验是“在要求人们分担上交分歧责任的公司里，经常会发现推向管理层的问题数量减少了。如果人们只想着可以向上司提出己方对某问题的看法，并在事情解决不了的时候指责他人，实际上是缺乏责任感的表现，而“联名上交矛盾法”有助于建立起这种责任感”。[1]

“诺申科法”：尤里·诺申科（Yuriy Nosenko）是苏联情报官，1964年叛逃至美国。关于他真是叛逃者还是苏联安插的间谍，在中央情报局争论了十多年。在某些人的心里，这桩陈年旧案仍然颇有争议。

1968 年是一个关键的决断点。中央情报局苏联分部负责人组建了一支三人团队负责审查所有的证据，并在本案中为部门行动提供建议。证据的数量庞大，仅仅是认为诺申科仍在苏联控制之下的某份报告即长达 1000 页。三人团队中，一名负责人认为诺申科是苏联间谍，一名负责人认为他是个真正的叛逃者，而另一名经验丰富的官员此前未参与此案调查，但倾向于认为诺申科可能是一名间谍。

值得关注的是团队受命须遵守的基本原则。在审查证据之后，每位官员找出对判断诺申科的真实身份具有关键作用的证据。被一名官员认定为关键证据的，必须交由其他两名成员讨论。

结果，有 14 项证据得到了至少一名团队成员的确认，并都交由其他两位成员进行了讨论。每位官员都准备好各自的分析，但所有成员都必须讨论同样的 14 个问题。他们的报告被称为“智者”报告（“Wise Men” report）。

团队并没有达成一致性结论。但是，三人的思维都朝向同一个方向，这一点意味深长。当从追求事实真相而不是证明诺申科是否有罪的角度审查重要证据时，诺申科是否为间谍的案子开始得到解决。始终认为诺申科

---

[1] 原注：Weiss and Hughes, “Want Collaboration?”

是真正叛逃者的那名官员，感觉他现在能够证明这一点的真实性。相对较晚参与该案的那名官员改变了自己的想法，转而认同诺申科是真正的叛逃者。一度是主要分析人员并主张诺申科是间谍的那名官员，明显对自己原来的结论信心不足。现在，管理层有足够的依据做出决策了。

用于诺申科案例中的基本原则，可用于减少存在已久的分析争议。使这些原则发挥作用的关键在于：一方必须直接讨论对另一方具有重要意义的问题，并由此逐步了解对方的观点。这一方法过程可以防止分析人员只摆出自己的论据，然后简单地认定对方的论据是不值得考虑的这一普遍倾向。[1]

二、结构化辩论法

"结构化辩论法"是指对某具体问题持相反观点的分析人员或分析团体之间预先计划的辩论。辩论在观众面前按照一系列的规则实施，观众可能是"同行专家评判组"，或者是一位或多位高级分析人员或管理人员。

何时使用

当分析单位内部或单位之间或决策层内部意见分歧严重时，可以使用本方法。当实施"对抗性协作法"不成功或不切实际，但又必须在两种对立观点之间做出选择或是进行比较分析后做出某项决策时，也可以使用本方法。进行"结构化辩论"需耗费大量分析时间和资源。一项长期的政策问题、一个具有深远影响的关键决策，或者一次妨碍了有效的机构间协作的分析团体内的争论，都是投入时间和资源实施本方法的理由。

[1] 原注：这一探讨基于 Richards J. Heuer Jr., "Nosenko: Five Paths to Judgment," in *Inside CIA's Private World: Declassified Articles from the Agency's Internal Journal, 1955–1992*, ed. H. Bradford Westerbrook (New Haven: Yale University Press, 1995)。

增加的价值

> 只知道己方观点的人其实对论据知之甚少。他的理由可能很充分，也许没有人能够反驳。但是，如果他同样不能反驳对方的理由，如果他对对方理由的了解不如他对自己理由的了解，那他就没有做出任何一项选择的依据。
>
> ——约翰·斯图尔特·穆勒（John Stuart Mill），《论自由》（1859 年）

在此处提议的方法里，双方均以书面方式向对方提交自己的观点，在辩论前将双方观点汇总在一张纸上呈现给观众。然后进行口头辩论，重点是反驳对方的观点。虽然能言善辩、风度翩翩的发言者总能让自己对观点的论证听起来很有说服力，但能否有效反驳对方的观点却是一种截然不同的情况。反驳对方观点的要求带给辩论的是科学方法的一个重要特征，即最有可能成立的假设，实际上是反对证据最少，同时又拥有充实证据的那个。（反驳假设的概念在第七章中已经讨论过。）

辩论的目的是决定告诉用户哪些内容。如果任何一方均不能有效反驳对方，那么支持或反驳双方立场的论据都应记录在报告中。与看到一份隐瞒分析人员的实质性分歧或强迫分析意见趋同的评估报告相比，情报分析用户从经过充分辩论的矛盾观点中获益更多。如果参与者只是例行公事般彼此打断对方，或是不经消化对方此前的发言就开始反驳，那就不是在进行建设性的辩论，而只是在感情用事，在打口水仗。

方法步骤

从阐明要辩论的冲突开始。如果可能，按照竞争性和互斥性假设来设计冲突。要确保各方都同意对冲突的界定。然后按如下步骤进行：

★ 确定可以为每个假设提出最佳论据的个人或团体。

★ 各方为自己的观点写出最佳论据。该种辩论书必须有对关键假定、关键证据的明确陈述，还要有对论据背后逻辑的谨慎阐述。

- ★ 各方提出反对观点，并为双方留出形成反驳对方观点的抗辩意见的时间。

接着，正式辩论阶段必须在同行专家评判组、高级分析人员或管理人员在场的情况下进行，他们将在听取辩论之后提供指导意见。如果有必要，也可以让有兴趣的观察者观看辩论。

- ★ 辩论开始时，各方对其所持立场的论据进行简要的陈述（最多 5 分钟）。专家评判组和观众应在辩论前已经阅读了各方论据的全文。
- ★ 然后，各方在观众面前反驳对方的书面立场。进行口头辩论的目的是系统地反驳替代假设，而不是提供支持自己论点的更多证据。这是评估对方论据是否有力的最好方式。
- ★ 一方陈述了其反驳论据之后，另外一方有机会驳回对方的反驳。
- ★ 专家评判组提问，以阐明辩论双方的立场，或更多地了解双方所持的立场，做出判断。
- ★ 专家评判组对问题进行讨论并做出判断。获胜方是反驳对方观点最有力的一方，而不是支持己方观点最有力的一方。专家评判组还可以对进一步的研究或情报搜集工作提出建议。若双方均不能驳倒对方，那可能是双方的论据均有效，此种情况应当在随后的分析报告中体现出来。

与其他方法的关系

“结构化辩论法”与情报界部分单位讲授并使用的“A 队 / B 队法”类似，而两种方法的不同之处在于，前者的重点是反驳对方的论据。它避免了与发生在 1976 年的声名狼藉的“A 队 / B 队法”运用的历史关联，后者可不是当今分析人员应当效仿的榜样。[1]

---

[1] 原注：“A 队 / B 队法”这个术语源自 1976 年进行的一次有历史意义的分析实验。

本方法的起源

辩论的历史可以追溯到古希腊时代的苏格拉底式对话（Socratic dialogues），甚至更早。自那以后，出现了许多不同形式的辩论。小理查兹·J. 霍耶尔整理形成了要求把辩论重点放在反驳对方的论据而非支持己方论据上的观点。

在实验中，中情局苏联分析人员组成的小组（A 队）和外部评论家组成的小组（B 队），被要求写出有关苏联战略军事目标的竞争性评估报告。这次实验变成了长期的竞争对手之间的公开斗争。换言之，"A 队 / B 队法"的历史遗产就像是对立双方之间的堑壕战，而这是我们应该避免的。1976 年的这次实验没有实现其目的，它绝不是大多数熟悉该方法的分析人员希望效仿的典范。我们承认，最近一些使用"A 队 / B 队法"的实践取得了丰硕成果，但我们相信本章中描述的一些其他冲突管理方法是更好的选择。

[第十一章]

决策支持

> 分析人员在决策过程中的作用与球探和足球教练之间的关系差不多。球探的工作不是提前预测比赛的最后得分，而是评估对手的实力与弱点，这样，教练就可以设计赢得比赛的方案。于是，球探坐在看台上，手里拿着高倍望远镜，向教练报告对手有哪些具体弱点可以利用。
>
> ——道格拉斯·麦凯岑，中央情报局情报分局副局长，1993—1996 年

管理人员、指挥官、计划人员和其他决策者无一例外需要在相互竞争的目标、价值观或偏好之间做出选择或进行权衡。由于人类短时记忆（short-term memory）的局限性，我们往往不能同时记住多个选项的所有利弊。这导致我们不得不先关注一组问题或机会，然后再关注另一组问题或机会，这种情形通常会让我们在做重大决定时优柔寡断或踌躇拖延。一些决策支持方法可以帮助分析人员克服这种认知局限，其做法是在图表中列出所有选项及其相互关系，以便分析人员在检验可选项的结果的同时，始终保持从整体上考虑问题。而还有一些其他方法，可以帮助决策者厘清形势的复杂性，或是在需做选择的情况下明了当前环境中的机会与限制。

做出选择或权衡并非分析人员的工作，但情报分析人员能够并且应当使用决策支持方法，以向做出这些决策的管理人员、指挥官、计划人

员和决策者提供及时的支持。分析人员要从事这类用户支持型分析，就必须明白决策者的工作环境，预先考虑他们是如何来处理某个问题的。分析人员必须明白决策过程的内在动力，以便明了何时和如何发挥最佳作用。这里所述的大多数决策支持方法，在政府和工业界都在使用。通过使用这些方法，分析人员可以从决策者的角度来发现问题所在。他们使用这些方法时并不会超越作为情报分析人员参与者身份的限制，因为这种方法本身不会做出决策，而只是用某种方式把所有相关信息组织起来，使管理人员、指挥官、计划人员或其他决策者更加容易做出选择。

本章中所述的决策辅助工具，还为分析个别领导人、团体、机构或国家为何或如何做出或者可能做出某个决策提供了框架。如果一名分析人员能够说明对手或竞争者的目标和偏好，也许就能更加容易预测出其决策。类似的情况是，如果决策已经出台，那么这种方法可以更加容易推断出竞争者或对手的目标与偏好。分析人员可以利用这些决策支持方法来帮助决策者对问题给出框架，而不是试图预测一个外国组织或政府的决定。通常，分析人员能够提供的最佳支持就是描述出预计形成某个决策的动力，明确若干可能结果，随后选择出能够就事件朝某方向发展提供预警的指标或标志。（参见第六章有关“情景与指标”的讨论。）

不过，只要当一个人想对另外一个人的决策进行预测甚至做出解释时，不管是否与后者有相似的背景，都应当保持谨慎。人们并不总是为了自己的最大利益而理性行事。他们的决策会受到情感和习惯、其他人的看法或他人未必知道的价值观的影响。

关于这一点，机构和政府也是如此。最常见的分析错误之一是，假定机构和政府会为了实现自身利益的最大化而理性行事。试图理解另一国家行为的所有情报分析人员，应当都熟悉格雷厄姆·艾利森对古巴导弹危机期间美国和苏联所做决策的分析。[1] 它介绍了政府决策的 3 种不同模

[1] 原注：参见 Graham T. Allison and Philip Zelikow, *Essence of Decision: Explaining the Cuban Missile Crisis,* 2nd ed. (New York: Addison-Wesley, 1999)。

式——官僚的谈判过程、标准的组织程序，以及理性的行为模式。

即使机构和政府会理性决策，分析人员也有可能出错，因为外国机构和政府眼中自己的最大利益，往往与其他文化、国家、背景的人所认为的完全不同。此外，机构和政府并不总是始终清楚地了解自己的最大利益，并且往往有各种相互冲突的利益。

做出决策和决策分析是博大精深、丰富多彩的学习与研究领域。本章所述的决策支持方法仅仅是目前可用的少量例子，但它们确实可以满足情报分析的许多基本要求。

本章所讨论的决策支持方法通过为决策过程提供框架，有助于情报分析人员、决策者避免常见的“满意法则”和“团体迷思”的认知局限。应用这些方法通常会引出新的选择，或是揭示出之前受到偏好的某个选择并没有一开始想象的那么理想。使用这些方法，可以提供多种视角看待某个问题，预见复杂因素之间的互动作用，从而更可能警惕“镜像思维”这种自然倾向。

决策支持方法还可以帮助分析实践人员克服若干直觉错误或思维错误，如关注于范围狭窄、只有最低限度变化的替代情况，由于分析人员缺乏关于某项信息的合适归类或“类别组”而无法回忆起某些事情或无法将其纳入分析过程，分析某一事件或袭击是否将发生时过度提高了多个独立且依次发生事件的概率。诸如“决策树法”和“决策矩阵法”这样的方法使用简单的数学方法，帮助分析人员和决策者计算出最有可能或最受偏好的结果。

方法概述

“决策树法”是为决策者描绘出可选项的范围、预测每个可选项的概率、显示可能结果的简单方法。决策树提供了组织讨论和比较替代选择的一个有用图景，但也可能将问题过于简化。

“决策矩阵法”是在彼此冲突的目标或偏好之间做出权衡的一种简单但非常强大的工具。分析人员列出决策选项或可能的选择、评判这些选项的标准、分配给每个标准的权重，并对每个选项满足每项标准的程度进行评估。基于分析人员或决策者在矩阵中写下的数值，这一过程将会显示出最佳选择。通过研究矩阵，分析人员还能在分配给选择标准的数值发生变化或某个选项满足具体标准的能力发生变化时，对最佳选择会如何变化做出分析。没有这样的矩阵，分析人员想有效跟踪这些因素几乎是不可能的，因为他/她不可能在工作记忆（working memory）时同时记住所有的利弊。决策矩阵能帮助分析人员看到全貌。

"'赞成—反对—错误—纠正'法"（Pros-Cons-Faults-and-Fixes）是一种批判新政策理念的策略。旨在抵消分析人员和决策者在对问题进行全面分析之前仓促得出结论的人为倾向，而这种情况在团队会议上经常发生。分析人员或课题组要做的第一步是，制作"赞成"与"反对"意见清单。如果分析人员或团队担心人们对某个观点看法消极，他们就得想办法对这些"反对"意见进行"纠正"，解释为什么这些"反对"意见不重要，甚至将这些"反对"意见转化为"赞成"意见。如果担心人们过快地随波逐流，分析人员就得想办法挑这些"赞成"意见的错，探索它们为何错了。通常情况下，分析人员要么是"纠正"反对意见，要么就是在赞成意见中挑"错误"，但不会两者都选。在本章所述的各种方法中，该方法可能是用起来最容易、最快捷的方法。

"力场分析法"（Force Field Analysis）是分析人员用来帮助决策者决定如何解决问题或实现目标，以及确定这样做是否可行的一种方法。分析人员找出所有帮助或妨碍问题解决或目标实现的因素或力量，并根据这些因素或力量的相对重要性为之分配权重。在为所有这些因素分配了权重值、将它们进行整理并放入赞成和反对两份清单后，分析人员或决策者就能够更好地提出最有效的策略，这些策略要么可以加强推动力量的影响，要么可以减弱抑制力量的影响。

"SWOT 分析法"是用于为实现特定目标而制定计划或策略的一种方法。（SWOT 是"优势""劣势""机会"和"威胁"4 个英文单词的首字母缩写。）在使用这种方法的过程中，分析人员首先列出组织实现目标能力方面的优势与劣势，然后列出外部环境中要么有助于组织实现目标，要么阻碍目标实现的机会与威胁。

“影响矩阵法”可以通过评估某个决策可能会对所有关键行为体或参与者造成的影响，被分析人员或管理人员用来评估该决策的影响。本方法还可以让分析人员或决策者更好地理解问题最有可能展现的方式或在未来被解决的方式。

“复杂性管理程序法”是认识复杂系统的一种简化方法。复杂系统是指许多变量彼此关联，并可能随时间推进而不断变化的系统。政府决策的目的通常是改变一个动态变化的复杂系统。正是因为这种动态复杂性，许多政策未能实现目标，或者是导致了未曾预见和意想不到的后果。使用“复杂性管理程序法”可以做到：评估新政策或拟议政策的成败概率，明确那些可对任一情形的后果施加影响的机会，确定为了实现既定目标需要做出的改变，或者认识到在追求政策目标过程中可能导致的意想不到的后果。

一、决策树法

“决策树法”构建出决策的链路以及阐明广泛的未来可能行动的事件。这些要素绘制成一幅景象，向决策者显示出可行的选项范围、每个选项的预计价值和概率、选择每个项时的可能意义或后果。

何时使用

“决策树法”可用于以下情况：

★ 通过明确对比各可选项来辅助决策。

★ 为决策主体或对手的决策过程创建一个启发式的模型。

★ 就一系列可能的行动绘制出多个竞争性假设。

一个“决策树”阐明了一组全面的可能决策及其可能后果。它可用于帮助面临某个难题的决策者来解决问题，或是去评估对手或竞争者可能会选择实施的选项。

在构建“决策树”的过程中，分析人员需要充分了解作出决策的运作环境。这包括了解动机、能力、对危险的敏感性、当前的规则、文化规范和价值，以及其他相关因素。

增加的价值

“决策树法”易于理解、使用和解读。一个“决策树”可以由一名分析人员单独完成，或者最好是由一个群体运用第五章探讨的头脑风暴法来完成。构建完决策树，可以将其粘贴在墙上或维基网站上，并在一段时间后，待搜集了新信息再进行调整。一旦接收了重要的新信息，且它们足以导致在决策树上添加新的枝条或是实质上改变选项的概率，这些改变就必须被加入到决策树中，并用颜色标明，以向决策者显示什么情况已经发生了变化，以及这些变化如何改变了之前的分析脉络。

方法步骤

运用“决策树法”是一个包含两个步骤的简单过程：一是建立树形，二是对树形上显示的每个结果的价值和概率进行计算。具体如下：

- ★ 在一张纸或一个白板上绘制一个代表决策点的方块。
- ★ 从方块处绘制出若干代表可以采取行动的一系列选项的线条。
- ★ 在每个选项线条的末端标示其他选项是否可用（绘制出一个包含多个向外延伸线条的方块）或是表明某个结果（绘制出一个圆圈，周围是代表着可能性的一个或多个线条）。
- ★ 顺着每个“枝条”继续上述过程，直到所有的选项和结果都已经有了明确标示。

当决策树建立后，应当：

- ★ 对从每个方块延伸出去的线条规定一个百分比（所有的百分比相加

为 100%）。

★ 将每条关键路径、“枝条”上的百分比相乘，在树形的最右侧记录下这些百分比。检查确认竖栏所有的百分比相加为 100%。

最具有价值或最可能的结果就是那些百分比得数最高的，百分比得数最低的则代表最无价值或可能性最低。

潜在缺陷

“决策树法”取决于数据资料的可靠性、选项范围的完整性、针对每个选项的数值概率或价值的有效性。一个翔实的“决策树”可能会产生一种“作者已经想到了所有可能的选项或结果”的错觉。在情报分析中，没有被想象到的分析主题其实也有很多选项，同样，也可能会产生分析主题没有估计到的后果。

与其他方法的关系

“决策树”在结构上与关键路径分析、“项目评估与回顾法”（Program Evaluation and Review Technique，PERT）图表相似。但后两者只显示出要完成某项复杂任务而必须采取的行为及其之间的联系。从本质上讲，用于辅助犯罪调查的时间表分析就是一个事情发生后显示出事情发生路径的“决策树”。

本方法的起源

此处对“决策树法”的描述来源于加拿大政府高级分析人员结构化分析方法课程。“情报分析人员学习项目”开发了该课程，此处使用的材料也得到了加拿大政府许可。关于如何构建和使用“决策树”的更多详细探讨，可以从互联网如 MindTools 网站上获得。

二、决策矩阵法

“决策矩阵法”可以帮助分析人员确定最有利于实现特定目标或偏好的行动方案。

何时使用

当决策者有多个可选择的选项，有判断每个选项的必要性的多种标准，或者需要做出可最大限度实现特定目标或偏好的决策时，应当使用“决策矩阵法”。例如，“决策矩阵法”有助于：从各种计划和策略中选出能够提升情报分析的计划或策略，从数个 IT 系统中选出应考虑采购的系统，从多位求职者中选出最合适的申请者，或者对诸如退休后该干什么等个人决策进行思考。

“决策矩阵法”不适合大多数情报分析工作，因为情报分析通常涉及证据和判断，而不是目标和偏好。但是，它可用来帮助决策者考虑替代的行动方案。它还可以为“红帽分析法”提供支持，从对手或竞争者的角度研究决策选项。

增加的价值

本方法将决策问题解析为若干个组成部分，列出所有的选项或可能的选择、判断选项的标准、赋予每个标准的权重，以及评估每个选项符合每个标准的程度。对于研究该矩阵的每一个人，所有这些评判都显而易见。由于“决策矩阵法”非常明确，因而可以在决策过程中促进参与决策或受决策程序影响的人进行交流，发挥重要作用。它可以轻而易举地发现异议，并且确定这些异议是否对决策构成实质性影响。人们还可以发现，赋予选择标准的数值发生变化或选项满足标准的能力发生变化时，决策对这些变化的敏感程度。如果情况或偏好有变，可以方便地回到矩阵，进行更新，并计算出这些变化对拟议决策的影响。

方法步骤

创建一个决策矩阵表。其做法是：通过制作两份清单将决策问题分解为两个主要组成部分，一个是做出选择的选项或替代方案清单，另一个是用于评判选项必要性的标准清单。然后按照如下步骤进行：

★ 创建矩阵，每个选项占一列。在每列的顶部写出每个选项的名称。在表格的左侧增加两个空列。

★ 统计选择标准的数量，然后调整表格，在表格的行上另加两行，一行位于表格顶端，列出选项；一行位于表格底部，显示每个选项的得分。在左侧的第一列，从第二行开始，从上到下写出所有的选择标准。依照重要程度，大致列出它们的分值；不过，这不是关键的步骤。将最底部的行空出。（注意：根据页面的实际情况，你可以在顶行输入选项，在最左列从上到下输入标准，或者与之相反。如果两份清单中，其中一个比另一个长出许多，通常最好将较长的清单放在最左侧列内。）

★ 根据每个选择标准的重要程度赋予权重。虽有更容易的赋予权重的方法，但最佳方法是取 100%，然后将其分配给选择标准。要确保所有选择标准的权重加起来是 100%，同时确保越是需要的选项其权重就越高。（注意：如果情报分析人员使用该方法的目的是为决策提供支持，那么赋予标准相对权重的步骤，不应该由分析人员来做，而是应该完全由决策者来决定。）

★ 沿着矩阵逐行评估每个选项满足每项选择标准的相对能力。例如，每行赋值 10 分，根据对每个选项满足每项选择标准的程度的评估结果分配这 10 分。然后用该标准的权重乘以这个分值。图 11.2 是一个包含 3 个选项和 6 项标准的决策矩阵的例子。

	权重%	选项 1	选项 2	选项 3
标准 1	30%	3.5 × 30 = 105	3 × 30 = 90	3.5 × 30 = 105
标准 2	10%	3.5 × 10 = 35	2 × 10 = 20	4.5 × 10 = 45
标准 3	20%	2.5 × 20 = 50	4.5 × 20 = 90	3 × 20 = 60
标准 4	20%	4 × 20 = 80	2.5 × 20 = 50	3.5 × 20 = 70
标准 5	15%	3 × 15 = 45	4 × 15 = 60	3 × 15 = 45
标准 6	5%	3.5 × 5 = 17.5	2.5 × 5 = 12.5	4 × 5 = 20
合计	100%	**332.5**	**322.5**	**345**

图 11.2 决策矩阵

★ 将每个选项的各列得分相加。如果你接受矩阵得出的判断和偏好的话，得分最高的那个选项即是最佳选择。

使用这种方法时，许多分析人员会发现过去未曾注意到的关系或机会。利用敏感度分析可以发现某些数值的似是而非的变化可能导致不同的选择结果。例如，分析人员可能考虑修改某个选项以使其变得更为必要，或者可能会重新考虑选择标准以改变偏好的结果。矩阵计算得出的数值本身不做出决策。矩阵仅仅是一种辅助工具，帮助分析人员和决策者了解多个竞争性偏好之间的权衡关系。

本方法的起源

本方法可能是最常用的决策分析方法之一。该基本方法的多个变种有众多不同的名字，包括决策栅格（decision grid）、“多属性效用分析法”（Multiple Attribute Utility Analysis，MAUA）、“多标准决策分析法”（Multiple Criteria Decision Analysis，MCDA）、“多标准决策法”（Multiple

Criteria Decision Making，MCDM)、“Pugh 矩阵法”(Pugh Matrix)、“效用矩阵法”(Utility Matrix) 等。若想了解各方法与本分析方法之间的比较，请参见帕诺斯·帕洛 (Panos M. Parlos) 和埃万耶洛斯·特里安塔菲洛 (Evangelos Triantaphyllou) 主编的《多标准决策方法：比较研究》(*Multi-Criteria Decision Making Methods: A Comparative Study* [Dordrecht, The Netherlands: Kluwer Academic Publishers, 2000])。

三、“赞成—反对—错误—纠正”法

“‘赞成—反对—错误—纠正’法”是一种评判新政策理念的策略。这种方法旨在抵消分析人员和决策者在对问题进行全面分析之前就仓促得出结论的天然倾向。

何时使用

制作某项措施的“赞成”和“反对”意见清单是一种非常常见的决策方法。“错误”和“纠正”是这种策略中的新增内容。使用这种方法，可以对新观点做出快速评估，或对选项为二选一的结果进行更加系统化的分析。

“‘赞成—反对—错误—纠正’法”的一大优势是，它几乎适用于所有类型的决策。在用于决策的各种结构化方法中，该方法可能是最简单、最快速的方法。它仅仅需要一定的程序，制作清单并与其他人探讨，以获取不同的意见。

在商业领域，该方法也可以用于在推出一个全新产品或收购一家新公司的战略时，发现其中潜在的缺陷。通过评估“赞成”的方面是如何变成“错误”的，人们就可以预计到竞争者可能对于新的合并计划作出何种反应；通过评估“反对”的方面是如何被“纠正”的，就能够应对潜在缺陷，并在规划过程早期避免犯下重要错误。

增加的价值

一种新观点马上就能得到认可，这并不常见。在会议上常常出现这样的情况：一旦有人提出了新观点，马上会有一两个人解释自己为什么不喜欢该观点或认为该观点不可行，于是这个观点就被放弃了。但有时也会出现相反的情况：一种新观点刚提出就受到欢迎，并在进行批判性评估前就得到了支持。"'赞成—反对—错误—纠正'法"有助于抵消这种仓促得出结论的天然倾向。

使用该方法，首先要求制定一份针对新观点或从两种替代方案中做出选择的"赞成"和"反对"意见清单。如果看上去与会人员对某个观点过于乐观，有未经批判性评估就欣然接受的风险，下一步的工作就是寻找"错误"。"错误"是指"赞成"的选项是不现实、不管用，或将产生难以接受的副作用的论据。但如果看上去与会者对该观点态度消极，存有偏见，或有在未经慎重考虑之前就将其快速放弃的风险，下一步的工作就是寻找"纠正"措施。"纠正"是指抵消或减少"反对"意见，或甚至将"反对"变成"赞成"的论据或计划。某些情况下，在比较两份清单并做出决策之前，同时寻找选项的"错误"和"纠正"措施也许是合适的。

"'赞成—反对—错误—纠正'法"并不告诉分析人员"赞成"或"反对"是否有最强有力的论据。这个答案仍需要分析人员做出专业判断。这种方法的作用是抵消匆忙决断的倾向。它还以某种合乎逻辑的方式组织问题的各个要素，能帮助决策者做出深思熟虑的选择。按照这种方式作记录，有助于分析人员和决策者更清楚地看待问题，从而在决策时更加客观，更少情绪化。（参见图 11.3。）

错误	赞成	反对	纠正
挑赞成A观点的错误	赞成A观点	反对A观点	对反对A的观点进行纠正
	赞成B观点	反对B观点	对反对B的观点进行纠正
挑赞成C观点的错误	赞成C观点	反对C观点	
挑赞成D观点的错误	赞成D观点	反对D观点	对反对D的观点进行纠正

“错误”是指选项不现实、不管用或将会产生无法接受的副作用的论据。确定错误将有助于检讨自己所赞成的观点。

“纠正”是指能够抵消或将反对观点减少到最低程度，甚至能够将其转变为赞成的观点的论据或计划。确定纠正措施将有助于在消除可能障碍的基础上，提升某选项成功的概率。

图 11.3 “赞成—反对—错误—纠正”分析法

方法步骤

从明确界定拟议的行动或选择开始。然后遵从如下步骤：

★ 列出有利于决策或选择的“赞成”意见。广泛、创造性地思考，尽可能多地列出益处、优势或其他积极因素。

★ 列出“反对”意见，或是反驳已提议观点的论据。通常“反对”会多于“赞成”，因为大多数人是天生的批评家。相较于设想新观点怎样才能成立，考虑反对新观点的论据则更容易。这就是难以对新观点进行认真思考的原因。

★ 审查和合并清单。如果两个“赞成”意见一样或重叠，则考虑合并以避免重复。对重叠的“反对”意见也采取同样的方法。

★ 如果要在两个明确界定的选项中做出选择，对第二个选项采取前述同样的步骤。如果选项超过两个，使用“决策矩阵法”要比使用“‘赞成—反对—错误—纠正’法”更加合适。

★ 到这一步，就必须要做出选择了。如果我们的目标是质疑某观点不成立这样的最初判断，就一次针对一个“反对”意见，看看能否将这些意见“纠正”。也就是说，尽力找到一种方式，消除这些“反对”意见的负面影响，甚至将其转变成“赞成”意见。这种做法的目的是，反击任何针对该观点的不必要或有偏见的否定。至少有 4 种方式可以把被列为“反对”意见的论据“纠正”过来：

- 建议对“反对”的观点进行修订，以大幅降低其变成问题的风险。
- 找出预防措施，可大幅度降低“反对”观点变成问题的概率。
- 制订应急计划，其中包括若观察到某些指标就做出改变的应对措施。
- 确定进一步研究或搜集信息的必要性，以证实或反驳“反对”观点将转化为问题的假定。

★ 如果目标是质疑最初认为该观点成立且应被采纳的乐观假定，就一次针对一个“赞成”意见，看能否挑出它们的“错误”。也就是说，尽力去推测“赞成”的观点为何无法实现或会产生不希望的后果。这种做法的目的是，反击任何认为该观点成立的一厢情愿、毫无根据的乐观情绪。至少有 3 种方式可以挑出“赞成”的观点也许有“错误”：

- 找出为什么“赞成”的观点不成立或不能带来利好的原因。
- 确定伴随着该观点有益方面的，但不希望看到的副作用。
- 确定进一步研究或搜集信息的必要性，以证实或反驳“赞成”的观点管用或有益的假定。

★ 第 3 种选项是结合 2 种方法，挑“赞成”观点的“错误”，对“反对”观点进行“纠正”。

★ 拿“赞成”的观点（包括任何“错误”）对比“反对”的观点（包括“纠正”措施）。权衡各项并做出选择。选择是基于你的专业判断，而不是简单地计算出“赞成”意见与“反对”意见的数量或数值。

潜在缺陷

一般情况下，当分析人员列出“赞成”和“反对”清单时，就会给列表中的每个“赞成”和“反对”分配权重，然后重新整理列表，将得分最高的“赞成”和“反对”项调整到最上一行，而将得分最低的调整到最末一行。这是实用的做法，有助于分析人员权衡选项相互之间的关系，但作者却强烈反对这种认为给每个方面的选项增加分值并以得分高低来决定列表顺序是正确的做法。任何数值的计算结果，都可以轻易地通过增加更多“赞成”或“反对”项从而增加整体分值的做法进行操控。要避免这样的做法，最有效的方式就是不给两方面增加任何分值。

本方法的起源

本文所述的“‘赞成—反对—错误—纠正’法”，是小理查兹·J. 霍耶尔根据摩根·D. 琼斯在《思考者的工具包》第 72—79 页中所述的“‘赞成—反对—纠正’法”改编而来的。琼斯假定人会“不由自主地变得消极”，而且“消极思想会击败创造性的客观思维”。因此，他提出的方法，重点只集中在“纠正”那些“反对”意见上。我们在此阐述的方法认为，分析人员和决策者也会因过于自信而出现偏见，从而认定挑“赞成”意见的“错误”也许比“纠正”那些“反对”的意见更重要。

四、力场分析法

“力场分析法”是列出所有针对变化、问题或目标的推动力和阻碍力，并对其进行评估的一种简单方法。现代社会心理学始祖之一库尔特·卢因（Kurt Lewin）认为，所有组织机构都是一种系统，其现状是推动变化的力和约束变化的力之间的动态平衡。为了让变化发生，推动力必须超过约束力，这些力的相对强度正是本方法所要衡量的。本方法正是以卢因的理论为基础开发出来的。[1]

何时使用

“力场分析法”在项目或研究工作初期使用非常有用。在项目或研究的初期，分析人员需要定义问题，收集数据或者提出采取措施的建议。该方法需要分析人员从各方面对问题做出明确说明；可以帮助分析人员组织数据，评估影响问题的所有力的相对重要性；还可以帮助分析人员克服习惯于详细研究最易于处理的数据的天然倾向。该方法可以由单个分析人员或小规模团体使用。

在商业和政治领域，该方法还可被用于开发和完善可提升某个特定政策或确保某个希望出现的结果确实出现了的策略。在这样的案例中，以那些需要被说服的关键个人为依据来定义各种力量，通常是实用的方式。比如，不是将预算限制列为一个关键因素，而是将控制预算的人的名字写下来。相似的做法是，为了防止某项政策被采纳或某个结果发生，可使用“力场分析法”判断出那些需要被约束或边缘化的力量和个人。

增加的价值

> 问题因两种相对力量——试图推动变化的力量（推动力）和试图维持现状的力量（约束力）——的相互作用悬而未决。
>
> ——库尔特·卢因，《解决社会冲突》（1948 年）

“力场分析法”的主要益处在于，它要求分析人员考虑影响形势的力量和因素（在某些情况下，包括个人）。它

[1] 原注：Kurt Lewin, *Resolving Social Conflicts: Selected Papers on Group Dynamics* (New York: Harper and Row, 1948).

帮助分析人员透彻思考各种力量影响问题的方式，促进对力量可被分成推动力和约束力这两类的认识。通过把证据分为推动力和约束力，分析人员必须对该问题进行深入研究，并考虑那些不太显眼的因素和问题。

通过权衡某问题的所有推动力和约束力，分析人员能在最大程度减少约束力的影响，并增强推动力的效果方面提出更好的策略。“力场分析法”还是直观呈现问题的关键要素的一种有力方式，即提供一份简单的表格，显示各种力量单独的以及作为一个整体的不同强度。把数据整理进两份清单后，决策者就可以更容易地确定应最关注哪些力量，并形成克服消极要素和促进积极要素的策略。图 11.4 是有关力场图表的一个例子。

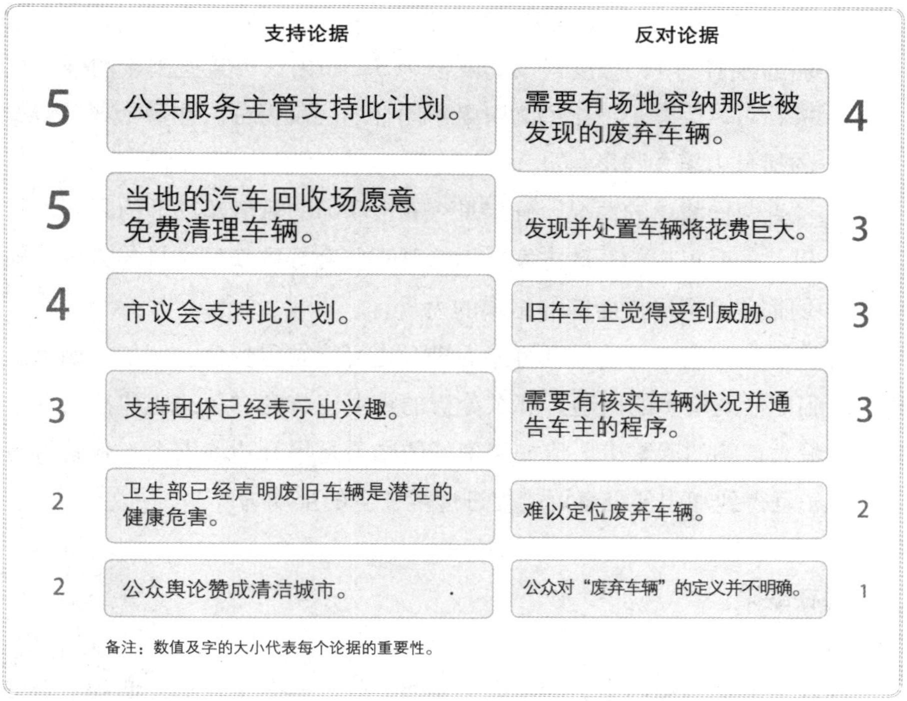

图 11.4　力场分析法：清除城市街道上的废弃车辆

来源：弗森联合有限公司，2007 年。

方法步骤

- ★ 简洁明了地定义问题、目标或变化。
- ★ 开展头脑风暴，确定将会影响问题的主要力量。考虑诸如需求、资源、成本、效益、组织、关系、态度、传统、利益、社会与文化趋势、法规制度、政策、价值观、民众需求和领导层等议题，确定形成推动和制约所涉因素的全部力量。
- ★ 制作一份显示“推动”变化的力量或人的清单；再制作一份显示“约束”变化的力量或人的清单。
- ★ 为每个推动力或约束力赋值（强度得分），以显示其强度。强度最弱的赋值为 1，强度最高的赋值为 5。如果认为某些因素的强度相等，可以为一个以上的力量赋予同样的强度得分。在每个项目旁边的括号内填入强度得分。
- ★ 检查两份清单的情况，确定是否有推动力的赋值超过了约束力。
- ★ 设计一套可控的行动方案，以增强那些会导致偏好结果的力量，削弱那些会阻碍所希望的结果的力量。

必须记住，偏好的结果既可能促进，也可能妨碍变化。例如，如果是吸毒或犯罪活动增多的问题，那么分析的重点应放在对制约犯罪活动或吸毒产生最大影响的因素上。但如果偏好的结果是提升边境安全，你就得突出那些一旦得到加强便最有可能促进边境安全的推动力。

潜在缺陷

在评估推动力和约束力的平衡关系时，作者倾向于反对在两种力量方面都增加分值和认定分值最多的一方胜出。任何数值计算，都容易通过简单地在两种力量的列表中增加更多的力量或因素来增加整体分值的方法进行操控。

本方法的起源

“力场分析法”广泛运用于社会科学和商业研究领域。(使用谷歌搜索，本条目的搜索结果超过 7100 万个。）本方法该版本的介绍，很大程度上源自伦道夫・弗森的《分析工具与方法手册》以及弗森联合有限公司的教材。

五、SWOT分析法

“SWOT 分析法”通常由各种类型的组织用于评估任何项目或行动计划的优势（Strengths）、劣势（Weaknesses）、机会（Opportunities）和威胁（Threats）。优势与劣势属于组织的内部属性，而机会和威胁则是外部环境的特征。

何时使用

在设定目的或目标后，将 SWOT 作为搜集并组织信息的框架，支持战略计划和决策，以实现目的或目标。搜集信息是为了分析计划的优势与劣势，以及分析外部环境呈现的、可能影响到实现目标的能力的机会与威胁。

“SWOT 分析法”使用方便，通常是团队过程，但也可被单个分析人员使用。在新项目开始阶段，本方法作为组织跨职能团队的演练特别有效。各种类型的企业和组织使用“SWOT 分析法”的频率非常高，以至于用谷歌搜索“SWOT 分析法”，结果会超过 100 万个。

增加的价值

使用“SWOT 分析法”，可以相对轻松地得到有用的信息，而且可以将这些信息集中在一个框架内，为进一步研究奠定良好基础。该方法通常会指出能够采取的或应当采取的具体措施。由于该方法将组织或计划的优势、劣势与外部环境中的机会、威胁进行匹配比较，因此使用该方法形成的计划或行动建议往往都非常实用。

方法步骤

★ 定义目标。

★ 在 SWOT 表中列出预计会促进或妨碍目标实现的优势、劣势、机会和威胁（参见图 11.5）。影响目标实现的属性和条件的重要程度要比列表的长度更重要。通常，理想的方法是按重要程度将各个项列入每个象限，或者按照 1—5 分为每个项赋值。

★ 确定实现目标的可能策略。通过提出下列问题可以实现这一目的：

- 我们如何发挥每个优势?
- 我们如何改进每个劣势?
- 我们如何利用每个机会?
- 我们如何减轻每个威胁?

优势（S）	劣势（W）
列出有助于实现目标的组织机构属性。	列出不利于实现目标的组织机构属性。
机会（O）	**威胁（T）**
列出有助于实现目标的外部条件。	列出不利于实现目标的外部条件。

图 11.5　SWOT 分析法

一个替代的方法是使用“匹配与转换法”。匹配是指将优势与机会相匹配，从而使优势更明显。转换是指将机会与劣势相匹配，从而将劣势转换为优势。

潜在缺陷

“SWOT 分析法”简单容易，使用广泛，但也有限制。该方法只专注于实现单一的目标，而没有衡量可以实现同样目标的替代措施的成本与收益。换言之，只要分析人员认可“SWOT 分析法”不必对应当做出或将会做出什么样的决策进行详细解释，该方法就是一种有用的方法。当然，也许还有同样好甚至更好的行动方案。

另一种战略计划方法是“TOWS 矩阵法”，它可以弥补“SWOT 分析法”中的一个不足之处。这种方法将威胁（T）、机会（O）、劣势（W）和优势（S）框架下列出的因素结合在一起，确定某个组织可能寻求的多个替代策略。[1]

与其他方法的关系

在“SWOT 分析法”的机会与威胁象限中列出的因素，与使用“由表及里思考法”（第八章）时分析人员试图确定的外在或外部因素相同。从这个意义上来看，这两种方法之间存在某些重叠。

本方法的起源

“SWOT 分析法”是一个关于公司规划为何失败的十年研究课题的一

[1] 原注：Heinz Weihrich, “The TOWS Matrix—A Tool for Situational Analysis,” *Long Range Planning* 15, no. 2 (April 1982): 54–66.

部分，由斯坦福研究所在 20 世纪 60 年代晚期开发。它是一个更加全面的战略计划项目的第一部分。该方法使用极为广泛，历史久远，产生了多个版本。小理查兹·J. 霍耶尔选择了他认为最适合情报分析的版本。本方法来源于多个互联网网站，包括：http://www.businessballs.com/swotanalysisfreetemplate.htm, http://en.wikipedia.org/wiki/SWOT_analysis, http://www.mindtools.com, http://www.valuebasedmanagement.net, http://www.mycoted.com。

六、影响矩阵法

“影响矩阵法”明确了某项决策中涉及的关键行为体、行为体对问题的感兴趣程度、决策对行为体产生的影响。它是一种框架方法，能够让分析人员和管理者更好地意识到决策可能被接受的好坏程度、决策最可能发挥出何种作用，以及什么样的策略能够最有效地解决某个问题。

何时使用

即将制定一项主要的新政策纲要，或是即将宣布一项强制性变革时，是管理人员使用本方法的最佳时机。本方法有助于管理人员确认最有可能遭遇阻力或是得到支持的节点。情报分析人员也可以使用本方法来评估公众对于外国政府发布的一项新政策声明的反应，或是对某场政治运动在互联网上发布的一项新宗旨的反应。不管怎样，本方法通过系统的方式聚焦于问题的所有可能方面，将会引出新的见地。

模板式矩阵让本方法十分易于使用。最普遍的情况是，一名管理人员运用本方法形成一个策略，用于指导如何计划去实施一项新政策或是响应上级新下达的任务。管理人员也可以在宣布一项新政策或议程前主动地运用本方法。本方法可以揭示出未曾预料到的各种阻碍和支持，以及在政策或议程为公众所知之前去咨询谁才是明智之举。单个情报分析人员也可以运用本方法，当然最有效的还是作为团队过程。

增加的价值

本方法让使用者能够对一项新政策或议程是否将遭遇阻力或赢得支持有一个全面的评估框架。关键的关注点是发现任何将会受到严重负面影响的行为体。应当尽早，或者最好是在政策宣布之前就接触这些人，也许他们有如何让新政策更容易被接受的想法。最差的情况是，无论他们的观点是积极还是消极的，他们对于自己的观点被发现和被考虑会心存感激。而从那些会受到积极影响的人那里，将会获得支持。

"影响矩阵法"通常在管理人员正在形成一项新政策时使用最为有效。矩阵有助于管理人员发现谁受的影响最大，从而考虑这是否足以作为修订计划或修订（宣布该计划的）策略的依据。

方法步骤

"影响矩阵法"过程涉及以下步骤（使用"影响矩阵法"的模板参见图 11.6）：

- 确定决策或问题涉及的所有个人或团体。列表中应包括：我、我的上级、我的雇员或下属、我的用户、我的同事、我部门或机构中的同级人员、其他机构中我的同级人员。
- 就问题对每个行为体的重要性或是行为体对问题可能关注的程度进行评级。使用三级评级标准，即：低、中、高。行为体的感兴趣程度应当反映出决策对于他们的时间、职业生涯质量、成功前景等类似问题的影响程度。
- 将决策对每个行为体的影响分类为"最积极"（P）、"中性"（O）[1]、

[1] 译注：此处原文中将"中性"缩写形式印刷为 N，对照图 11.6，该缩写应为 O，应是笔误或印刷排版错误。

"最消极"(N)。如果一项决策可能会产生消极影响，就将其标注为"消极"。如果在某些情况，对于某人或某群体产生的影响是混合的，则标注为"中性"，或者在可以再分类的情况下将群体分解为若干子群体。

★ 一旦完成了矩阵，就可能对政策的总体反应进行评估。
★ 形成一个行动计划。
★ 确定决策在何处可能会产生重大消极影响，考虑事先协商的效用。
★ 确定决策在何处可能会产生重大积极影响，考虑列出那些有助于作出决策或有助于议程发挥作用的关键行为体的支持。

行为体	**感兴趣程度** 低 中 高	**影响** P=最积极 O=中性或混合 N=最消极
我		
我的上级		
其他雇员		
用户		
我机构中的同事、同级人员		
同类机构中的同事		
其他		

· **行为体**：一个问题或决策涉及的关键个人或群体清单。
· **感兴趣程度（或者特点）**：就问题对每个行为体的重要性或是行为体对问题可能关注的程度进行评级。行为体的感兴趣程度应当反映出决策对于他们的时间、职业生涯质量、成功前景等类似问题的影响程度。
· **决策影响**：将决策对每个行为体的影响分类为"最积极"（P）、"中性"（O）、"最消极"（N）。如果一项决策可能会产生消极影响，就将其标注为"消极"。如果在某些情况，对于某人或某群体产生的影响是混合的，则标注为"中性"。

图 11.6 影响矩阵法：确定关键行为体、感兴趣程度和影响

★ 宣布决策并监控反应。

★ 根据一个阶段收到的反馈情况，重新评估行动计划。

本方法的起源

“影响矩阵法”由弗森联合有限公司的玛丽·奥沙利文和伦道夫·弗森开发，并在政府、执法部门、商界中层管理人员课程中进行过讲授。

七、复杂性管理程序法

“复杂性管理程序法”能帮助分析人员和决策者了解和预测复杂系统中的变化。在这里，“复杂性”（complexity）一词包括一系列独特的交互作用，其复杂程度就连经验丰富的情报分析人员也无法独自思考得出结论。[1]

何时使用

作为一种政策支持工具，“复杂性管理程序法”可用来评估新的或拟议的计划或政策的成败概率，以及影响任何形势的结果的机会。它可以用于确定为实现具体目标必须做出的变化，以及追求政策目标过程中意料之外的结果。

在预测未来事件时，情报界和商界通常通过下述典型方式处理复杂事务：

★ 假定未来是不可预测的，生成替代的未来情景及可跟踪的指标以获得未来走向的预警。

[1] 原注：赛斯·劳埃德（Seth Lloyd），一位“复杂系统”的专家，已列出“复杂性”的 32 种定义。参见 Seth Lloyd, *Programming the Universe* (New York: Knopf, 2006)。

★ 开发或订购可推理未来如何演变的复杂计算机建模与仿真服务。这种做法会耗费大量的时间和金钱，对情报分析人员而言往往实用价值有限。

★ 做出一系列的假定，依靠分析人员的直觉或专家判断，形成对事物会如何发展的最佳推测。

"复杂性管理程序法"的使用则是不得已才会做出的第4种选择，但在一些情况下，特别是在被称为"可管理复杂性"(manageable complexity)的情况下，它却是更好的选择。它可以帮助决策者更好地提问，并预测（可能出现的）问题。

"复杂性管理程序法"不同于其他处理复杂事务的方法，因为不具备高级定量分析技能的一般分析人员也可以使用。即使分析人员没有接触过"系统动态"(System Dynamics)分析中常用的"因果循环图"(Causal Loop Diagramming)程序或"框状流程图(Block-Flow Diagramming)"程序等软件，也可以使用该方法。

增加的价值

众所周知，我们生活在一个政治、经济、社会和技术系统相互依赖的复杂世界内，其中的每一起事件或每一个变化都会产生多方面的影响。这些影响又对系统中的其他部分产生了额外的影响。虽然我们了解这一点，但通常并不是按照这种方式来分析世界，因为人的大脑很难同时跟踪千头万绪的潜在相互影响。因此，分析人员通常不能预见由目前的趋势和发展导致的、在未来出现的问题或机会。或者说，不能预见用意良好的政策可能导致的不良副作用。[1]

"复杂性管理程序法"通常可以增强分析人员对复杂形势的了解，没有时间延迟，也不必为建立计算机建模和仿真系统花费金钱。使用"复杂

[1] 原注：Dietrich Dorner, *The Logic of Failure* (New York: Basic Books, 1996).

性管理程序法”的步骤与计算机建模和仿真所需的最初步骤相同。包括识别相关变量或行为体，分析它们之间的所有相互影响，赋予每个变量或影响大致的权重或其他数值等。

专业从事复杂社会系统建模和仿真的科学家称，“在把问题缩小到最主要的行为体、相互影响和基本行为规则时，最早的、有时也是最重要的见解就会随之而来”，但“当模型越来越复杂时，其他见解出现的频率及其重要性会出现指数级递减”。[1] 因此，在许多情况下，“复杂性管理程序法”可以提供从计算机建模和仿真中获得的许多益处——尽管不是所有的益处，同时还不会产生时间延迟和外包成本。但是，如果关键变量的变化可以依据时间变化来量化，那么使用如“系统动态”的定量建模方法则更为合适。

如同绝大多数结构化分析方法，“复杂性管理程序法”本身并不向分析人员提供答案。但通过对许多相关变量纷繁复杂的信息进行系统化的整理，它可以帮助分析人员找到最佳的可能答案。它可使分析人员一次抓住整个问题而不仅仅是问题的一个部分。然后，分析人员可以运用他们的专业知识，对问题做出明智的判断。这种对分析人员思考过程的建构，还为精心组织的、清楚表明每个结论原因的报告奠定了基础。这样做，还可以产生某种形式的直观图像，如概念图或思维图，或者因果图或影响图等。

完成“复杂性管理程序法”需要花费时间，但从长远看，它可能会节约时间。这种结构化方法能帮助分析人员提高工作效率，避免陷入问题的复杂性困境中。因为它能产生更好、更严谨的理性产品，因此会节省编辑和协调流程的时间。

---

[1] 原注：David S. Dixon and William N. Reynolds, “The BASP Agent-Based Modeling Framework: Applications, Scenarios, and Lessons Learned,” Hawaii International Conference on System Sciences, 2003, www2.computer.org/portal/web/csdl/doi/10.1109/HICSS.2003.1174225. Also see Donnella H. Meadows and J. M. Robinson, *The Electronic Oracle: Computer Models and Social Decisions* (New York: Wiley, 1985).

方法步骤

使用“复杂性管理程序法”时，分析人员要遵循以下 8 个具体步骤：

1. 定义问题：阐明需要分析的问题（计划、目标、结果），包括开展分析工作的时间段。

2. 找到并列出相关变量：利用第五章中所述的头脑风暴法，确认具有重要意义的、能够影响到指定时间段内所关注状况的变量（因素、条件、人员等）。广泛考虑那些超出人力控制能力之外的组织或环境限制因素。如果目标是预测未来数年中一个或多个变量的状况，这些变量应当排在清单的前列。将其他变量按照某种逻辑进行分组，最重要的变量放在清单的前列。

3. 创建交叉影响矩阵：建立一个矩阵，其中，行和列的数量分别等于变量数量加 1。空出矩阵左上角的方框，将所有的变量填入矩阵上方整行的方框中，将同样的变量从上到下填入左侧列中。这样，矩阵中就有一个方框记录所有配对变量之间关系的性质。这就是所谓的交叉影响矩阵，即评估每对变量之间双向相互作用的一种工具。考虑到变量的数量和名称的长度，在矩阵顶部列出变量的字母代称可能比使用全称更方便。

在决定是否列出一个变量或将两个变量合并成一个变量时，要始终记住，变量的数量对分析的复杂性和所需花费的时间有重要影响。如果分析问题有 5 个变量，这些变量之间可能就存在 20 个相互作用。变量越多，相互作用的数量增加越快。如图 11.7 所示，10 个变量间的相互作用数量多达 90 个。有 15 个变量，相互作用的数量可能会达到 210 个。变量超过 15 个，“复杂性管理程序法”也许将无能为力。

4. 评估每对变量之间的相互作用：由相关课题专家组成的多样化专家组对每对变量之间相互作用的力度和方向进行分析，并将结果写入矩阵的相应单元格内。针对每对变量，提出以下问题：此变量对另一变量的影响方式，增加或减弱了另一个变量的作用或影响吗？

在输入变量的评分时，最好一次取一个变量，先按列从上向下，再按行从左到右。注意，矩阵要求对每对变量估值 2 次，例如，变量 A 对变量 B 的影响及变量 B 对变量 A 的影响。要记录哪些变量对变量 A 构成影响，从 A 列开始，自上向下，自问矩阵左侧列出的每个变量对变量 A 有积极影响还是消极影响，或者根本没有影响。记录变量 A 对其他变量的反向影响时，从 A 行开始，从左至右，分析变量 A 如何对矩阵顶部列出的变量产生影响。

分析人员可采用 2 种不同的方法记录一个变量对另外一个变量影响的性质和强度。图 11.7 使用加减号来表明被分析的变量对配对变量的影响是积极的还是消极的。加减号尺寸有 3 种，其大小表明了影响力的强度。加号或减号较小时表明影响微弱，中等时表示影响中等，较大时表明影响强烈。如果分析的变量对配对变量没有影响，则留空不填。如果一个变量改变后足以扭转其影响力的方向，从积极影响变成消极影响，或者相反，则通过同时使用加号和减号注明。

图 11.7 中已完成的矩阵与第十四章中的矩阵相同。在第十四章中，“复杂性管理程序法”被用于预测结构化分析方法在情报界的使用前景。对已完成的矩阵而言，使用加减号作用明显。不过，在首次填充矩阵时，用字母（用 P 和 M 分别表示加号和减号）来表明每个变量对配对变量的影响是积极的还是消极的，也许更容易一些。然后可以在字母 P 或 M 之后加上数字来表明影响的强度。使用 3 分制，数字 3 表示影响强烈，数字 2 表明影响中等，数字 1 表示影响微弱。

在为每对变量的相互影响评分之后和开始进一步分析之前，考虑修正矩阵，去除不太可能对结果产生重要影响的变量。累加每列和每行的加权值，可以衡量每个变量的相对重要程度。每行的权重之和即为每个变量对整个系统影响的一个量度；每列的权重之和则为所有其他变量对每个变量影响的量度。受到其他变量影响最大的那些变量，应当作为事件发展方向的可能指标或作为意外结果的可能诱因加以监控。

5. 分析直接影响：从变量 A 开始，用几段话写出每个变量的影响。

	A	B	C	D	E	F	G	H	I	J
A 结构化分析方法的使用增加		✚			✚▬	−	✙	✚▬	▭	▭
B 管理层对协作和结构化分析方法的支持	✚		✚	✚	✙	▭	✙	✚▬	▭	▭
C 虚拟技术的可用性	✚	✚		✙	✙		✚		+	
D 分析人员的更新换代	✚	✚	✙							
E 分析技能支持的可用性	✚▬	✚▬				✙▭			▭	
F 预算变化	▬	▭	▬		▬					
G 用户对协作性电子化产品偏好的改变	✙				✙			+		
H 对结构化分析方法效益的研究	✚▬	✙▭			✙▭		✙▭		✚▬	✚▬
I 分析人员对时间压力的感知	▭	▭								✙
J 分析人员和管理人员对变化缺乏开放性	▭	▬			▭				✙	

阅读矩阵：每**行**中的单元格显示出，该行所代表的变量对矩阵最上方一行中所列变量产生的影响。每**列**中的单元格显示出，该列所代表的变量对矩阵最左侧列中所列变量产生的影响。

影响的方向与力度：

✚ 强烈的积极影响　　▬ 强烈的消极影响

✙ 中度的积极影响　　▭ 中度的消极影响

\+ 微弱的积极影响　　− 微弱的消极影响

“+”和“–”共同使用表示影响可能偏向于任何一个方向。

空白单元格=没有影响。

图 11.7　影响结构化分析未来使用的变量

必要时，进一步阐明每个变量所需要的描述。找出对该变量的影响力评分为 2 分或 3 分的所有变量，简要解释这种影响的性质、方向，并在适宜的情况下，解释影响的时机。该影响的强度如何？有多确定会产生这样的影响？何时能够观察到这些影响？这些影响是否只在特定条件下才能感觉得到？下一步，找出该变量能够影响且影响力评分达到 2 分或 3 分（中等影响或强烈影响）的所有变量，讨论这些影响的强度以及有多确定会发生。找出并讨论这些影响潜在的有利作用或不利副作用。

6. 分析循环和间接影响：矩阵只能显示一个变量对另一个变量的直接影响。在分析变量对变量的直接影响时，需要去发现一些事情并引起注意。一个是反馈环。例如，如果变量 A 对变量 B 有积极影响，而变量 B 对变量 A 也有积极影响，这就是正反馈环。也许还有 3 个变量的循环，从 A 到 B 到 C，再返回到 A。循环中的变量彼此获得影响力，这种推动力可以增强它们影响其他变量的能力。另外一个需要发现的是某种环境，在这种环境中，变量 A 与变量 B 之间的因果关系是某些事情发生的必要但不充分条件。例如，变量 A 有影响变量 B 的潜在可能，也许甚至试图影响变量 B，但只有在变量 C 也存在的情况下才有效。在这种情况下，变量 C 是一个赋能变量，此时它的重要性远超平时。

所有的变量分为静态和动态两种。静态变量是那些在分析进行时间段内预计能或多或少保持不变的变量。动态变量则不断变化或具备变化的可能性。分析工作应当集中在动态变量上，因为它们是复杂系统中的意外发生之源。确定这些动态变量之间，以及与其他变量如何相互作用，对于预测未来发展趋势至关重要。动态变量有的可以预测，有的则不可预测。可预测的变化包括既定趋势或已经在实施进程中的既定政策。不可预测的变化包括领导层的变化，政策或可用资源的意外变化等。

7. 得出结论：使用步骤 5 和步骤 6 中收集起来的单个变量的数据，得出针对整个系统的结论。最可能的结果是什么？在特定时间段中可以预期的变化有哪些？结果背后的推动力是什么？什么事情发生后可能会导致出现不同的结果？应当预期出现哪些可接受或不愿接受的副作用？如果你需要梳理所有的关系，手工绘制一张显示所有因果关系的图会非常有用。概念图（第四章）也许会有助于达到这个目的。如果在分析中使用图表有帮助，那么在报告中使用这样的图表对于读者或用户而言同样会有帮助。

8. 实施机会分析：在适当的时候，以对主要用户有利的方式，分析可以采取什么措施来对该系统施加影响。

与其他方法的关系

同样的创建矩阵和编码数据的程序在使用“交叉影响矩阵法”（第五章）时也适用。不同之处在于，“交叉影响矩阵法”仅用于在集体或团队工作中识别和共享有关交叉影响的信息。“复杂性管理程序法”的目的是以“交叉影响矩阵法”为基础，对某个复杂系统的运转状况进行分析。

当未来极度不确定，而分析目的是明确替代的未来情景和为未来事件的发展方向提供预警指标时，应使用某种形式的“情景分析法”，而不是使用“复杂性管理程序法”。如果随着时间推移，关键变量的变化能够被量化，或者需要考虑的变量超过 15 个时，应使用某种计算机化的建模系统如“系统动态法”，而不是使用“复杂性管理程序法”。[1]

本方法的起源

由小理查兹 · J. 霍耶尔发明的“复杂性管理程序法”填补了普通分析人员可以使用的结构化分析方法中的一项重要空白。它是年代更早的定量建模方法（如系统动态法）的精简版。

[1] 原注：John Sterman, *Business Dynamics: Systems Thinking and Modeling for a Complex World* (New York: McGraw Hill, 2000).

[第十二章]

专业人员协作指南

在情报工作中，分析工作和其他相应的工作，正明显地从分析人员单枪匹马为主的分析活动向协作团体的活动转变。结构化分析方法的使用日益增多，正是推动向更具协作性的工作转变的几个因素之一。

本章首先就如何利用协作环境，帮助分析人员防止或避免由小型团队流程而产生的诸多问题，提供了一些实用指南。随后，本章描述结构化分析方法如何提供了一种工作流程，以使协作过程变得最为有效。当分析人员内在的思考能够以一种透明方式外化后，证据就能较早地被分享，不同观点也就可以被他人共享、改进和易于批判，许多事情因此而发生变化。

跨越组织界限的社交网络的快速增长，以及分析团体成员越来越多地分处各地的实情，正在改变分析工作开展的方式：在情报界如此，在商界更是如此。本章将描述从事情报分析的 3 个不同类型的团体——2 个类型的团队和 1 个被称为“社交网络”（social network）的群体。

我们建议，分析工作应当越来越多地按两个阶段实施：最初的发散分析阶段由人员分散在各地的社交网络实施，趋同分析阶段以及最终报告由小型分析团队完成。接着，本章将简要回顾已知的那些削弱团队和小型团体表现的问题，并在最后提出控制类似问题发生的实用措施。

一、社交网络与分析团体

对团队和团体分类的方法有多种。当团体的目的是生成分析产品时，似乎分为以下 3 种类型最有用：传统分析团队、特别课题团队和社交网络支持的团队。传统分析团队通常同处一地，关注某个特定的任务。当特别课题团队的成员同处一地或在同步虚拟世界（类似于第二人生[1]）中工作时，效率最高。在社交网络的支持下，分析团队无论同处一地还是散处各地，无论是同步还是不同步，都可以有效工作。这 3 类团体在负责人的性格、面对面和虚拟会议的频率、分析活动的广度以及工作时间压力等方面各不相同。[2]

★ **传统分析团队**：这是典型的完成特定任务的工作团队。负责人由管理人员指定或由团队推选，团队所有成员共同对团队的产品负责。团队可以联合工作，开发全部产品，或者每个团队成员负责工作中的一个具体部分。过去在美国情报界，许多团队的分析人员均出自同一个机构，在分析过程的后期，部分其他机构通过协调参与，而不是从一开始就展开协作。随着政策改变，以及更容易获得安全的跨机构通信和协作软件，这种情况正在改变。图 12.1a 显示了传

[1] 译注：Second Life 是一个基于互联网的虚拟世界，在 2006 年末和 2007 年初由于主流新闻媒体的报道而受到广泛的关注。通过由 Linden 实验室开发的一个可下载的用户端程序，用户——在游戏里叫作"居民"——可以通过可运动的虚拟化身份交互互动。这套程序还提供了一种高层次的社交网络服务。居民们可以四处游逛，会碰到其他的居民，参与社交，参加个人或集体活动，制造和相互交易虚拟财产与服务。

[2] 原注：本章借鉴了哈佛大学"团队智力项目"（Group Brain Project）的研究成果。该项目获得美国国家科学基金会（National Science Foundation）和中情局情报技术创新中心（CIA Intelligence Technology Innovation Center）的资助。特别参考了理查德·哈克曼（J. Richard Hackman）和安妮塔·伍利（Anita W. Woolley）合写的《创建并领导分析小组》（"Creating and Leading Analytic Teams," *Technical Report* 5 [February 2007], http://groupbrain.wjh.harvard.edu/publications.html）一文。

统分析团队是如何工作的。核心分析团队的参与者通常在同一个部门工作，他们起草报告，并发送给情报界的其他成员进行评价和协调。理想状态下，核心团队会提前向情报界的其他利益方通报团队撰写某个特定课题报告的意图，但更常见的情况是，这样的对话发生得很晚：直到他们协调报告草案时才开始沟通。在大多数情况下，征询其他部门或非政府专家的专业意见之前，必须经过相应许可，或要履行既定的程序。

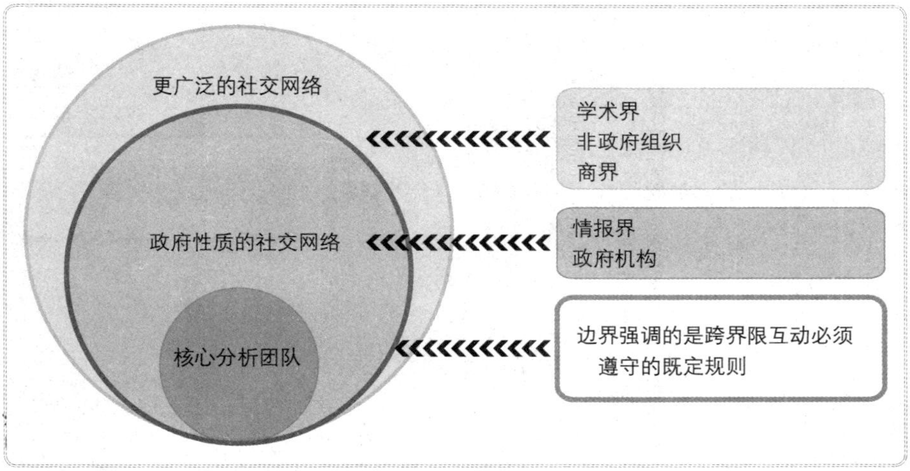

图 12.1a　传统分析团队

来源：弗森联合有限责任公司，2009 年。

★ **特别课题团队**：成立这样一个团队的目的，通常是在危机期间或正在进行的行动期间向决策者提供近实时的分析支持。具有代表性的此类团队包括，危机支持工作组或为军事行动提供支援的在战地部署的跨机构情报团队。团队的成员通常处在同一个办公区域，或者通过视频通信手段保持联络。团队有一个强有力的领队，团队成员之间的个人交流也非常密切。由于这样的团队是为了应对特定形势而组建的，其工作的关注面比社交网络或常规分析团队要窄，持续时间也非常有限。通常时间压力会比较大，可能需要 24 小时连轴转。图 12.1b 是一个特别课题团队的示意图。

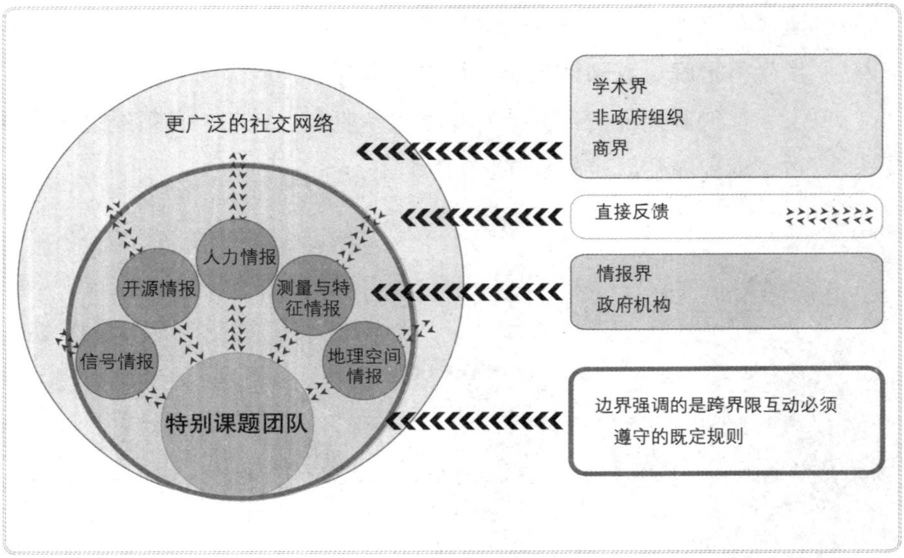

图 12.1b 特别课题团队

来源：弗森联合有限责任公司，2009 年。

★ **社交网络**：经验丰富的分析人员始终拥有他们自己领域或相关领域的专家网络。他们会时常咨询这些专家，也会针对专门课题招募这些专家共同工作。社交网络对于分析业务至关重要。他们监视日常发生的各种事件，根据需要制作例行产品，也可以建议成立较为正式的分析团队处理具体的课题。社交网络是团体活动的一种形式，随着跨机构安全通信的日趋便利和协作软件的普及，作为团体活动形式的社交网络也在发生着剧烈的变化。社交网络正打破组织边界，呈指数级的增长。本书中使用的术语“社交网络”，包括在世界任何地点针对某个特定国家（如巴西）、同一个问题（如化学武器的开发）或商界中的咨询项目做分析研究的所有分析人员。它也可能局限于一个获得特殊许可权的小团体，或者由大量的政府、商界、非政府组织和学术专家组成的团体。社交网络可以设置在同一个办公室、同一个市区的不同建筑物内，或者越来越多地分布在全球任意地点。

伴随社交网络出现的关键问题是，社交网络成员地理位置上的分散。即使在华盛顿特区的市区，距离仍然是限制面对面会议频次的一个影响因素，特别是在交通堵塞越来越严重、航空出行花费高昂的情况下。在对不同组织中的团队，包括情报界的团队进行研究后，理查德·哈克曼和安妮塔·伍利得出这样的结论：

> 分布式团队在执行需要产生观点和解决方案的创新任务方面表现相对较好，但在决策任务方面的表现略差于面对面团队。虽然决策支持系统可以稍稍改善他们的表现，但从遥远的地方做出决策仍需花费较多时间，交流信息的机会较少，对错误进行检测和纠正更困难，而且与面对面团队相比，参与者对结果的满意度较低……总而言之，分布式团队适合许多任务，但不适合所有任务。有效使用分布式团队需要特别注意团队的结构，成员首次聚集时的面对面启动，以及整个团队存续期间领导层的支持，使得所有的成员参与其中并与共同的目标保持一致。[1]

对有效协作实践的研究表明，满足以下 6 个关键条件时，在地理位置上和组织上分散的团队最有可能取得成功。参与者应当执行以下操作：

★ 彼此了解与信任，这通常需要他们至少会面一次；

★ 感受到自己参与集体的必要，以便执行关键任务；

★ 通过协作实现互利；

[1] 原注：本章借鉴了哈佛大学“团队智力项目”的研究成果。该项目获得美国国家科学基金会和中情局情报技术创新中心的资助。特别参考了理查德·哈克曼和安妮塔·伍利合写的《创建并领导分析小组》（“Creating and Leading Analytic Teams,” *Technical Report* 5 [February 2007], 8, http://groupbrain.wjh.harvard.edu/publications.html）一文。

★ 彼此按需联系，便于增加新成员；
★ 意识到加入集体的动力，例如节省时间，与其他博学的分析人员互动可以获得新见解，或者增加其贡献的影响力等；
★ 分享对问题的共同理解，就一系列常见术语与定义达成一致。[1]

二、分工

对地理位置分散的社交网络的管理，可以通过将分析任务分为两部分来有效开展。首先，利用社交网络在发散分析或创造性分析中的优势来找到观点并收集信息；其次，组建小型分析团队，运用趋同分析将这些观点融合成分析产品。初稿完成后，将其返回给在分析第一阶段做出贡献的社交网络的所有成员审阅，然后再返回分析团队进行编辑，并形成最终产品。

结构化分析方法和协作软件能让这种两部分分析方式完美开展。对于地理位置上分散并通过在线交流——通常是维基网站交流——的社交网络而言，存在在分析过程初期使用发散分析的一系列基本方法。这为规模更小的分析团队开展后续的趋同分析奠定了坚实的基础。换言之，每个类型的团队执行的是其最能胜任的类型的任务。这种流程适用于大多数分析课题。图 12.2 显示了这种流程的工作方式。

[1] 原注：Randolph H. Pherson and Joan McIntyre, "The Essence of Collaboration: The IC Experience," in *Scientific Underpinnings of "Collaboration" in the National Security Arena: Myths and Reality—What Science and Experience Can Contribute to Its Success,* ed. Nancy Chesser (Washington, DC: Strategic Multi-Layer Assessment Office, Office of the Secretary of Defense, Director of Defense Research and Engineering/Rapid Reaction Technology Office, June 2009).

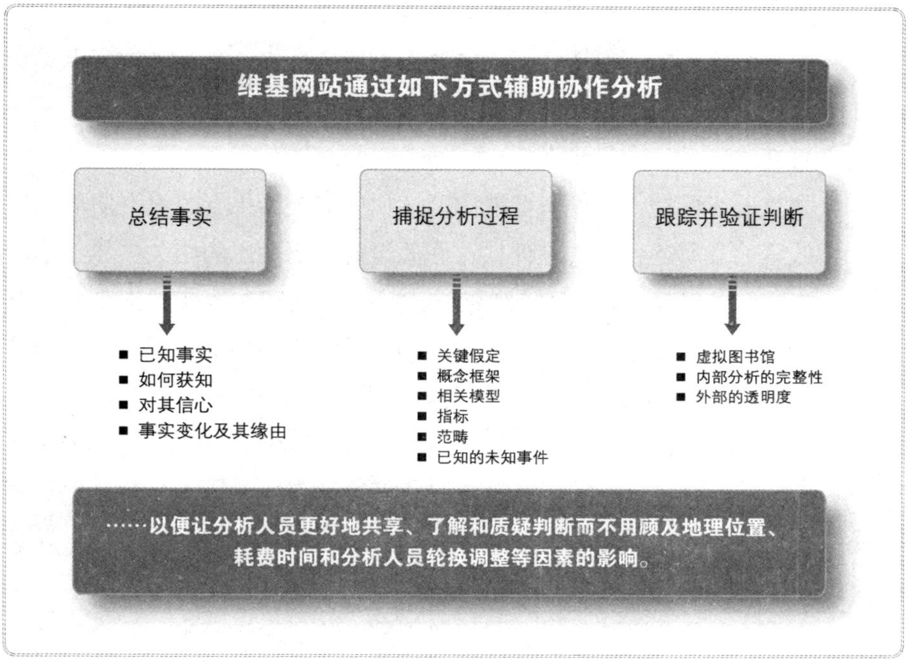

图 12.2　作为协作赋能器的维基网站

来源：弗森联合有限责任公司，2009 年。

课题负责人通知社交网络即将实施的项目，并提供一份临时性的项目说明、目标受众、涉及的领域和应遵循的流程。该负责人还会告知要使用的维基网站或虚拟协作空间的名称，并邀请在该领域博学多才且对课题感兴趣的分析人员参与。任何有访问权限的分析人员都可以向网站添加信息和观点。在课题负责人明确的发散分析阶段，可以使用下列任何方法或所有方法，以及其他能够发挥作用的方法：

★ 第四章所述的“问题再定义法”。

★ 第四章所述其他方法，如时间表、分类整理、网络分析、图示、表格等方法，开展分享和处理数据的协作工作。

★ 第五章所述的某些形式的头脑风暴法，以生成有关驱动力、变量、参与者等清单。

★ 如第四章所述，对清单进行排序或列出优先次序。

★ 将清单输入第五章所述的“交叉影响矩阵”中，然后在维基网站中讨论并记录每对推动力、变量或参与者之间的关系——只要这些关系存在。

★ 如第七章所述，制作需要考虑的替代解释或结果（假设）清单。

★ 如第七章所述，制作在评估这些假设时需要考虑的相关信息清单。

★ 实施第八章所述的“关键假定检查法”。在同步协作虚拟工作空间中实施这一步骤，要比面对面会议花费更少的时间，同时也可以了解该社交网络对关键假定的思考，因此非常值得推荐。

大多数步骤涉及清单制作，使用虚拟环境效率会更高。通过网络聊天室或维基网站获取此类信息，比面对面会议更富成效，因为分析人员有更多时间思考和写下他们的观点，能够在数日后查询他们提供的信息，并在自己有新观点时随时添加或进行修订。

这一过程应当由课题负责人监督和指导。除了为进一步分析奠定坚实的基础之外，本流程可以使课题负责人找到小型团队中能够参与项目第二阶段分析的最佳人选，即做出分析判断并起草分析报告的人员。挑选团队成员时应当最大限度地满足如下标准：在有关课题上的专业水平、对分析结果的感兴趣程度、在群体中的多样化观点和思维风格。接下来，要从社交网络转向小型可信赖的团队（分析人员最好不超过 8 人）来完成课题项目；也许团队需要使用其他的方法，如“竞争性假设分析法”或“若则分析法”。在这个阶段使用虚拟协作软件，比召开面对面会议更有成效。伦道夫·弗森已经发现，在虚拟会议室中使用虚拟身份（avatar）特别有效。[1] 用于交换意见和修改文本的软件应当允许思考的私密性，为所有完成的工作提供追踪轨迹。

报告初稿最好由一个人起草，因为统一的行文风格往往读起来更顺

[1] 原注：Randy Pherson's company, Globalytica, LLC, 在虚拟平台的使用方面取得巨大成功，TH!NK LIVE® 主要用于同步培训和指导分析人员使用结构化分析方法。该软件使用方便，下载迅速，费用低廉。更多信息请访问网址：ThinkSuite@globalytica.com。

畅，而起草人也可以吸收团队其他成员的工作成果。如前所述，工作报告草案应当由参与第一阶段分析工作的社交网络成员审查。

三、小型团体的常见缺陷

> 如果必须找出一个词来形容人类未能实现，且永远不会实现全部潜能的原因，那个词就是“会议”。
>
> ——戴夫·巴里（Dave Barry），美国幽默作家

随着越来越多的分析通过协作完成，情报产品的质量日益受到小型团体分析流程成败的影响。困扰小型团体流程的各种问题已经众所周知，而且已是大量研究工作的主题。[1] 人们可能有理由担心协作越多产生的问题就会越多，而机构之间的冲突就越多。但是，正如此处解释的那样，事实证明，使用结构化分析方法常常有助于分析人员避免小型团体流程中的许多常见缺陷。

每个参加过以做出决定或进行判断为目标的团体会议的人都很清楚，团队流程中存在某些问题。有关如何有效组织会议的指南可谓随处可见，但许多团体负责人并没有遵守。[2] 关键人物不是缺席就是迟到，与会者准备不足。会议常常被资深成员或强势人物所左右，部分参与者不愿意讲出或表达他们的真实看法。讨论常常停留在某个问题比较突出的几个方面，而覆盖不到讨论主题的所有方面。决定可能无法达成，而且即便做出了决定，也许最终的结果是无法落实。如果是通过电话或电脑等虚拟方式进行，上述问题会表现得更为突出。

学术研究表明，“人们发言的顺序对讨论的过程具有深刻影响。越早

[1] 原注：例如参见 Paul B. Paulus and Bernard A. Nijstad, *Group Creativity: Innovation through Collaboration* (New York: Oxford University Press, 2003)。

[2] 原注：J. Scott Armstrong, “How to Make Better Forecasts and Decisions: Avoid Face-to-Face Meetings,” *Foresight* 5 (Fall 2006).

的发言影响力越大，这些言论奠定了讨论的框架”。[1] 一旦框架确定，讨论则倾向于以那个框架为中心，其他意见就被剔除在外。

许多研究表明，寻求共识是造成糟糕的团体决策的一个重要原因。达成团体共识通常被视为成功，但实际上那往往是失败的先兆。不成熟的共识是团体表现欠佳的更常见的原因之一。它导致不能找到或不能认真考虑替代情况，不能对偏好立场的消极方面进行审查，不能考虑偏好立场一旦错误可能带来的后果。[2] 这种现象通常被称为“团体迷思”。

学术研究者广泛记载了不太显眼但同样重要的其他问题。经常遇到的情况是，某些合理的、令人满意的方案提出来了，所有成员均表示同意，没有展开深入研究以确定是否存在更好的答案，讨论就结束了。这样的决策，往往难以称作最佳，而通过进一步探究是可以做出最佳决策的。另一种被称为团体“极化”的现象，在某些可预见的情况下，会导致比讨论之前一般团体成员的观点更加极端的团体决策。一个在团体中工作的人付出的努力，往往低于单独完成同样任务时所付出的努力；这就是“社会惰化”（social loafing）现象。上述任一现象，往往会导致分析不够严谨，产品有失水准。

四、多样化的益处

要提升团体的表现，需要了解团体中的问题，自觉避免或减少这些问题。关于小型团体表现的文献实际上无一例外都在强调，只有团体成员将各种观点、意见和见解拿到桌面上讨论，团体才能做出更好的决策。“提前做出结论”“团体迷思”和“极化”都有一个共同的特点，即不能认识

[1] 原注：James Surowiecki, *The Wisdom of Crowds* (New York: Doubleday, 2004), 184.

[2] 原注：Charlan J. Nemeth and Brendan Nemeth-Brown, “Better Than Individuals? The Potential Benefits of Dissent and Diversity for Group Creativity,” in *Group Creativity,* ed. Paulus and Nijstad, 63–64.

到各种假定，不能使用共同话语开展工作，不能充分发现和考虑各种替代观点。

实验研究表明，即便只存在一个不同观点，该观点本身就会使团队的决策出现细微差别，使决策过程更加严谨。[1]“研究还表明，无论异议是否正确，都会带来益处。异议可促使人们重新评估形势，发现其他未被发现的选择。”[2]但是，为了更加有效，异议必须是真实的，而不是像运用“魔鬼代言人”时那样是人为制造的。[3]

小型、分散、不同步的团队尤其擅长生成和评估假定、指标、驱动力、对当前事件的潜在解释或者潜在结果等清单。这种团队也擅长就任何特定主题形成各种利弊清单。在分布式团队支持软件的帮助下，团队可以对清单中的项目进行分类、区分优先次序、打分、排序、度量，或者进行投票。对于这样的任务，一个分布式非同步会议可能比传统的面对面会议更有效。这是因为分析人员有更多的时间思考他们的观点，日后可以对观点进行回顾，当有新的观点出现时可以对其进行添加或修改；如果一些团队成员的职级或地位可能产生不利影响，可以安排所有团队成员匿名阐述观点。

简言之，比较好的分析方法是建立一个小型分析团体，负责人大力鼓励所有分析人员毫无保留地表达各种各样的想法、意见和观点。使用结构化分析方法，通常可以确保做到这一点。这些方法引导了分析人员之间的对话，因为他们能分享证据和各自对证据的意义与重要性的解读。相较于不使用结构化流程的团队，结构化方法中的每一个步骤，均可以促进团体内部的相关讨论，而且此种讨论可以产生并充分评估更多的不同信息和新想法。

由不同来源的成员构成一个团体，将降低出现“提前做出结论”“团体迷思”和“极化”的风险。使用结构化方法，还可以为会议设置明确的、按部就班的议事日程。这样，团体负责人能更容易使会议按既定议程

[1] 原注：Surowiecki, *The Wisdom of Crowds,* 183–184.
[2] 原注：Nemeth and Nemeth-Brown, “Better Than Individuals?,” 73.
[3] 原注：Nemeth and Nemeth-Brown, “Better Than Individuals?,” 76–78.

进行，实现会议的目标。[1]

该程序同样适用于保密系统，或者有外部专家参加讨论的非保密网络。在情报分析中，开源信息比以往发挥着更大的作用。分布式、不同步协作之后是分布式、同步协作，在后者中使用一些基本的结构化方法，是利用（由学识渊博的个人组成的）团队的专业知识的最好方式之一。第九章中提到的“德尔菲法”是完成第一阶段的最著名方法，使用虚拟身份开展同步协作的虚拟世界在第二阶段发挥了最佳作用。

五、鼓吹与客观质询

当然，对意见多样化的需要是一把双刃剑，因为它可能会成为冲突的导火索，降低团体的效率。[2] 如果业界中的组织之间过去存在竞争，缺乏信任，那么引入真正的协作与团队精神并非易事。分析人员必须质询（inquiry）而不是鼓吹（advocacy），必须针对观点而不是个人开展批判。

在一个以任务为导向的团队环境中，鼓吹某种观点可能会导致情绪冲突，降低团队的效率。鼓吹者往往不能公正地考查证据，而是接受具有表面价值、看上去能证实自己观点的信息，并对任何相反的证据严加批判。当利益攸关者们参会的意图是代表某种特定利益时，鼓吹是适宜的。“当双方的立场在法庭上都能有效地表达出来，或者在选举中，决定权将由民众通过投票产生时”，鼓吹也是一种“作出决策的有效方法”。[3] 然而，在

[1] 原注：本节及上一小节是作者本人的专业判断，其内容基于个人经历和在与其他有经验的分析人员讨论过程中所获悉的轶事证据。如第十三章所述，对该主题及其他与结构化分析方法有效性相关的变量进行系统性研究是非常有必要的。

[2] 原注：Frances J. Milliken, Caroline A. Bartel, and Terri R. Kurtzberg, “Diversity and Creativity in Work Groups,” in *Group Creativity,* ed. Paulus and Nijstad, 33.

[3] 原注：Martha Lagace, “Four Questions for David Garvin and Michael Roberto,” *Working Knowledge: A First Look at Faculty Research*, Harvard Business School weekly newsletter, October 15, 2001, http://hbswk.hbs.edu/item/3568.html.

一个团队中，“当参与者之间的权力分配不均、信息分发不对称，以及没有明确的议事规则——特别是没有如何作出最终决策的规则时”，它不是进行讨论的合适方法。[1] 只有通过替代观点的创造性同步讨论，也许才能找到有效的解决办法。

图 12.5 显示了团队成员或同事间可能出现的鼓吹与客观质询之间的区别。[2] 当鼓吹导致情绪冲突时，成员之间将产生敌意、不信任、冷嘲热讽和冷漠，这样会降低团队的效率。从另一方面看，客观质询虽然也常常导致认知冲突，但却可以带来新的和创造性的解决方案，特别是在文明、协作和目标一致的氛围下尤为如此。第十章中介绍了许多管理分析异议的有效方法。

	鼓吹	质询
决策概念	一场竞争	协作解决问题
讨论的目的	劝说与游说	检验与评估
参与者的角色	发言人	批判性思考者
行为模式	竭力说服他人 为自己的立场辩护 对弱点轻描淡写	提出均衡的论据 对替代选项持开放态度 接受建设性的批评
少数派的观点	被压制或不被考虑	得到运用和重视
结果	赢家和输家	集体所有

图 12.5　小型团体流程中的鼓吹与质询

来源：弗森联合有限责任公司，2009 年。

[1]　原注：Martha Lagace, “Four Questions for David Garvin and Michael Roberto,” *Working Knowledge: A First Look at Faculty Research*, Harvard Business School weekly newsletter, October 15, 2001, http://hbswk.hbs.edu/item/3568.html.

[2]　原注：该图摘自 David A. Garvin and Michael A. Roberto, “What You Don’t Know About Making Decisions,” *Working Knowledge: A First Look at Faculty Research*, Harvard Business School weekly newsletter, October 15, 2001, http://hbswk.hbs.edu/item/2544.html。

与使用传统分析方法的团体相比，使用结构化分析方法的团队或团体被认为能更好地避免陷入团体流程陷阱，这是因为，结构化方法采取了质询方式，使分析人员远离鼓吹方式。这种观点尚未通过实证进行检验和演示，但其基本原理是清楚的。我们在本书关于结构化方法的 8 章中一再阐述，只有在分析人员与小型团体中的其他分析人员协作时，这些方法才能发挥最佳效能。这些方法不但为我们的个体思考过程提供了一个框架，在指导小型团队或团体内的分析人员互动方面也发挥了更大的作用。[1]

某些方法，如“关键假定检查法”“竞争性假设分析法”和“论证图示法”，可以帮助分析人员清楚地了解他们如何以及为何会产生不同意见。例如，中央情报局和联邦调查局的许多分析人员报告称，他们之所以喜欢使用“竞争性假设分析法”，是为了更好地了解他们与其他分析人员或者分析办公室之间的意见分歧。建立“竞争性假设分析”矩阵需要确定使用的证据和论据，并确定这些证据和论据如何被认为与各种假设一致或相悖。对这种矩阵进行审查，为系统性识别和讨论两个或更多分析人员的不同意见奠定了基础。中央情报局和联邦调查局的分析人员还注意到，当存在意见分歧时，使用该矩阵有助于使辩论客观。[2] 换言之，“竞争性假设分析法”可以帮助分析人员了解他们之间的分歧而不是为分歧而争斗。其他的结构化方法也可以达到这种效果。

六、领导与培训

大量关于虚拟团队的研究表明，领导的有效性是决定虚拟团队成败的

[1] 原注：本段基于个人经验和与其他经验丰富的分析人员讨论所得的轶事证据，阐明了我们的专业判断。正如我们在第十三章中讨论的，非常有必要对这个主题及与结构化分析方法的有效性相关的其他变量进行系统性研究。

[2] 原注：该信息由情报界的两位资深培训人员提供。

一个重要因素。[1] 虽然领导工作通常由团体指定的负责人完成，但还可以作为一种更加分散的、同行们共同实施的进程出现，并因使用训练有素的协调人而得到极大的协助（参见图 12.6）。当面对面的接触受限时，负责人、协调人和团队成员必须通过更多地关注以下任务来进行弥补：

★ 明确表达评估结果所需要的使命、目的、具体任务和流程；

★ 用重大事件和时间表来阐明可衡量的目标任务；

★ 建立一个共同的话语标准；

★ 确定明确、互补的作用与责任；

★ 建立团队成员之间及与利益攸关者之间的关系；

★ 就团队的规范和预期行为达成一致；

★ 确定冲突解决流程；

★ 制定具体的交流规程和方法。[2]

如图 12.6 所示，各种类型的团队参与者之间，无论是分析人员、负责人、协调人或技术专家之间的互动，与每个成员扮演的角色同样重要。例如，团体分析人员的效率不仅源于其专业知识带来新的观点，更因为管理人员清晰界定了对前者所发挥作用的奖励。同样，如果事先与负责人就课题的目标、时间表和总体关注的重点达成一致时，协调人的效率将大幅提高。当参与者及其互动得到明确规定而且发挥作用时，团体就更容易处理手头更具挑战性的分析任务。

随着情报界越来越重视部门内和部门间的协作，并且越来越多的工作通过计算机网络通信来完成，于是越来越需要分析人员接受知识、技能和能力的相关培训，并且把培训重点放在会议的冲突管理上，才能满足面对面会议和虚拟会议对协作和管理的需要。分析人员在使用技能和知识前接

[1] 原注：Jonathan N. Cummings, “Leading Groups from a Distance: How to Mitigate Consequences of Geographic Dispersion,” in *Leadership at a Distance: Research in Technologically-Supported Work*, ed. Susan Weisband (New York: Routledge, 2007).

[2] 原注：Sage Freechild, “Team Building and Team Performance Management”。源自：www.phoenixrisingcoaching.com。但本文已被删除。

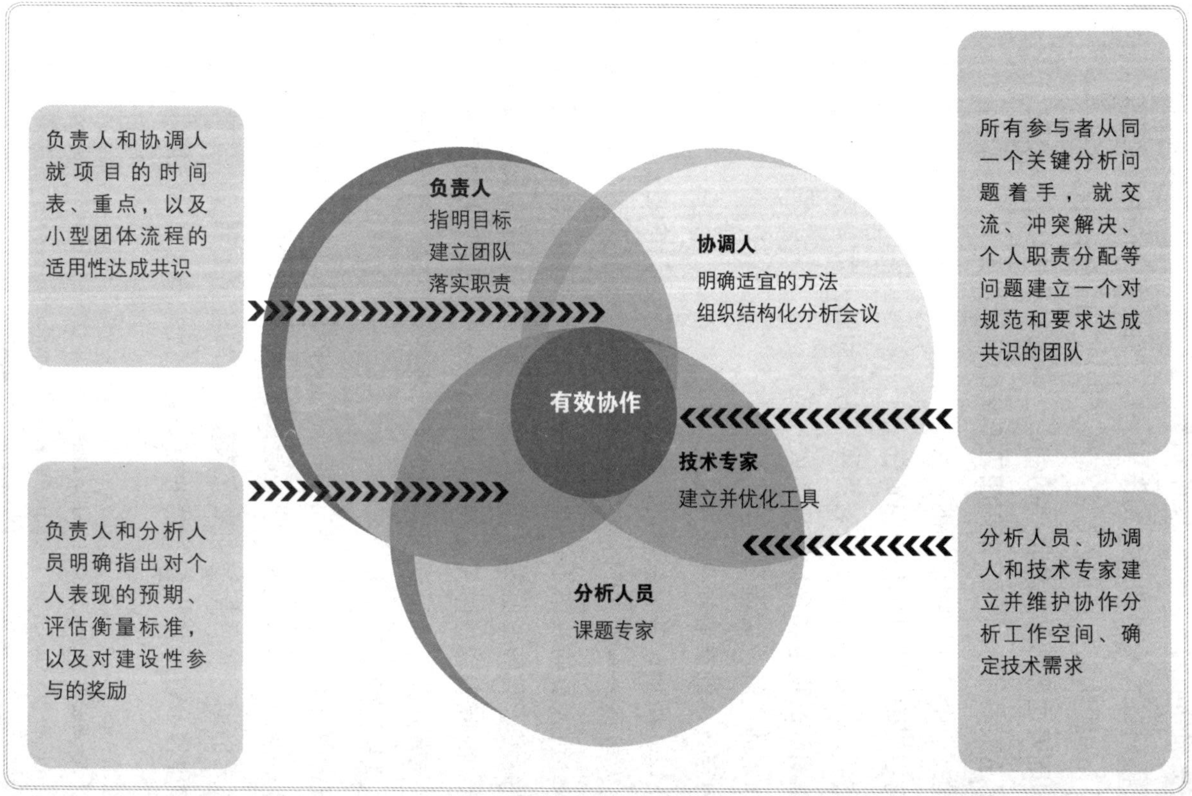

图 12.6 有效的小型团体参与者及其互动

来源：弗森联合有限责任公司，2009 年。

受相关培训，效率会更高。如果培训者能充当教练、导师和协调人，那么培训就能非常理想地全面融入整个工作流程。

多机构或情报界内普遍开展的此类培训项目，可以为机构间协作和组建虚拟团体提供强有力的支持。只要组建新的跨机构团体、虚拟团体和工作团体，都要确保所有成员接受同样内容的培训，让他们充分了解团体分析流程的缺陷、表现预期、行为准则和冲突解决流程。实现此类培训在跨机构或组织间的标准化，将加速经验与文化的共享，减少任何新的跨机构团体的启动时间。

[第十三章]

结构化分析方法的验证

本书作者经常被要求去证明结构化分析方法的有效性。美国情报界对这些方法的检验已经通过实践完成。这些经验无疑是成功的，但还不足以改变那些不愿意改变根深蒂固习惯的质疑者或许多习惯于寻找确凿实证证据的学者所持有的态度。本章要解决的问题是，不仅在情报领域，还要在其他领域中检验或者展现结构化分析方法的有效性。同样的流程也适用于在商界、医学界和其他许多领域中使用结构化方法，因为这些领域也一直在处理概率和不确定性，而不是确凿的数据。

一、实证分析的局限性

只有当检验条件与进行分析时的相关条件匹配时，实证实验的结果才可推广应用到情报分析或其他具体领域。能够影响研究结果的变量太多，因此很难对全部变量，甚至是大部分变量进行控制。这些变量包括使用某种方法的意图、实施流程、实验的背景、分析任务的性质、分析经验与技能的差异，以及分析是由单个分析人员还是分析团体进行等。对于任何表面上是检验某种分析方法有效性的实验而言，所有这些变量都会影响实验的结果。在现有的关于结构化分析方法的大量研究实例中，我们发现，这些研究结果在适用于情报分析方面存在严重问题。

有两个因素对在情报界使用结构化方法进行有效实证检验的切实可行性造成了问题。第一，这些方法通常作为一个团体流程来使用，因此需要对一群分析人员而非单个分析人员进行检验。第二，情报通常用于处理不确定性高的问题。前中央情报局局长迈克尔·海登写道，由于情报分析中固有的不确定性，因此能够达到 70% 的准确性就算不错了。[1] 如果这是真的，一项使用结构化方法得出错误答案的实验是没有意义的。这就需要多次重复相同的实验，以评估得出准确分析判断的频率。

如果在实验中，情报分析人员运用日常用来分析典型情报问题的那些方法，许多问题都会迎刃而解。[2] 但是，即使满足这些条件，要达成有意义的结论，主要障碍依然存在。例如，许多结构化分析方法可以用于多种不同的目的，只有当情报界以真正同样的方式并基于同样的目的运用这些方法时，有关这些方法有效性的研究结论才能在情报界普及并应用。

例如，菲利普·泰特洛克（Philip Tetlock）在他那本杰出的、开创性的著作《专家的政治判断》（*Expert Political Judgment*）中介绍了两个实验，显示情景设计也许并不是有效的分析方法。实验中，测试对象为了更好地了解某个政治问题，先后准备了不同的情景，实验则对情景设计之前和之后的判断进行了比较。[3] 实验表明，无论是否为专家，测试对象在生成情景之前的预测都要更加准确；换言之，情景的生成实际上降低了预测的准确性。几位经验丰富的分析人员曾分别引用这一结果，作为证明情景

[1] 原注：Paul Bedard, "CIA Chief Claims Progress with Intelligence Reforms," *U.S. News and World Report,* May 16, 2008, www.usnews.com/articles/news/2008/05/16/cia-chief-claims-progress-with-intelligence-reforms.html.

[2] 原注：满足这种相似性标准的最佳研究范例之一是，Master Sergeant Robert D. Folker Jr., *Intelligence Analysis in Theater Joint Intelligence Centers: An Experiment in Applying Structured Methods* (Washington, DC: Joint Military Intelligence College, 2000)。

[3] 原注：Philip Tetlock, *Expert Political Judgment* (Princeton, NJ: Princeton University Press, 2005), 190–202.

设计可能不是进行情报分析的有效方法的证据。[1]

不过，泰特洛克的结论不应被推广用于情报分析，因为这些实验把测试的情景当成了一种预测工具。情报界不会使用情景进行预测。情景设计的目的是描述决策者应当考虑的几种结果或前途，因为情报是不能预测出某种带有合理确定性的单一结果的。情景设计的另外一个重要目的是，确定每种潜在情景的指标和标志性事件。监控这些指标和标志性事件，可以对事件发展方向进行预警。泰特洛克的实验并没有以这种方式来使用情景。

二、确立表面效度

我们认为评估结构化分析方法价值的最简单方法，是看一个方法被使用的目的。一旦确定，下一步就是确定它是否真正达到了目的，或者是否还有一些更好的方法可以达成同样的目的。本书有 8 章内容讲述方法。每章的导语部分都介绍了使用该章中方法的理由。使用这种方法如何帮助分析人员做得更好？对于每个单独的方法，本书不仅阐述了怎样使用，而且介绍了何时使用，以及使用时增加的价值。换言之，每一种结构化分析方法都有所谓的表面效度，因为有理由相信它能够减少或避免情报分析中时常发生的某种类型的问题。

下面几段列举了几个结构化方法的表面效度，即解释了这些分析方法如何和为何有用。过去 60 年来，对人类认知能力的大量研究表明了工作记忆的局限性，提出管理复杂问题的最有效办法就是将其分解成若干个小的问题。实际上，这就是字典里对“分析”的定义，[2] 也即运用制作清单、树图、矩阵、图表、图示或模型等方法进行工作。因此，有合理的理由相信，在大多数情况下，使用这类工具对信息进行组织或实现信息可视化的

---

[1] 原注：这些判断结果曾公开发表过，也曾私下与作者探讨过。

[2] 原注：*Merriam-Webster Online*, www.m-w.com/dictionary/analysis.

分析人员，要比没有使用这些工具的分析人员干得更好。

同样，大多数实证证据表明，人类的头脑往往会“看见”正在寻找的东西，而常常忽视没在寻找的东西。这就是设计未来可能事件的情景和指标非常有用的原因：情报界需要它们提供预警。这些方法可以帮助情报搜集人员瞄准所需信息，而对于分析人员来说，则可以让他们做好识别重大变化早期征兆的心理准备。

术语“满意法则”是赫伯特·西蒙发明的，它描述了选择第一个被发现的、看似“足够好”的答案，而不是评估所有可能的替代答案并确定最佳答案的行为（参见第七章）。当存在多个可能的答案时，“满意法则”是人们做日常决策时常用的分析捷径。在做后果微不足道的判断或决策时，它可以节省大量的时间；但是，在做对国家安全具有重大后果的判断或决策时，使用这种方法是不明智的。不言而喻，在达成结论之前仔细确定并分析替代假设的分析人员，比没有这么做的分析人员更有可能发现更好的答案。

鉴于假定在基于不完整的、含糊的信息做出情报判断时所发挥的必要作用，一般而言，使用“关键假定检查法”的分析人员比不努力确定和验证假定的分析人员做得更好。同样，有大量的实证证据表明，对问题进行重构有助于解放思想，使分析人员能够发现其他的视角。

事实上，针对小型团体表现开展的实证研究都一致强调，当团体成员将不同的观点、经验、意见和看法都摆出来时，团体就可以做出更好的决策。[1] 考查这些研究结果，可以得出这样的结论：在团体流程中运用任何一种结构化方法，与单个分析人员使用同样方法开展的分析，或是与那些不使用任何结构化流程来产生不同的观点和意见的团体相比，分析质量都会得到提升。

美国情报界分析人员在工作中运用“竞争性假设分析法”软件和类似的计算机辅助分析工具得出的经验，为上面的这个结论提供了事实证据。

[1] 原注：Charlan J. Nemeth and Brendan Nemeth-Brown, “Better Than Individuals: The Potential Benefits of Dissent and Diversity for Group Creativity,” in *Group Creativity: Innovation through Collaboration,* ed. Paul B. Paulus and Bernard A. Nijstad (New York: Oxford University Press, 2003), 63–64.

使用“竞争性假设分析法”的目的之一，就是要更好地了解与其他分析人员或分析部门之间存在的意见分歧。[1] 建立“竞争性假设分析法”矩阵，需要对使用的证据和论据逐一进行讨论，并深入思考如何解释这些论据和证据与每个假设是否一致。这一过程需要时间，但许多分析人员认为值得花这些时间；他们认为，一旦学会了这种方法，从长远来看是能节省时间的。

向情报界分析人员传授“竞争性假设分析法”的这些经验表明，当把结构化方法用作一种团体流程时，能够产生更多的不同信息。情报界和执法部门分析人员认为，团体讨论是“竞争性假设分析法”流程中最有价值的部分。使用结构化方法不能保证会得出一个正确的判断，但这一培训的事实证据表明，它对做出更好的分析贡献重大。

三、一个实证验证项目

关于“实证分析的局限性”（P340）那一节表明，要对结构化方法的精确性开展实证分析，就算可能，也是非常困难的。我们断言，即使是尝试开展分析，也是不合适的。结构化分析方法本身既不能预测未来，也不能保证没有意外发生。当一个分析判断错误的时候，很难确定错误是应该归因于结构化方法，还是使用该方法的分析人员，抑或是情势本身固有的不确定性。

我们认为，实证评估结构化分析方法最可行和最有效的方法，是看一个方法被使用的目的，随后检验它是否达到了目的，或者是否还有一些更好的方法来达成同样的目的。本节提出了一个实证验证结构化分析方法应用价值的项目。这种方法基于美国情报界开展分析的实际情况。接下来，我们将说明为什么这种方式可以用于对 3 种特定的结构化分析方法进行分析。

步骤 1：就引起分析错误的常见原因，以及哪些结构化方法在防止此

[1] 原注：这些信息是情报界一名资深教育工作者在 2006 年 12 月提供的，随后多次在项目中经由政府分析人员验证。

类错误上最有用达成共识。

步骤 2：明确我们对使用某特定结构化方法的益处了解多少，或者说认为我们了解了多少。这就是我们在本章稍早时阐述过的表面效度，再加上分析人员认为他们从频繁使用某方法中学到的东西。比如，我们认为自己了解“竞争性假设分析法”的多种益处，知道它可以帮助我们生产出更好的情报产品。运用这种方法：

★ 搜索的信息比分析人员追求的要宽泛得多。对否定假设的关注将扩大分析人员寻找信息的视角，并考虑哪些信息最具价值。

★ 要求分析人员从设计一系列的替代假设着手。这将降低“满意法则”的风险。“满意法则”是选择第一个找到的、看似满足需要的答案。它能确保分析人员在纠缠于偏好的结论前考虑所有合理的假设。

★ 要求分析人员去反驳假设，而不是支持个别假设。这将帮助分析人员克服为了证实先入之见而寻找并解读新信息，以及忽视那些与之前确信的观点相反的信息和解释的倾向。

★ 根据证据和假设以及彼此之间的联系，将要分析的问题分解成若干部分。这可以使分析人员根据类型、时间和证据的诊断力对数据进行分类。

★ 为分析人员提供了可以按照有利于分析分类的方式来对证据进行分类和对比的能力，如公开来源证据对秘密来源证据，人力来源对技术来源，新证据对旧证据，以及基于硬证据（情报报告）的结论对基于软证据（分析人员自己的假定和逻辑演绎）的结论。

★ 鼓励分析人员以更有组织、更加透明的方式提交结论，即显示出如何形成这些结论，而其他方法无法做到这样。

★ 为识别关键假定和指标打下基础，通过持续监控这些假定和指标，能够确定事件朝哪个方向发展。

★ 在分析是如何进行的，以及单个分析人员的假定或判断有何不同方面，留下一条清晰的审查线索。

★ 掌握分析人员对数据质量的整体信心，记录还需要哪些信息或者产生哪些搜集需求。

步骤 3：获得有关某种方法是否可以真正形成预期益处的检验证据。支持或反对这些益处的证据，不限于实证实验的结果，还包括对分析人员、管理人员和用户的结构化面谈，对分析人员使用这些方法的会议的观察，以及调查和实验等。

步骤 4：获取这些益处是否可以真正带来更高质量分析的证据。分析的质量不限于准确性。衡量质量的其他标准包括阐述清晰、达成结论的过程透明，以及为日后审查构建了线索等。所有这些都是使用如“竞争性假设分析法”可能获得的益处。更高质量的证据可能来自对质量标准的独立评估或与接收报告的用户的访谈。成本效益（cost effectiveness），包括分析人员在时间和金钱上的投入，是另一个值得关注的标准。如本书前文所述，我们认为，从长期看，使用结构化方法通常可以节省分析人员的时间。这种观点同样还有待于对 3 种特定方法的实证分析（参见图 13.3）。

关键假定检查法

第八章中阐述的“关键假定检查法”是最重要和最常用的方法之一。其目的是搞清楚支撑某特定分析判断或分析方法的假定并对其进行评估。要评估的问题是：(1) 这种方法在实现上述目的方面有多成功？ (2) 这种方法是如何提高分析的质量和准确性的？以下研究内容，也许可以回答上述问题：

- ★ 对分析人员进行调查，确定他们使用某特定方法的频率、何时使用的标准、使用的流程、自认从使用中所获的益处，以及该方法对报告的影响。
- ★ 随机抽取样本，比较使用“关键假定检查法”后所撰写的报告和没有使用该方法撰写的报告的质量。
- ★ 与用户面谈，确定他们是否希望在情报报告中看到明确了关键假定。他们能够见到此类信息的频率如何？
- ★ 检验单个分析人员能否有效确认自己的假定，或者是否始终作为一个小型团体流程来实施。答案显而易见，但通过前后比较，有助于

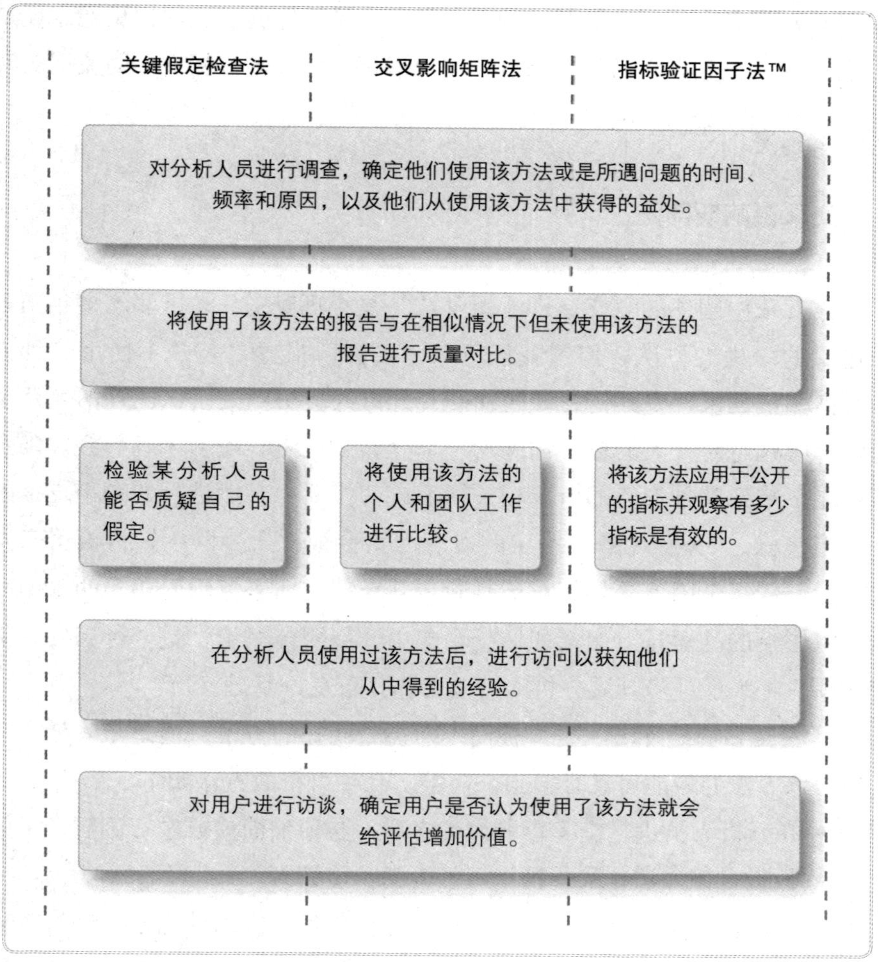

图 13.3　3 种评估方法

来源：弗森联合有限责任公司，2009 年。

证明区别的大小。通常，分析人员在参加实施“关键假定检查法”的会议之前，会被要求设计自己的一套假定。然后，将最初的假定清单与会议后形成的假定清单作比较。

★ 观察正在实施“关键假定检查法”的数个团体。事后与所有分析人员面谈，确定他们如何认知会议期间自己的学习体验。会议影响其对最有可能成立的假设的思考了吗？这种体验会让他们更愿意还是更不愿意在将来使用该方法呢？进行一项实验，探索不同流程对实施该方法的影响。

交叉影响矩阵法

第五章中阐述的“交叉影响矩阵法”是小理查兹·J. 霍耶尔多年前用于检验的一种老方法，但据我们所知，美国情报界目前并不使用这种方法。霍耶尔建议，将其作为课题初期、分析人员仍然处于试图理清复杂情况的学习状态时开展的标准训练的一部分。它也是“头脑风暴”会议确定了可能影响到某种形势的所有相关因素或变量后，必然进行的合乎逻辑的下一个步骤。“头脑风暴”确定的所有因素会被放入矩阵中，再被用来指导讨论，看每个因素是如何对被判断与其在特定问题范围内相关的其他因素产生影响的。对每对变量如何相互作用开展团体讨论，是一种启发式学习体验，将为进一步开展分析和持续协作打下良好基础。

“交叉影响矩阵法”是一种简单但益处明显的方法，但是与其他方法一样，该方法的效能可以且应当被检验。几种可行的方法如下 ：

- ★ 在分析人员进行交叉影响讨论之后，与他们面谈或进行调研，了解他们对该方法作为一种学习经验的价值评判。
- ★ 在进行交叉影响讨论之前，要求分析人员分别单独确定和分析各种因素之间的关键相互关系。然后，比较个人分析的结果与团队分析的结果。这样做就会显示出团体流程的好处。
- ★ 设计情境，开展实验。将一个不知道“交叉影响矩阵法”概念的团队的某份报告的质量和结论，与被要求使用该方法的另一团队进行对比，并作为讨论的基础。使用了“交叉影响矩阵法”的团队所准备的分析报告，比没有使用该方法的另一团队的分析报告更加完整、更加透彻吗？

指标验证因子法™

第六章中阐述的“指标验证因子法™”是伦道夫·弗森研发的一种新方法，用于检验一组指标预警未来发展的能力，如在多个潜在情景中，哪一个正在发展等。它使用与“竞争性假设分析法”类似的矩阵，情景列在矩阵顶行，指标位于左侧。对于指标与情景的每个组合，分析人员使用5分制度量标准，对该情景发展时指标能否被发现的可能性进行打分。这种评定方法可以衡量每个指标的诊断价值，或者指标用来判断哪种情景最有可能出现的能力。

常见的情况是，指标的价值不大或根本没有价值，因为它们与多个情景一致。对这种现象的解释是：分析人员在确定指标时，通常只寻找与他们关注的情景一致的指标。他们没有考虑到如果某个指标与其他假设也一致，那么价值就会减小。

设计“指标验证因子法™”的目的，是为了满足分析人员更好地了解一个有效指标的必备条件的认知需求。理想的情况是，在鼓励所有生成指标的分析人员使用该方法之前，应当对使用该方法的必要性及其有效性进行检验。这种检验可以按照如下方式进行：

- ★ 检查使用新方法的必要性。选择一个含有指标清单并对每个指标运用了“指标验证因子法™”的情报报告作为样本。通过检验，发现指标只有一点或干脆没有诊断价值但却被提出来的频率是多少？
- ★ 进行事前与事后比较。先确定在其工作过程中提出过一系列指标的分析人员，然后让他们将“指标验证因子法™”运用到工作中，看看究竟有什么区别。

四、推荐研究项目

在情报界范围内设立一个负责研究分析技能的组织部门，显然是必要的。然而，我们对由顾问管理的国家研究院[1]或虚拟中心提出的分析技能的益处却持怀疑态度。[2]有关提高情报分析质量的研究历史表明，这样的做法发挥的主要作用可能只是吸引来高价合同，但对于普通分析人员的工作方式，即使有影响也很微小。此外，要将获取的研究结论贯彻实施下去，需要从内部挖掘分析人员的才能。

多年前，南茜·狄克逊（Nancy Dixon）为国防情报局做了一项关于美国情报界，尤其是国防情报局内的“经验教训问题”研究。该研究证实，总结经验教训与落实经验教训之间是脱节的。狄克逊发现，“整个情报界最常表达的关切是落实经验教训的难度”。她将其归因于以下两个主要因素：

> 其一，负责开发和传授经验教训的人很少负责经验教训的落实……在最好的情况下，把研究和报告的结论通过实践转化为固有技能，众所周知，是极难实现的。
>
> 其二，大多数经验教训总结工作从一开始就没有确定特定的目标受众……没有事先指定双方都认可的受众，提出的建议必然缺乏可以使之付诸行动的环境。[3]

如果我们在本章前面几节中提议的研究可以得到有效实施，并对如何开展实际分析工作产生重大影响，我们认为，该研究应当由情报界（负责落实研究结果）或其内部协作密切的业务部门实施。

---

[1] 原注：Steven Rieber and Neil Thomason, “Creation of a National Institute for Analytic Methods,” *Studies in Intelligence* 49, no. 4 (2005).

[2] 原注：Gregory F. Treverton and C. Bryan Gabbard, *Assessing the Tradecraft of Intelligence Analysis*, RAND Corporation Technical Report (Santa Monica, CA: RAND, 2008).

[3] 原注：Nancy Dixon, “The Problem and the Fix for the U.S. Intelligence Agencies’ Lessons Learned,” July 1, 2009, http://www.nancydixonblog.com/2009/07/the-problem-and-the-fix-for-the-us-intelligence-agencies-lessons-learned.html.

[第十四章]

结构化分析方法的未来

情报分析人员和管理人员一直在寻求提高情报分析质量的途径，其中之一就是增加对结构化分析方法的使用。本书正是为鼓励和支持这方面的努力而编写的。

本章（最后一章）使用一种名为“复杂性管理程序法”（第十一章）的新方法，使得对结构化分析方法的未来这个复杂问题的分析更加严谨。小理查兹·J. 霍耶尔开发的“复杂性管理程序法”，是两个久已确立的未来分析方法“交叉影响分析法”和“系统动态法”的简化组合。该方法是为没有接受过此种高级定量方法培训的分析人员而设计的。

我们可应用该方法处理以下问题：

★ 对 2020 年结构化分析方法的使用有何预测？结构化分析方法的使用会得到重视，并在情报机构、执法部门和企业中更加频繁地使用，还是维持在目前的水平，抑或是会萎缩呢？

★ 哪些力量正在促使对结构化分析方法使用的增加，有什么机会可以为这些力量提供支撑？

★ 哪些障碍正在妨碍结构化分析方法使用的增加，如何才能克服这些障碍？

在本章的最后一节，我们假定现在是 2020 年，而结构化分析方法的使用已经非常普遍。该节介绍我们想象发生了哪些事情，使结构化分析方法的普遍使用变为了现实，以及不仅在情报领域而且在其他学科中，这些方法的使用是怎样改变分析方式的。

一、组织数据资料

该案例研究的分析工作从一份“头脑风暴”得出的清单开始，清单列举了未来 5 年间将影响结构化分析方法使用或是被该方法影响的变量。此处列出的第 1 个变量是目标变量，接着是与此相关的 9 个其他变量。

A. 结构化分析方法的使用增加

B. 管理层对协作和结构化分析方法的支持

C. 虚拟协作技术平台的可用性

D. 情报分析人员的更新换代

E. 分析技能的支持和指导方面的可用性

F. 分析工作预算的变化

G. 用户对协作性电子化产品偏好的变化

H. 对结构化分析方法效益的研究

I. 分析人员对时间压力的感知

J. 高级分析人员与中层管理人员对变化缺乏开放性

“复杂性管理程序法”的下一个步骤是把这 10 个变量填入一个交叉影响矩阵中。这是一种系统描述每对变量之间双向交互影响的工具。通过下述提问对每对变量做出评估：2020 年该变量会在增加或减少结构化分析方法使用方面对配对变量产生影响吗？建成的矩阵如图 14.1 所示。这个矩阵与第十一章中所示的矩阵相同。

本分析的目的是，评估到 2020 年结构化分析方法的使用是否会大幅度增加的可能性，同时确认可能与这种增加有关的副作用。这也是结构化分析方法使用的增加被列为首要变量，即变量 A 的原因。变量 A 在矩阵第一列和第一行起头。矩阵最顶部的字母是左侧第一列列出的相同变量的缩写。

	A	B	C	D	E	F	G	H	I	J
A 结构化分析方法的使用增加	■	✚			✚▬	–	✙	✚▬	▭	▭
B 管理层对协作和结构化分析方法的支持	✚	■	✚	✚	✙	▭	✙	✚▬	▭	▭
C 虚拟技术的可用性	✚	✚	■	✙	✙		✚		+	
D 分析人员的更新换代	✚	✚	✙	■						
E 分析技能支持的可用性	✚▬	✚▬			■	✙▭			▭	
F 预算变化	▬	▭	▬		▬	■				
G 用户对协作性电子化产品偏好的改变	✙				✙		■	+		
H 对结构化分析方法效益的研究	✚▬	✙▭			✙▭		✙▭	■	✚▬	✚▬
I 分析人员对时间压力的感知	▭	▭							■	✙
J 分析人员或管理人员对变化缺乏开放性	▭	▬			▭				✙	■

阅读矩阵：每**行**中的单元格显示出该行所代表的变量对矩阵最上方一行中所列变量产生的影响。每**列**中的单元格显示出该列所代表的变量对矩阵最左侧列中所列变量产生的影响。

影响的方向与力度：
- ✚ 强烈的积极影响
- ✙ 中度的积极影响
- + 微弱的积极影响
- ▬ 强烈的消极影响
- ▭ 中度的消极影响
- – 微弱的消极影响

"+"和"–"共同使用表示影响可能偏向于任何一个方向。
空白单元格=没有影响。

图 14.1 影响结构化分析未来使用的变量

从 A 列开始填写矩阵，评估矩阵左侧下面列出的每个变量对结构化分析方法使用频率的影响。这一步将提供对结构化分析方法的使用产生积极影响或消极影响的所有变量的概况。接下来，在矩阵的顶端填写 A 行。这展示了相反的影响，即结构化分析方法使用的增加对矩阵顶部列出的其他变量的影响。这时，人们将会看到第二层级的影响：结构化分析方法使用的增加，会以人们需要意识到的方式，对其他变量产生影响吗？[1]

然后，按照同样的方式填写矩阵的剩余部分，每次针对一个变量，同时确认并记录潜在的重要次生效应（secondary effect）。次生效应是指，当一个变量增强或削弱另一个变量时，会反过来影响结构化分析方法或被结构化分析方法所影响。

二、关键驱动力

对所有变量的相互影响进行严密分析，我们可以得出关于结构化分析未来的一些总体结论。分析关注于这些变量：一是正在变化或者可能会变化的变量，二是对其他重要变量具有最大影响的变量。

这个相互影响的系统的主要驱动力，是矩阵中所示的、对其他变量具有最大交叉影响的那些变量在以下方面的程度高低：一是高级管理层推动的协作文化，二是工作环境对虚拟合作技术发展的支持，三是用户表明正在寻求用如平板电脑这样的电子设备作为载体的、更严密和协作性质的分析工作。这 3 个变量通过赞同和支持协作的方式，为结构化分析提供了强有力的支持。反过来，结构化分析通过为协作提供一种优化的流程，可以巩固这些因素。

第 4 个变量，即习惯于使用社交网络的新一代分析人员，强烈支持信

[1] 原注：关于如何对复杂分析矩阵中的每个变量进行评级的更详细解释，可发送电子邮件到 ThinkSuite@globalytica.com，以索取数据。

息共享与协作，因而也为结构化分析方法提供了间接支持。新一代分析人员产生的影响很重要，因为这意味着时间并不是中立的。换言之，有了新的一代，时间现在站在变革这一边。这 4 个变量相互作用，彼此增强，朝向同一方向，足以表明结构化方法的未来最可能是积极的。

其他变量也起着重要的作用。它们明确了促进或加速变革的机会，或者表明了需要清除的障碍。变革的速度与难易程度将受到下列因素的严重影响：支持或不支持分析技能单位、在职辅导、在使用结构化方法的团队或团体流程中让协调人参与等。[1] 一个关于结构化方法效益的研究项目，有助于这些方法在使用时发挥最大效益，反驳对这些方法不感兴趣的人的意见。

形势似乎有利于一场分析方式的根本性变革。然而，没有任何变化是板上钉钉的，因为结果取决于两个假定，倘若其中任何一个假定被证明不成立，都会阻止预期的结果变成现实。第一个假定是，未来几年用于分析的预算，足够用于形成一个利于扩展结构化分析方法使用的环境。这一点，对于资助分析技能和协作支持单位、协调支持、指导项目、结构化分析方法效益的研究，以及其他对学习和使用结构化分析方法的支持等，都至关重要。第二个假定是，高级管理层有安排必要的人员、资金和培训去支持协作的明智想法，并将创造出支持跨机构广泛运用结构化方法的必要动力。

三、想象未来：2020年

想象一下，现在是 2020 年。我们的假定最终证明都是准确的，而在

[1] 原注：对“分析技能支持单位”概念的更全面研究，可参见 Randolph H. Pherson, “Transformation Cells: An Innovative Way to Institutionalize Collaboration,” in *Collaboration in the National Security Arena: Myths and Reality—What Science and Experience Can Contribute to its Success*, June 2009。作为合集的一部分，刊发于：Topical Strategic Multilayer Assessment (SMA), Multi-Agency/Multi-Disciplinary White Papers in Support of Counter-Terrorism and Counter-WMD, Office of Secretary of Defense/DDR&E/RTTO, accessible at http://www.hsdl.org/?view&did=712792。

结构化分析方法的使用中，协作现在已经非常普遍。发生了什么，使这一结果成为可能？它是如何改变2020年的情报分析方式的？以下就是我们对在此之前发生的事情的展望。

过去5年里，同步虚拟协作平台的使用不断增加。更年轻一代的分析人员在不同地点开展团体协作，他们将基于虚拟身份的虚拟网络作为一种用户友好型媒介，和其他处室中就相关议题开展工作的同事们共同完成文件。身处不同地理位置的分析人员不时进行会面，但大多数的交流互动是通过异步和同步的协作工具和系统来实现的。

分析人员在办公桌前戴上耳机，只需单击鼠标，就会发现自己正以一个虚拟身份身处虚拟会议室，与位于不同地点的、同样以虚拟身份出现的专家们商谈。在虚拟世界，他们可以将自己的文件发送给其他人阅读和编辑，打电话给一个可以开展检查工作的互联网网站，或者展示他们从自己台式电脑屏幕上看到的东西，以便让其他人查看他们正在怎样使用特定的电脑工具。虚拟身份平台还可以使单个分析人员或一组分析人员“按需”接受高级分析人员关于某个特定方法如何使用的指导，或者任何人不需要离开桌子，就能参加由指导员组织的分析方法研讨会。

结构化分析方法是信息共享流程中的一个主要部分，不同单位的分析人员通常朝着一个共同的目标努力工作。在大多数课题的开始阶段，协作团队或团体为了建立相互交流和共同工作的共享基础，需要使用一套基本的方法和批判性思维技能，这包括：以明确要跟踪和考虑的相关变量清单为目的的“虚拟头脑风暴”，作为讨论和学习关键变量间关系的基础的“交叉影响矩阵法”，以及对共同关注的主题领域中事态该如何正常发展的假定展开讨论的“关键假定检查法”。对变量之间的交叉影响和关键假定的判断是通过协作完成的，并通过电子系统发布。这一过程为认识与了解某个感兴趣的主题奠定了共同基础。这一过程还能在协作过程早期阶段发现潜在的观点分歧，查明可用信息的缺口，并确认哪些分析人员对该课题的多个方面最为精通。

到2016年，美国情报界的所有主要机构和若干外国情报机构均在其分析部门成立了分析技能或协作支持单位。拥有使用结构化方法经验的分析人员，正在帮助其他分析人员克服首次使用这种方法时的不确定性；帮助其他分析人员决定哪种方法最适合他们的特定需求；必要时提供监督，确保方法使用得当；通过示范和在职培训，教会其他分析人员如何有效地开展团队或团体会议。

文件分析和评估的协调流程已经发生了巨大的变化。在文件公布之前开展正式协调现在已是一种常规流程。各利益方从文件尚处于概念化阶段时就展开协作，所有相关信息和情报都能共享。“AIMS 法”“启动清单法”“关键假定检查法”和其他的基础性批判思维与结构化分析方法都经常被使用，不同的观点在一份分析产品的准备初期就进行了探讨。诸如“事前分析法”“结构化自我批判法”和“对抗性协作法”等新分析方法已基本成为无可挑剔的分析产品的基本要求，能够最大程度地在最终协调前就解决分歧。

对外部知识，特别是文化、环境、专业技术的利用大幅度增加。“德尔菲法”作为一种非常灵活的程序得到广泛使用，可以通过电子虚拟协作系统，从地理位置分散的专家组那里获取意见、判断或预测。

到 2020 年，结构化分析方法的使用扩展到全球。美国所有的情报机构，欧洲几乎所有情报机构，以及世界上其他地区的许多情报机构都将结构化方法纳入其分析流程之中。《财富》50 强公司中超过 20 家公司的竞争性情报部门，以及越来越多的医院都选择使用结构化方法，都将“关键假定检查法”“竞争性假设分析法”“事前分析法”纳入他们的分析流程，他们断言自己再也不会像以前那样为判断错误而付出数百万美元的代价，因为只要在日常业务流程中进行更加严谨的分析，这样的错误原本是可以避免的。

人们再也听不到“没有证据证明使用结构化分析方法可以改进分析”的老说法。到 2020 年，这种老说辞之所以被粉碎，要部分归功于结构化分析方法的普及应用。加拿大对使用了结构化方法的报告样本和虽然没有使用结构化方法但具备可比性的报告样本进行了对比研究，结果显示使用结构化方法具有明显的价值。研究人员与报告的起草者、他们的管理者，以及接收报告的用户进行了面谈。研究证实，选用相应结构化方法起草的报告更加全面，对结论如何达成有更好的说明，而且与没有使用结构化方法起草的报告相比，前者得出的结论能获得更大程度的信任。其他正在使用这些方法的情报机构也得出了同样的研究结论，这足以让大多数怀疑者闭嘴。

所有这些发展共同带来的结果是，到 2020 年，形成了一种开展更加严谨、更富建设性、更有信息量的分析的工作风气。对于这一变化，决策者们不但注意到了，而且正在加以利用，以应对他们面临的日益复杂、彼此关联的政策挑战。结果，政策制定者们开始越来越需要考虑多种情景或对传统观点提出质疑的分析产品。“象限处理法™”“若则分析法”等方法生成的关键结论，经常被分析人员和决策者以同样的方式进行讨论。在某些情况下，决策者或其助手甚至会对使用结构化方法的角色扮演活动进行观察，或是参与进去。这些互动可以帮助用户和分析人员了解使用协作流程和工具的好处和局限性，生产出对政策斟酌过程来说信息充足、论证充分的分析成果。

在 2020 年拥有一种浓厚的、与政策密切相关的分析工作风气的设想是可以实现的。只不过，这还须以情报界、执法界、商界高级管理人员培育一种鼓励运用结构化分析方法的协作环境的意愿和能力为基础。实现这一目标，需要适度地为分析技能中心、协调者、辅导人员、方法论的发展研究与检验注入资源。当分析人员在熟悉这些方法、协作软件及在虚拟世界工作时，我们还需要具备耐心和一种宽容错误的勇气。我们相信，为开辟一个新的分析领域承担一些风险，结果绝对是值得的。

结构化分析方法：谱系及关系

本书所阐述的结构化分析方法既可单独使用，也可与其他方法结合使用。为便于介绍，根据每个方法的主要特点和目的，我们将这些方法整理进了 8 个组或域。第三章对如何选择合适的方法进行了指导。

背面的图阐明了这些方法之间的关系。以该方式绘制这些方法，可以揭示不太明显的联系，突出许多方法相互增强的特性。

一个域内的联系使用粗线显示。

与其他域中的方法之间的联系使用细线显示。

CORE “核心”方法或者“重点”方法使用实心圆圈突出显示，因为它们至少跨两个域，具有较强的联系。情报界和商界的许多分析人员都说，这些核心方法是他们在分析时最可能使用的工具。

✶ 6 个不同域里的结构化分析方法经常会使用指标，因此用星号标明。

大多数方法还可以通过头脑风暴得到改善。然而，分析的艺术与科学是动态的，我们预计这份方法清单将与时俱进。

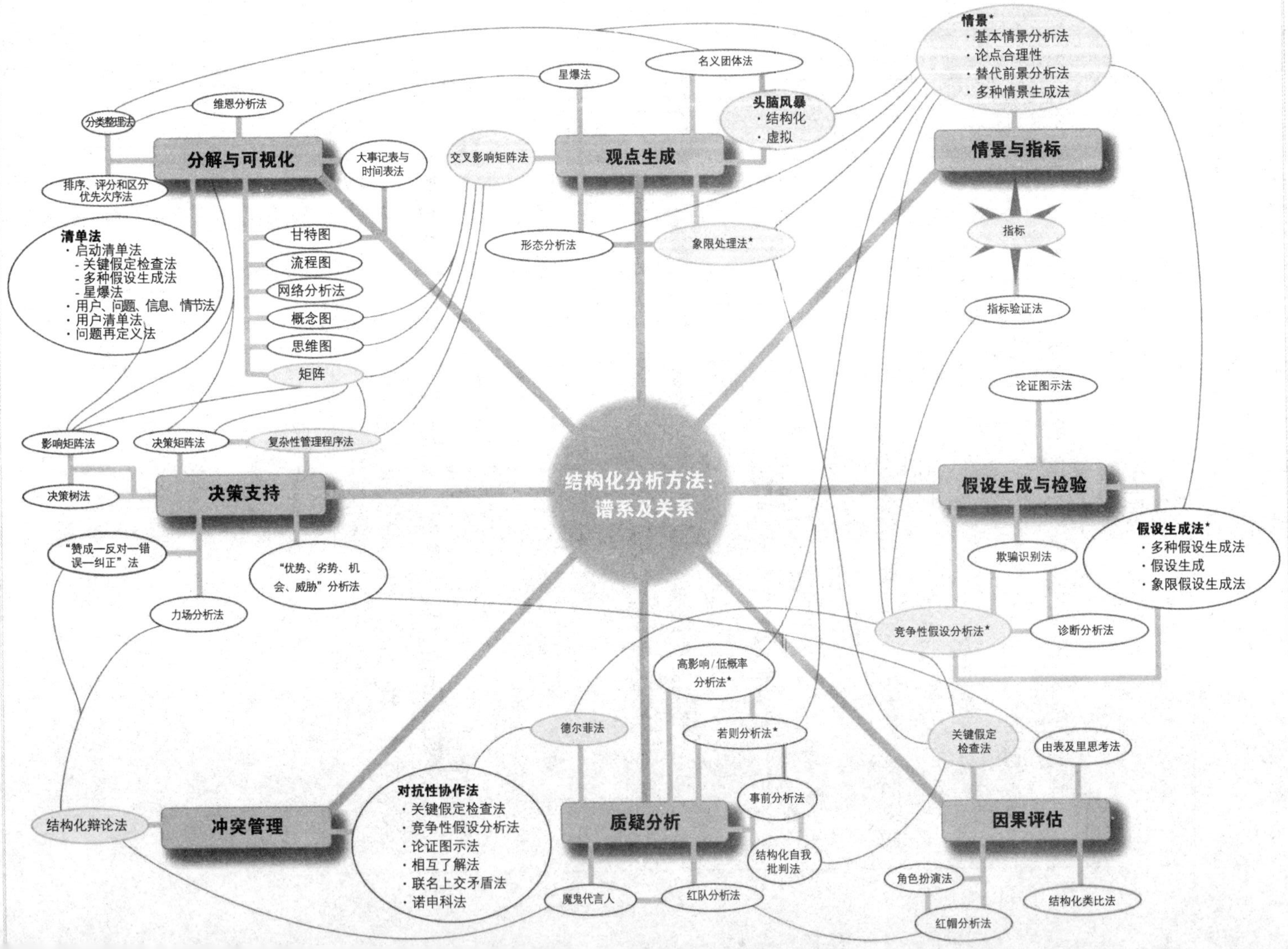
结构化分析方法：
谱系及关系
分解与可视化
分类整理法
维恩分析法
排序、评分和区分优先次序法
大事记表与时间表法
甘特图
流程图
网络分析法
概念图
思维图
矩阵
清单法
· 启动清单法
- 关键假定检查法
- 多种假设生成法
- 星爆法
· 用户、问题、信息、情节法
· 用户清单法
· 问题再定义法
观点生成
星爆法
名义团体法
头脑风暴
· 结构化
· 虚拟
交叉影响矩阵法
形态分析法
象限处理法*
情景与指标
情景*
· 基本情景分析法
· 论点合理性
· 替代前景分析法
· 多种情景生成法
指标
指标验证法
决策支持
影响矩阵法
决策矩阵法
复杂性管理程序法
决策树法
“赞成一反对一错误一纠正”法
“优势、劣势、机会、威胁”分析法
力场分析法
假设生成与检验
论证图示法
欺骗识别法
假设生成法*
· 多种假设生成法
· 假设生成
· 象限假设生成法
竞争性假设分析法*
诊断分析法
冲突管理
结构化辩论法
对抗性协作法
· 关键假定检查法
· 竞争性假设分析法
· 论证图示法
· 相互了解法
· 联名上交矛盾法
· 诺申科法
质疑分析
高影响/低概率分析法*
德尔菲法
若则分析法*
事前分析法
结构化自我批判法
魔鬼代言人
红队分析法
因果评估
关键假定检查法
由表及里思考法
角色扮演法
红帽分析法
结构化类比法

英汉词汇对照

Activity Flow Chart　活动流程图
Adversarial Collaboration　对抗性协作法
Alternative Analysis　替代分析
Alternative Futures Analysis　替代前景分析法
Analysis of Competing Hypotheses　竞争性假设分析法
applying theory　理论应用法
Argument Mapping　论证图示法
Association Analysis　关联分析
assumption　假定

Bayesian Inference　贝叶斯推理
betweenness centrality　中间中心性

Chronologies and Timelines　大事记表与时间表法
Classic Quadrant Crunching ™　经典象限处理法™
closeness centrality　接近中心性
cognitive bias　认知偏见
Commodity Flow Chart　商品生产流程图
comparison with historical situations　历史情形比较法
Complexity Manager　复杂性管理程序法
Concept Maps　概念图
Cone of Plausibility　论点合理性
Confirmation Bias　证实偏见
contrarian analysis　逆向分析
conventional wisdom　传统思维、传统观点
convergent analysis　趋同分析
credible　可信性、可信程度
Cross-Impact Matrix　交叉影响矩阵法
Customer Checklist　用户清单法

Deception Detection　欺骗识别法
Decision Matrix　决策矩阵法
Decision Trees　决策树法
degree centrality　程度中心性
Delphi Method　德尔菲法
Devil's Advocacy　魔鬼代言人
Diagnostic Reasoning　诊断推理法
diagnostic value　诊断价值
Directorate of Intelligence　情报分局
divergent analysis　发散分析
dual process theory　双重加工理论

empirical analysis　实证分析
Event Flow Chart　事件流程图

Force Field Analysis　力场分析法
Foresight Quadrant Crunching ™　远景象限处理法™

gaming　推演
Gantt Chart　甘特图
Getting Started Checklist　启动清单法
group　团体、群体
groupthink　团体迷思

High Impact/Low Probability Analysis　高影响 / 低概率分析法
History Analogies　历史类比法

Impact Matrix　影响矩阵法
Inconsistency Score （“竞争性假设分析法”中的）不一致评分
Indictors Validator ™　指标验证因子法™
Intelligence Reform Act of 2004　《2004 年情报改革法案》
interagency　跨机构
intraoffice　跨部门
Issue Development　问题发展
Issue Redefinition　问题再定义法

jury of peers　同行专家评判组

Key Assumptions Check　关键假定检查法

lead hypothesis　首要假设
likelihood　可能性
Link Analysis　链接分析
Link Chart　链接图

mapping　图示
Master Thinker　思维大师
mental model　思维模型
method　方法
Mind Mapping　思维图示
mindset/mental rut　思维定式
mirror imaging　镜像思维
Morphological Analysis　形态分析法
motivational bias　动机性偏见
Multiple Hypothesis Generation　多种假设生成法
Multiple Hypothesis Generator ™　多种假设生成程序法™
Multiple Scenarios Generation　多种情景生成法

Network Analysis　网络分析法
Nominal Group Technique　名义团体法

organization　组织
Outside-In Thinking　由表及里思考法

Paired Comparison　成对比较法
paradox of expertise　专家意见自相矛盾
practitioner　专业人士、从业人员
preconception　先入之见
Premortem Analysis　事前分析法
principles　原则
probability　概率
Problem Restatement　问题重述
procedures　程序
Process Map　流程图
Process Mapping　流程图示法
Program Evaluation and Review Technique（PERT）　项目评估与回顾法
project　课题、项目
Pros-Cons-Faults-and-Fixes　“赞成—反对—错误—纠正”法

Quadrant Crunching ™　象限处理法™
Quadrant Hypothesis Generation　象限假设生成法
quasi-quantitative analysis　准定量分析

Ranked Voting　排序投票法
Red Hat Analysis　红帽分析法
Red Team Analysis　红队分析法
Reframing the Question　问题重构
reliable　可靠的
Role Playing　角色扮演法

scenario　情景
Scenarios Analysis　情景分析法
Simple Scenarios　简单情景法
Situational Logic　情势逻辑法
Social Network Analysis　社交网络分析法
Sorting　分类整理法
Starbursting　星爆法
Structured Analogies　结构化类比法
structured analytic techniques　结构化分析方法
Structured Brainstorming　结构化头脑风暴
Structured Debate　结构化辩论法
Structured Self-Critique　结构化自我批判法

taxonomy　分类法
Te@mACH®　Te@m 竞争性假设分析法 ®
technique （技巧性）方法

Venn Analysis　维恩分析法
Virtual Brainstorming　虚拟头脑风暴

Weighted Ranking　加权排序法
What If? Analysis　若则分析法

金城出版社

国家安全与保密参考书目

策划：朱策英

《情报分析：结构化分析方法》 ［美］小理查兹·J. 霍耶尔　伦道夫·弗森　著

简介：本书采用结构化分析方法的新理念，将55种情报分析方法分成8大类，不仅阐述每一种分析方法本身的内容，还指出其适用场景、增加的价值、具体的操作步骤、需要关注的潜在缺陷、与其他方法的关系及该方法的起源等，可有效地帮助分析人员处理情报工作中的问题，避免陷入认知偏见和直觉陷阱，提升情报用户的预测和决策能力。本书是情报分析的三大黄金标杆教科书之一，也是全球情报界经典培训教材，书中介绍的实用分析工具还广泛应用于学术界、商界、执法界、财政界和医学界等。

《情报研究与分析入门》 ［美］杰罗姆·克劳泽　原著　［美］简·戈德曼　改编

简介：本书全面探讨了情报研究与分析的各个阶段，重点讨论了情报研究的规范程序和适用的分析方法工具、模型，优秀情报分析人员的必备特质，以及如何提升情报产品的质量。这部国防情报学经典力作，享誉业界40载，堪称美国情报培训的“红宝书”，是情报研究与分析入门必备教材。它既适合国家安全、情报工作的从业者学习，也可供相关研究人士参阅。

《战略情报的批判性思维》 ［美］凯瑟琳·弗森　伦道夫·弗森　著

简介：本书关注如何在情报工作中应用批判性思维，系统阐述了20个重点问题，介绍了其中的各种实用技巧与工具，以及简单易懂的解决办法。作者还通过政治、经济、军事、信息技术和健康管理等方面的情报分析案例，帮助读者加强对战略情报批判性思维实践应用的理解。这是一部情报工作者高效思考力指南，情报分析的三大黄金标杆教科书之一。

《情报搜集技术》 ［美］罗伯特·克拉克　著

简介：本书是首部系统论述情报搜集技术的专著，集中讨论了各种技术搜集手段，情报搜集中特征的基本概念，为实现情报目的而进行特征搜集的传感器和搜集平台，以及情报搜集策略与管理问题；还重点探讨了情报搜集技术在国家安全领域的三大用途，读者从中可以一窥美国情报界强大的情报搜集能力、发展动向及维护国家安全的最新思维。

《情报：从秘密到政策》 ［美］马克·洛文塔尔　著

简介：本书详细阐述情报的概念、历史、流程、搜集、分析、反情报、隐蔽行动等问题，重点讨论情报在美国国家安全决策中的重要作用。书中还介绍了美国情报工作的发展，勾勒出美国情报界的内部机制，探讨了情报工作的伦理与道德问题，简要概述了世界主要大国的情报机构情况。本作品享有极高声誉，多次再版修订，已成为全美外交、国关、国安、情报等诸多学科的权威教材，长期被哥伦比亚大学、斯坦福大学、麻省理工等知名学府选用和推荐。

《情报分析心理学》 ［美］小理查兹·J. 霍耶尔　著

简介：本书主要探讨了人类在判断不完整或模糊信息过程中的认知心理问题，以及这些不可避免的问题如何对情报分析产生影响，而我们又怎样有效克服这些影响。全书由思维机制、思维工具、认知偏见和情报分析的改进等四部分组成。作为中情局权威理论家的代表作，本书既是美国情报机构培训员工的经典教科书，也是中情局情报官员的必备参考读物，无数次再版加印。

《情报分析：以目标为中心的方法》 ［美］罗伯特·克拉克　著

简介：针对美国情报界在“9·11事件”和伊拉克战争中的情报失误，作者创造性地提出运用“以目标为中心”的情报分析方法，完善情报分析的逻辑过程，形成“确定目标—问题分解—建立模型—评估数据—填充模型—进行预测”的情报分析流程。全书涵盖了情报分析中的各类关键问题，如情报周期、反情报、情报分类、征候与预警、情报模型、情报来源、情报搜集、情报评估、拒止与欺骗、预测方法、团队互动，等等，称得上是一部名副其实的情报分析教科书。

《斯诺登档案：世界头号通缉犯的内幕故事》（修订版） ［英］卢克·哈丁 著

简介：本书对“斯诺登事件”进行了全面介绍和解读。它详细追踪了斯诺登的泄密动机、获取机密文件的方式、媒体的报道过程及事件的后续发展，讲述了事件背后各方的博弈较量与攻防策略，披露了美英等国监控全球的手段和规模。作为该事件的全球首部权威著作，本书不仅曝光了西方国家的安全战略秘密，而且还披露了他们怎样监控中国的内幕。无论个人、企业和国家，都可从书中获得启迪和警示。

《二战后的美国对外政策》 ［美］史蒂文·胡克　约翰·斯帕尼尔 著

简介：本书是国际研究协会（ISA）外交政策分会前会长的担纲力作，堪称美国外交政策研究的经典。作者将美国置于全球背景下，系统讲述了1945年二战结束后该国对外战略的重大发展与变化，深刻剖析了其外交政策的决策机制，提示了其对外战略的形成过程与规律。通过本书，读者可以了解美国对外政策的根源和复杂性，深入理解其对外战略的全景图。全书涵盖了美国的对外政策变迁史、外交案例分析、全球争霸史、国际反恐发展史等等内容。

《谁来监管泄密者?：国家安全与新闻自由的冲突》 ［美］盖里·罗斯 著

简介：2010年“维基揭秘事件”，2013年“斯诺登泄密事件”……据统计，近年媒体泄密在所有未授权信息泄露中比例最高，对国家安全和利益影响也最甚。通过美国政府历史上重大的泄密案例和事件，作者探讨了未授权信息泄露背后的动机、代价、法律困境和解决之道，以期望提醒全美情报系统：对手是如何获取美国情报的，对手获得情报后会取得怎样的优势。本书内容具有较强的时代性，在互联网信息时代普及国家安全意识的目的十分明显，对我国相关读者同样具备较强的借鉴意义。

《情报术：间谍大师杜勒斯论情报的搜集处理》 ［美］艾伦·杜勒斯 著

简介：本书作者以第一人称的视角展开，着重阐述了情报的实用技巧——情报如何搜集和处理，以及形成的结果怎样为制定国家政策服务。本书是“间谍大师”、中情局任期最长局长、美国现代情报系统缔造者杜勒斯的收官之作。凭借美国战略情报局与中情局的独特任职优势，作者娴熟地将情报学知识、亲身经历和各种间谍事件与趣闻轶事有机融为一体，具备极高的可读性。

《骗中骗：克格勃与中情局的无声战争》 ［美］爱德华·爱泼斯坦 著

简介：本书以美国反间谍头目詹姆斯·安格尔顿之死为缘起，追踪了苏联从建国伊始到冷战末期“欺骗对手”的各种行动，以及美国是如何应对和接招的。通过中情局与克格勃在情报与反情报上的较量，作者向读者呈现了一场看不见硝烟的战争。本书是西方反情报代表作，既可作为饭后茶余之消遣，亦能当作国家安全研究的重要资料。

《全民监控：大数据时代的安全与隐私困境》 ［英］约翰·帕克 著

简介：阿桑奇、斯诺登等的接连爆料警示我们，“全民监控”的时代已经来临。为了获得全方位的监控能力，西方国家利用闭路系统、窃听设备、身份识别技术、定位追踪装置等随时随地监视民众。全书涉及国家安全、信息安全、个人隐私等问题，为人们敲响了监控无处不在的警钟。本书案例丰富、数据翔实、语言生动，是读者迅速掌握隐私与信息安全知识的必读之作。

《网络战：信息空间攻防历史、案例与未来》 [美]保罗·沙克瑞恩 等著

简介：通过梳理各种经典案例，本书系统探讨了网络战历史、现实和未来。以跨学科的研究方法，作者有机融合理论与实例，涵盖了从个人、组织机构到国家的网络安全问题，细致阐述了网络空间的生存之道。全书语言生动，通俗易懂，既可供信息技术与军事人士研读，也是普通读者的必读佳作。

《秘密情报与公共政策：保密、民主和决策》 [美]帕特·霍尔特 著

简介：本书围绕保密与民主这一核心，重点探讨了国家安全情报怎样为国家政策服务，以及政策实施过程中如何通过公共控制机制等对公众进行保密或公开，以及如何进行监督管理。全书讲述了美国安全情报的起源与演变，介绍了与国家安全政策制定相关的四大情报活动，穿插了一些情报利用、误用、滥用等的经典案例，并展望了情报和政策两者的未来关系。

《国家安全与情报政策研究：美国安全体系的起源、思维和架构》

[美]伯特·查普曼 著

简介：本书总结和收集了大量以美国为主的世界各国国家安全政策资料，既有公开的政府管理机构文件和网络资源，也有解密的安全政策文件，还有对独立组织与智囊机构研究文章、专著和期刊的评介。作者重点介绍了美国国家安全思想和架构的起源和发展历程，以及作为其国家安全基石的情报政策的历史变迁，还涉及其他一些国家和地区的相关内容。本书具有极强的资料性和实用性，是一部研究国家安全历史和知识的重要案头书。

《恐怖主义如何终结：恐怖活动的衰退与消亡》 [美]奥德丽·克罗宁 著

简介：了解恐怖运动如何被铲除或消灭的规律和历史经验，有助于加速终结恐怖组织，同时减少不必要的恐惧与过度反应。通过精心研究各种恐怖组织，本书总结出终结恐怖组织的六种模式，分别系统、深入地加以论述，辅以大量实际数据、案例研究和图表作支撑。本书极具历史性、实践性和经典性，论证严谨，是反恐领域的一部不可多得的标杆性读物。

《21 世纪犯罪情报：公共安全从业者指南》 [美]理查德·赖特 等主编

简介：本书全面、系统、深入地介绍了以美国为主的西方国家犯罪情报工作的过去、现在和未来，论述了犯罪情报工作的思想、流程、方法、工具和实践。全书内容丰富、逻辑清晰、史料翔实、案例适用。在理论上，它揭示了犯罪情报工作的基本规律；在实践上，它提供了犯罪情报工作的方法工具。

《数据与监控：信息安全的隐形之战》 [美]布鲁斯·施奈尔 著

简介：在西方世界，大量的个人数据会被政府和企业监控，用于分析与控制人们；政治自由与公平、商业公平与平等，甚至隐私以及安全等都因监控岌岌可危。本书对政府、企业和民众分别给出切实可行的建议，探讨如何才能有效应对监控，保护信息安全和隐私。作者被誉为信息领域的"安全教父"。

《金融情报学》 王幸平 著

简介：冷战结束以来，金融博弈变成世界大国较量的重要手段，金融安全已是国家安全体系的重要部分。金融市场中，大至国家政府，小到金融机构，要掌握主动、赢得先机，高质量的金融情报就不可或缺。由此，金融情报学应运而生。本书探讨了金融情报的概念，金融情报的搜集、撰写和分析，金融情报人员的定位，金融情报机构与金融决策机构的关系，以及金融反情报等等。全书思想丰沛，案例多样，构建了一套专业情报学框架，对金融理论创新和国家安全研究均有参考价值。